동아시아 인정투쟁

패전국 일본, 분단국 중국, 식민지 한국의 국교정상화

서울대학교 아시아연구소총서 모노그래프시리즈 13

동아시아 인정투쟁

패전국 일본, 분단국 중국, 식민지 한국의 국교정상화

초판 1쇄 발행 2023년 3월 10일

지은이 오승희

펴낸곳 서울대학교출판문화원
주소 08826 서울 관악구 관악로 1
도서주문 02-889-4424, 02-880-7995
홈페이지 www.snupress.com
페이스북 @snupress1947
인스타그램 @snupress
이메일 snubook@snu.ac.kr
출판등록 제15-3호

ISBN 978-89-521-3145-4 94340
978-89-521-1413-6 (세트)

이 연구는 서울대학교 아시아연구소의 2015년 박사논문작성지원사업과
2017년 박사학위논문상의 지원을 받아 수행되었음.

서울대학교 아시아연구소총서
모노그래프시리즈 13

동아시아 인정투쟁

패전국 일본, 분단국 중국, 식민지 한국의 국교정상화

오승희 지음

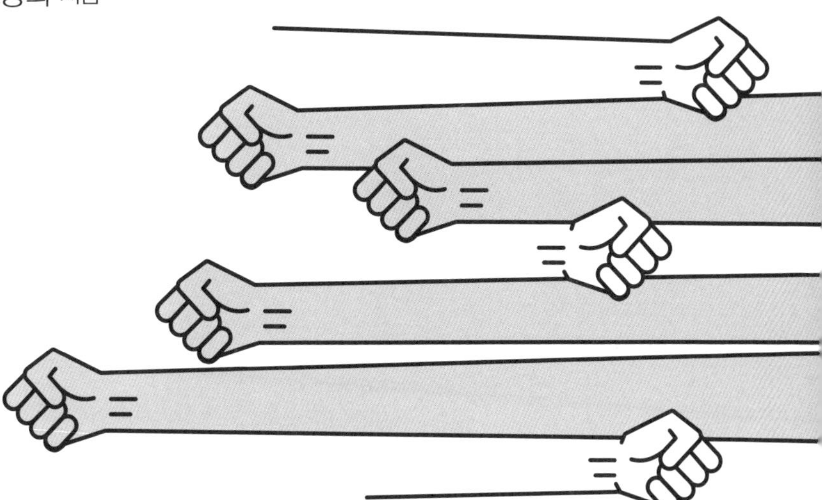

서울대학교출판문화원

Struggle for Recognition in East Asia:

Diplomatic Normalization of Defeated Japan, Divided China, and Colonized Korea

Seunghee Oh

Seoul National University Press

머리말

한국은 국제사회에서 인정받고 있는가? 인정받고 있다면 어떤 부분을 인정받고, 어떤 부분을 인정받지 못하는가? 한국은 북한, 일본, 중국을 인정하고 있는가? 인정하고 있다면 어떤 부분을 인정하고, 어떤 부분을 인정하지 못하는가?

이 책은 국가들의 관계에서 상대방을 인정하고 또 상대방에게 인정받고자 하는 욕구에 대한 내용을 담고 있다. 인간과 마찬가지로 국가도 관계로 엮인 사회 속에서 인정받으려는 욕구를 가지고 있다. 무시와 차별에서 벗어나려는 욕구, 동등한 권리를 쟁취하려는 욕구, 자신의 가치를 인정받으려는 욕구 등 다양한 인정욕구는 국제사회를 이해하고 분석하는 데 매우 중요한 요인이다. 국제사회에서 국가들은 '필연적으로 인정받고자 하며, 필연적으로 인정하는 존재'인 것이다(Hegel, 1969; 호네트, 2011).

인정은 자아(self)와 타자(other) 간 상호관계에 기반한다. 자아는 스스로 인정받으려는 강력한 동기를 가지고 있고, 타자에 대해서는 인정할 수도, 인정하지 않을 수도 있다. 어떠한 타자를 인정할 것인지는 국제사회의 주요한 의제이기도 하다.

그리고 한 국가의 행동에 대한 인정 여부, 상대 국가에 대한 인정 여부, 역사 문제에 대한 인정 여부 등 국제관계에서 나타나는 다양한 문제들을 인정 개념을 통해 살펴볼 수 있다. 그뿐만 아니라 그동안 주로 권력투쟁, 이익투쟁의 관점에서 설명되어 온 국제관계를 인정투쟁의 시각에서 바라보면, 물질 중심적 시각에서 간과되거나 충분히 설명되지 못했던 부분들을 이해할 수 있다.

또한 국제사회에서 인정 문제는 기존의 힘(power)을 중심으로 한 국제관계에 대한 설명을 보완하는 데도 도움이 된다. 인정은 힘의 유무와 힘의 이동을 재구성한다. 국가가 인정을 부여하는 위치에 있다는 것은 힘을 가지고 있다는 것이며, 인정받지 못했다는 것은 발휘할 수 있는 힘이 제한되어 있다는 것이다. 인정받으면 정통성(legitimacy)을 확보하고 힘을 확장하게 된다. 인정을 부여할 수 있는 국가와 인정받기를 원하는 국가 간 역학관계를 분석하면 국제사회 구조와 국가의 이익이 어떻게 구성되어 작동하는지 확인할 수 있다.

그동안 인정의 철학적·사상사적 논의는 주로 서구 사회 사례들을 중심으로 이루어졌다. 그러나 동아시아 사례들이야말로 인정 개념을 통해 설명할 수 있는 부분이 상당하다. 이 책에서는 주로 서구 사례들을 설명해 온 인정 개념을 재구성해 한국, 중국, 일본의 관계를 분석한다. '인정투쟁'의 개념으로 동아시아를 살펴보면, 전후 한국, 중국, 일본에 중요한 문제는 무엇이었는지, 각 국가의 우선순위는 무엇이었는지, 무엇이 중요하게 다루어지면서 무엇이 다루어지지 않게 되었는지 새롭게 확인할 수 있다.

국제사회로부터 인정받는 것은 국가이익을 구성하며, 더 나아가 국가이익의 최우선순위로 자리하는 경우가 많다. 일본의 대외 전략을 살펴보면, 패전 이후 국제사회의 일원으로, 선진국으로, 강대국으로 인정받는 것이 중요했다. 중국의 인정투쟁은 무엇보다 '하나의 중국' 문제로 요약할 수 있다. 중요한 목표는 바로 중국 전체를 대표하는 정통정부로서 중화인민공화국이 인정받는 것이다. 한국과 일본은 1965년 국교를 정상화했으나 2023년 현재까지도 서로를 충분히 인정하지 않고 있다. 한국은 일본의 사과를 통해 식민지였던 과거로부터 자유로워지기를 원한다. 패전국 일본, 분단국 중국, 그리고 식민지 한국의 인정 욕구는 국가이익과 불가분하며, 외교 전략의 핵심이기도 하다.

일본의 경우, 1945년 전쟁 패배를 선언하고 연합군의 점령을 수락해야 했다. 따라서 1952년 4월 28일 샌프란시스코 강화조약이 발효될 때까지, 일본은 독립된 주권국가가 되는 것이 가장 중요한 국가이익이었다. 그리고 연합국으로부터 독립국가로서 지위를 획득한 이후, 일본에 여전히 남겨진 과제는 연합국 이외 국가들, 특히 아시아 국가들과의 관계 정상화와 미일안보조약으로 제한된 안보 부문에서 자율성, 그리고 국제사회에서 명예 회복이었다.

중국의 경우, 반식민지 국가로부터 탈피는 이루었으나, 1949년 국가가 둘로 분단되면서 이상적인 국민국가 형성에 이르지 못했다. 국민국가 형성이라는 주권국가로서의 이상은 결국 '하나의 중국'이라는 주장으로 압축되어 나타난다. 중화인민공화국과 중화민국 모두 '하나의 중국'의 도덕성을 강조하며 다른 국가들이 이를 받아들이도록 강조했다. 그러나 현실에서는 베이징과 타이베이를 중심으로 두 개의 정부가 존재한다.

한국의 경우, 제국주의 일본의 식민지배로 국가의 존재 자체가 부정되었다. 독립운동은 국가 존재를 인정받기 위한 투쟁이었다. 일본이 항복을 선언하면서 1945년 8월 15일 해방되었으나, 1950년 6월 25일 한국전쟁 발발로 대한민국과 조선민주주의인민공화국으로 분단되었다. 냉전기 자유주의 진영과 공산주의 진영의 두 정부는 자신의 존재 인정과 상대 정부의 부정이 핵심 정책이었다. 현재까지도 한반도는 두 정부로 분단되어 있다.

한중일의 관계에서 흥미로운 것은 전후 냉전기 중국과 한국이 분단된 뒤, 일본이 중국과 한국을 구성하는 각각의 두 정부 중 어느 정부를 인정할 것인가 하는 선택에 놓인다는 점이다. 중국과 한국에 대해 인정 부여 권리를 가진 일본이라는 구조는 전후 동아시아 국제질서를 형성해 왔으며, 오늘날 한중일이 직면하고 있는 많은 문제의 핵심을 이루고 있다.

이 책의 제1부에서는 전후 중일관계 맥락에서 인정 문제를 논의한다. 패전국 일본과 승전국 중국의 구조에서 '하나의 중국' 문제가 제기된 주요 사례들 가운데 1951년 샌프란시스코 강화회의 초청 문제, 1964년 도쿄 올림픽 참가 문제, 1971년 유엔 중국 대표 문제, 1972년 중일 국교정상화를 중심으로 인정 문제를 살펴본다.

일본은 중국과의 상호관계 속에서 자기정체성을 확인하고, 인정투쟁의 맥락에서 중국에 대한 인정 혹은 부정을 행사한다. 1950년 초반부터 일본 정부는 중화인민공화국과 중화민국의 존재를 확인하는 인정을 추진하고자 했다. 일본은 항상 하나의 중국을 이해하고 존중한다고 언급했지만, 실질적으로는 하나의 중국 원칙을 수용하지 않으려고 했다. 하나의 중국론을 인정하면서도 중화인민공화국과 중화민국을 모두 인정하는 것이 가능하다는 일본의 모순적인 인식은 세분화된 인정 개념을 바탕으로 이해할 수 있다.

오늘날 한중일 관계에서 나타나는 갈등은 화해의 불충분함에서 기인한다(천자현, 2013; 최은봉·오승희, 2012b 등). 그런데 한중일은 왜 서로 화해하지 못했는가에 대한 논의는 인정투쟁의 패러다임으로 살펴볼 때 더욱 근본적인 이해가 가능하다. 과연 한국, 중국, 일본은 서로를 인정하고 있는가? 중일관계와 한일관계의 개선이나 화해에 대한 논의는 어떻게 해당 논의들을 인정할 것인지, 그리고 상대국에 대한 인정을 심화할 것인지의 문제로 생각할 때 좀 더 구체화될 것이다.

이 책의 제2부에서는 일본의 전후 처리 과정에서 중국 및 한국과의 인정 문제를 다룬다. 제6장에서는 중일 국교정상화와 한일 국교정상화를 비교 분석하고, 중국과 한국에 대한 일본 정부의 인정 부여가 전후 처리 과정에서 중요하게 다루어졌음을 확인한다. 제7장에서는 과거사를 둘러싼 한국과 일본 간 인정 문제에 대해 살펴본다. 일본 총리의 전후 주요 담화를 비교 분석해, 과거사에 대한 일본 정부의 인정 정도를 확인하고 한국과 일본의 상이한 인정 상태를 되짚어 본다. 그리고 지난 한일관계를 한일 양국의 과거사를 둘러싼 인정투쟁 과정으로 분석한다.

일본 정부가 중국과 한국에 인정을 부여하는 위치에 있었다는 점은 전후 동아시아 질서를 이해하는 데 매우 중요하다. 1965년의 한일 국교정상화와 1972년 중일 국교정상화 과정에서는 과거사 문제에 대한 일본의 인정보다 정부 대표성 인정 문제가 시급한 현안으로 다루어지면서, 과거사에 대한 인정이 모호하게 처리되었다. 전후 처리의 애매모호함과 불완전성은 1945년 이후 지금까지 한중일 관계에서 여전히 제약으로 남아 있다. 따라서 당시 일본 외교정책의 전반적인 맥락에서 한국과 중국의 인정 문제가 어떻게 다루어졌는지 살펴볼 필요가 있다.

한중일은 여전히 전후 극복을 위해 인정투쟁 중이다. 일본은 '비정상' 국가에서 '정상' 국가로 거듭나기 위한 치열한 투쟁을 전개하고 있다. 대만과 홍콩 문제는 중국의 핵심 이익과 결부된 문제다. 한국 역시 분단국가로서 국가정체성과 국제사회에서 위치에 대해 끊임없이 고민하고 있다. 전후 상당한 시간이 지난 지금도 역사 문제에 대한 한중일의 인식 차이와 과거사 인정 문제는 계속되고 있다. 한중일이 자신의 국가정체성을 어떻게 규정하는가에 따라 서로를 인정하고 있는지, 얼마나 인정할 수 있는지 가늠할 수 있을 것이다. 그리고 한중일이 상호 인정을 심화해 나갈 때, 동아시아 지역의 협력 가능성도 논의될 수 있을 것이다.

이 책은 필자의 박사학위논문 「인정투쟁의 중일관계: '하나의 중국'에 대한 일본의 외교정책 분석(1949-1972)」을 바탕으로 2022년까지 연구한 인정 문제 관련 연구를 단행본으로 재구성해 작성한 것이다. 박사학위논문은 서울대학교 아시아연구소 박사논문 작성 지원 프로그램의 도움을 받아 작성되었고, 2017년 서울대학교 아시아연구소 박사학위상을 받아 책으로 출간할 기회를 얻었다. 인정투쟁 논의를 동아시아 연구에 접목한다는 문제의식과 발전가능성을 인정해 주신 점에 대해 서울대 아시아연구소에 깊이 감사드리며, 출판 과정을 통해 내용을 좀 더 보강할 수 있게 해 주신 서울대학교출판문화원에 감사드린다.

책이 좀 더 일찍 나왔어야 하는데, 졸업 후 7년이 지나서야 완성되었다. 그러나 박사학위논문에서 아쉬웠던 점들을 보완하고, 인정 문제에 대해 조금 더 공부하고, 방법론과 연구 영역을 좀 더 확장한 최근 연구 성과까지 담아내 다행이라고 생각한다. 그리고 이 책을 2022년 대만 국립정치대학에서 방문연구를 하는 동안 마무리하게 되어 특히 더 의미 있게 생각한다. 인정투쟁의 동아시아 연구는 이제부터 더욱 본격화될 것이다. 이 책에 담긴 사례들이 앞으로 더 다양하고 발전된 동아시아 인정투쟁 연구의 마중물이 되기를 바란다.

이 책이 나오기까지 정말 많은 선생님께 학은(學恩)을 입었다. 지나온 여정 동안 응원하고 지지해 주신 모든 선생님께 부족하나마 이 책을 마무리하며 그동안 항상 담아 온 감사의 마음을 전하고자 한다.

먼저, 항상 아낌없는 조언으로 격려해 주시는 최은봉 선생님께 깊이 감사드린다. 학위논문 심사 과정에서 수정 및 보완할 수 있게 귀중한 의견을 주신 이화여대 민병원, 윤지환, 정병준 선생님, 국민대 이원덕 선생님, 고려대 서승원 선생님, 연세대 한석희 선생님께 진심으로 감사드린다. 정치학 연구의 기쁨을 알게 해 주신 진덕규, 차남희 선생님, 국제정치를 연구하는 방법을 가르쳐 주신 남궁곤 선생님, 연구방법론을 심화해 주신 이종곤 선생님, 평화학을 접하고 문제의식을 가질 수 있게 해 주신 박경서 대사님, 서보혁 선생님께 깊이 감사드린다.

박사학위 취득 후 중일관계 연구를 심화할 수 있도록 기회를 주신 선생님들께도 감사드린다. 특히 중일관계 연구를 심화할 수 있도록 많은 가르침을 주신 서승원 선생님께 깊이 감사드린다. 고려대 인문역량 강화사업단과 고려대 글로벌일본연구원의 선생님들께 감사드린다. 방문연구를 허락해 주신 게이오대 소에야 요시히데, 니시노 준야, 대만 국립정치대학의 우페이천, 천더셩 선생님께 감사드린다. 일본을 넘어 국제정치학적 시각으로 보다 넓고 깊게 볼 수 있게 이끌어 주신 동아시아연구원(EAI)의 하영선, 이숙종, 손열, 전재성, 이동률, 이승주, 이왕휘 선생님께 감사드린다. 항상 아낌없는 조언과 함께 교육자로서 성장할 기회를 주시는 가톨릭대 마상윤, 박건영, 최영종 선생님께 깊이 감사드린다.

인정투쟁 논의를 보다 심화, 발전시킬 기회의 장을 풍부하게 제공해 주신 서울대 국제대학원 김현철 원장님과 멘토 남기정 선생님, 박철희 선생님께 특별히 감사드린다. 일본 연구의 최전선에서 연구자로서 본보기가 되어 주시는 서울대 일본연구소의 김효진, 서동주, 이은경, 정지희, 조관자, 노유니아, 김욱 선생님, 큰 힘이 되어 주시는 정연우, 김미리 선생님, 만능 조교님들께도 언제나 감사드린다. 또한 연구를 심화, 확장해 나갈 수 있도록 기회를 주시는 가와시마 신, 진창수, 이면우, 김상배, 박창건, 이기태, 이정환, 이희옥, 신정화, 최희식, 강수정, 김숭배, 천자현 교수님께 감사드린다. 항상 든든한 버팀목이 되어 주는 석주희, 한미애, 박명희 박사님과 이화여대 선후배님들께 특별한 마음을 전한다. 함께 일하며 많은 가르침과 깨달음을 주시는 동료 연구자 선생님들께 깊이 감사드린다.

연구수행에 많은 기관들의 도움을 받았다. 무엇보다 서울대 아시아연구소와 한국정치학회 박사학위논문상을 받아 직업 연구자로 나아가는 데 큰 격려와 용기를 얻었다. 글로벌박사펠로십으로 박사과정을 든든하게 지원해 주신 한국연구재단과 일본, 중국, 대만으로의 방문연구에 도움을 주신 일본국제교류기금, 중국 공자학원, 타이완 펠로십에 감사드린다.

바쁘다는 핑계로 자주 만나지 못해도 항상 응원해 주고 큰 힘이 되어 주는 김민경, 류경희, 이서정, 박은영, 안수진에게 깊은 애정을 전한다.

마지막으로, 항상 따뜻한 마음으로 응원해 주는 사랑하는 가족에게 이 책을 바친다. 가족의 사랑과 이해, 도움이 있어 한 연구자로서 인정받기 위해 세상으로 나아갈 수 있었다. 진심으로 감사드린다.

도움을 주신 모든 분들께 감사의 마음을 담아 앞으로도 끊임없이 정진하겠다.

타이베이에서

오승희

차례

표 차례

그림 차례

| 일러두기 |

• 주요 조약 표기

1. 샌프란시스코 강화조약: 일본에서의 공식 명칭은 '일본국과의 평화조약(日本国との平和条約)' 혹은 '샌프란시스코 대일강화조약(サンフランシスコ対日講和条約)'이다. 이 책에서는 일화평화조약과의 혼동을 방지하기 위해 '샌프란시스코 강화조약'으로 명칭을 통일한다.
2. 일화평화조약: 일본에서의 공식 명칭은 '일본국과 중화민국 간의 평화조약(日本国と中華民国との間の平和条約)'이고, 이를 줄여서 '일화평화조약(日華平和条約)'으로 부른다. 이 책에서는 '일화평화조약'으로 명칭을 통일한다.
3. 중일공동성명: 일본에서의 공식 명칭은 '일본국 정부와 중화인민공화국 정부의 공동성명(日本国政府と中華人民共和国政府の共同声明)'이다. 이 책에서는 '중일공동성명'으로 표기한다. 단, 원문을 그대로 인용할 때는 '일중공동성명'으로 옮긴다.
4. 한일기본조약: 일본에서의 공식 명칭은 '일본국과 대한민국 간의 기본관계에 관한 조약(日本国と大韓民国との間の基本関係に関する条約)'이다. 이 책에서는 '한일기본조약(日韓基本条約)'으로 표기한다.

• 1차 자료 및 주요 사례 출처

중일관계 관련 1차 자료 및 사례는 필자의 다음 저술에 소개된 바 있으며, 이를 인정 개념에 접목해 중일관계와 한일관계를 분석했다.

1. 「중국의 대 일본 배상청구 포기 요인 연구: 타이완문제와 중일 경제협력을 중심으로」, 이화여자대학교 석사학위 논문(2010)
2. 「중국의 대 일본 배상청구 포기의 양면성」, 『담론 201』 13(2)(2010, 공저)
3. 「냉전 초기 일본의 중국 정부 선택 문제와 대중 등거리 전략」, 『아시아연구』 14(2)(2011, 공저)
4. 「전후 중일관계의 형성과 변환과정(1952-1972)」, 『일본연구』 51(2012, 공저)
5. 「냉전기 중국과 일본의 제한적 접근과 쟁점의 유보」, 『국제정치논총』 52(4)(2012, 공저)
6. 「전쟁 기억과 전후 중일외교의 중층구조」, 『일본사상』 25(2013, 공저)

7.「1970년대 초 일본의 대중국 정책과 중국대표권 문제: 중국의 UN가입과 중일 국교정상화」, 『일본연구논총』 39(2014, 공저)

8.「전후 일본의 인정투쟁과 중일 국교정상화: 하나의 중국론에 대한 인정론적 접근」, 『한국정치학회보』 51(1)(2017)

9.「'정경분리'와 '이민촉관'의 공존: 중일 국교정상화의 문화적 이해」, 『문화와 정치』 5(4)(2018, 공저)

10.『전후 중일관계 70년』, 서울: 이화여자대학교출판부(2019, 공저)

11.「과거사를 둘러싼 인정투쟁: 일본 수상담화의 텍스트 네트워크 분석」, 『국제정치논총』 61(2)(2021)

12.「한일국교정상화와 중일국교정상화의 외교전략: 미뤄두기, 쌓아가기, 경계짓기, 다중해석」, 『일본연구논총』 53(2021)

제1부

'패전국' 일본의 '하나의 중국' 인정 문제

제1장 인정투쟁의 중일관계

1. 인정이란 무엇인가

국제사회의 역사는 인정투쟁의 역사이다.

(Ringmar, 2012: 11)

국제사회에서 국가들은 다른 국가들로부터 인정받기 위해 투쟁하고 있다. 우선 국가들은 다른 국가들과 동등한 권리를 추구하고 다른 국가들로부터 존중받기를 원한다. 그리고 국가는 자신의 존재와 권리, 역사와 문화에 대해 다른 국가들로부터 인정받기를 원한다.

국가들 간의 인정(recognition, Anerkennung)은 주로 국제법학에서 다루어 온 주제이다. 한 국가가 인정받고 있는가 하는 문제는 국제법적 주체로서 구성 요건과 국가 승인 또는 정부 승인 문제로 다루어져 왔다. 그러나 국제법학자 켈젠(Hans Kelsen)은 인정 여부를 결정하는 데 국제법학이 다루지 못하는 부분이 존재한다고 언급했다. 인정이 정치적 행위라는 점을 확인한 것이다(Honneth, 2012: 29).

국가들 간 정치적 관계로서 인정은 단지 법률적 관계로서 승인만을 다루지 않는다. 정치적 행위로서 인정은 한 국가에는 다른 국가를 국제 공동체의 동등한 구성원으로서 대우한다는 의도를 표현하는 것이고(Honneth, 2012: 29), 다른 한 국가에는 누가 인정받는가의 문제이다. 이러한 관점에서 국가 간 '승인'을 포함하는 국가 간 '인정' 문제를 광의의 개념으로 살펴볼 필요가 있다.

이 책에서 인정은 일상적 용어와 사상사적 검토 그리고 법률적 승인요건을 포괄하는 개념으로 사용한다. 인정은 '인정하다'와 '인정받다'가 함께 사용된다. '인정하다'는 주체의 부여 행위로서 인정이다. '인정받다'는 타자로부터 인정 획득을 가리킨다. 주체의 인정 부여 행위를 통해 타자는 인정을 획득하는 것이다. 인정은 그 행위 부여자와 획득자가 존재한다. 다시 말해, 인정은 자아와 타자가 존재하고, 자아와 타자 간 상호관계가 이루어지며, 인정 부여와 획득 과정이 전제된 사회적 개념이다.

인정은 사회 구성원들이 서로 긍정적으로 관계 맺는 방법을 고민하는 과정에서 논의되어 왔다(호네트, 2021). 호네트(Axel Honneth)는 개인이 타자에 의한 인정에 의존한다는 점에 주목해 루소의 사상으로 거슬러 올라가 영국과 프랑스, 독일의 사상사를 비교 분석해 인정 패러다임을 유형화했다. 프랑스에서는 인정과 자아상실, 영국에서는 인정과 자기통제, 그리고 독일에서는 인정과 자기결정으로 특징지어진다. 호네트의 정의에 따르면 "인정은 인정받는 주체로 하여금 사회적 수용, 나아가 존경까지 기대할 수 있게 하는 개인적 속성을 부여하는 사회적 행위"이다(호네트, 2021: 215).

호네트는 헤겔(Georg Wilhelm Friedrich Hegel)과 미드(George Herbert Mead)의 논의를 결합해 인정투쟁 논의를 발전시켰다. 헤겔은 『정신현상학』의 「자기의식」 부분에서 '주인과 노예'의 비유를 통해 자아와 타자의 관계에서 나타나는 인정관계를 설명한다.

자기의식은 단일한 즉자 존재로서 모든 타자를 배제하는 자기동일성을 갖는다. 자아는 자기의식의 본질이며 절대적 대상이다. 자기의식은 자아와 직접 어우러지면서도 개별적으로 존재한다. 타자는 자기의식과 맞서 있는 것으로, 부정적인 성격으로 규정된 비본질적 대상이다. 그러나 타자 또한 자기의식이기 때문에 개인과 개인의 대립이 형성된다. 자아와 타자는 자립적 형태를 띤 두 개의 의식으로서 서로 마주한다. 상호 간 행위가 나타나면 자기를 의식하고, 자아라는 단순한 통일체는 해체된다. 순수한 자기의식과 사물의 형태를 띠고 존재하는 의식이 정립되고, 이 양자는 대립하는 두 개의 의식 형태로 존재한다. 전자는 독자성을 본질로 하는 자립적 의식으로서 '주인'이고, 후자는 타자에 대한 존재를 본질로 하는 비자립적 의식으로서 '노예'이다(헤겔, 2013: 133).

주인을 통해 노예는 자기 자신에 대해 자기의 대상으로 받아들여지면서 주관적으로나 객관적으로도 자립성을 감지한다. 노동하는 의식은 사물의 자립성을 곧 자기 자신의 자립성으로 직관하게 된다. 노예의 의식은 자신이 즉자대자적인 완전한 존재임을 의식하면서, 노동에서 자기 혼자 힘으로 자기를 재발견하는 주체적인 고유의 의미를 이끌어 냄으로써 불평등한 인정관계를 개선시켜 나간다(헤겔, 2013: 136-138).

즉, 헤겔은 타자 속에서 자아를 인식하는 상호적 경험에 주목하고, 자신을 자신의 타자 속에서 인식한다는 〈자아〉-〈자신의 타자〉-〈타자〉 관계를 개념화한다. 헤겔은 자기의식이 즉자대자적으로 이중화되면서 대치 상태를 겪고, 결국 인정운동을 통해 자기의식의 정신적 통일에 이른다고 설명한다. 즉, 이중화한 두 개의 자기의식이 통일을 이루는 것이 인정의 순수한 개념이다(헤겔, 2013: 131). 헤겔은 인간 사회에서 나타나는 소유물에 대한 투쟁이 자기주장을 위한 투쟁이 아니라 인정을 위한 투쟁이라고 해석했다(호네트, 2011: 99).

자기의식이 갖는 사회적 속성을 보다 명료하게 제시한 사람이 미드이다. 미드에 의하면 자아는 사회 안에서 다른 개인들과 맺는 관계의 결과로 나타난다(미드, 2010: 223). 미드는 자아의 '객체로서 자아(me)'와 '주체로서 자아(I)'의 관계를 통해 인정관계를 설명한다.

> 'I'는 타인의 태도에 대한 유기체의 반응이며, 'me'는 스스로 가정하는 타인의 태도를 조직화한 세트이다. 타인의 태도가 조직화된 'me'를 구성하고, 사람은 그 'me'에 'I'로 반응한다. 'me'는 우리 자신의 태도에 존재하는 분명히 조직화된 공동체의 표상으로서 반응을 요구하는데, 여기서 반응은 그냥 일어나는 것이다. 이에 반해 'I'는 인간의 경험에 포함되는 사회적 상황에 자발적이고 자의식적인 방식으로 반응한다. 'me'는 특정한 종류의 'I'를 요구하기도 하고, 'I'가 'me'에 반응하기도 하며, 'I'가 'me'를 불러일으키기도 한다. 자아는 'I'와 'me'의 두 가지 식별되는 자아를 동반하며 진행되는 사회적 과정이다(미드, 2010: 270).

자아와 타자의 관계는 사회적 과정이며, 자아의 이중적 구조로 인해 타자 인식은 타자의 시선에 의한 자아의 내적 재구성에 대한 반응으로 나타난다. 즉, 자아의 타자 인식은 자기 인식을 바탕으로 한다는 점에서 자아중심적으로 나타난다는 것을 헤겔과 미드의 논의를 통해 확인할 수 있다.

호네트는 예나 시기 헤겔의 자아와 타자의 대립과 화해로 나타나는 인정운동과 미드의 'I'와 'me' 사이에 나타나는 사회화 논의를 보완해 인정투쟁 이론을 발전시킨다. 호네트는 1802년 초기 예나 시기 헤겔의 『인륜성 체계』를 중심으로 사회 갈등의 도덕적 특성을 살펴본다. 그리고 고립된 주체가 아닌 주체들이 공동체적으로 움직이게 하는 인륜적 결합관계를 강조하고, 서로 대립되는 주체들이 인정운동을 통해 서로 인정하는 상호 주관적 과정을 거친다는 점을 강조한다. "주체의 개인적 정체성 발전은 타자에 의한 특정한 방식의 인정이라는 전제와 결합하게 된다."(헤겔, 2007; 호네트, 2011: 88)

호네트는 헤겔의 인정 대상과 인정 방식을 기준으로 한 사회적 인정의 단계 이론을 재발견했다. 개인을 대상으로 정서적 직관을 통해 경험하는 '가족(사랑)', 인격체의 인지적 개념으로서 경험하는 '시민사회(권리)', 그리고 주체의 특수성을 대상으로 하면서 지적 직관의 방법으로 나타나는 '국가(연대)'의 형태이다(호네트, 2011: 68).

호네트는 헤겔의 인정단계 이론을 바탕으로, 미드가 제시한 주격 나(I)와 목적격 나(me)의 내적 대립과 마찰이 개인과 사회의 도덕적 발전을 설명할 수 있는 기본적인 갈등 형태라고 보았다. 여기에 더해 호네트는 인정받지 못하는 불인정, 비인정, 부정에 해당하는 무시(Missachtung)의 유형을 보다 상세화한다. 정서적 배려가 이루어지지 않은 경우에는 신체적 무시가, 인지적 존중의 인정이 이루어지지 않은 경우에는 권리 부정이나 배제가 나타난다. 마지막으로, 사회적 가치 부여가 이루어지지 않은 경우에는 존엄성을 부정하거나 모욕하는 무시가 나타난다. 그리고 이러한 무시의 폭력들을 극복해 나가는 인정단계를 '인정투쟁(Kampf um Anerkennung)'으로 구체화했다. 즉, 주격 'I'와 사회적 자아 'me'로 구성되어 있는 이중적 자아가 무시와 부정을 경험하면 'I'와 'me'가 대립하는데, 이 대립을 해소하기 위한 과정에서 긍정적 자기 지향의 움직임이 나타난다. 그리고 이러한 과정이 끊임없이 일어나는 것이 바로 인정투쟁이다.

인정투쟁의 논의를 바탕으로, 호네트는 인정을 크게 세 가지 유형으로 나누어 제시하고 각각의 특징을 구체화한다. 호네트는 인정이라는 상호주관적 관계가 크게 세 단계의 구조를 가지고 있다고 보았다. 헤겔의 사유 모델에서 추출한 세 가지 인정 형태인 사랑, 권리, 연대라

[표 1] 호네트의 사회적 인정관계 구조

인정 방식	정서적 배려	인지적 존중	사회적 가치 부여
개성의 차원	욕구 및 정서 본능	도덕적 판단 능력	능력, 속성
인정 형태	원초적 관계 (사랑, 우정)	권리 관계 (권리)	가치 공동체 (연대)
진행 방향		일반화, 실질화	개성화, 평등화
실천적 자기 관계	자기 믿음	자기 존중	자기 가치 부여
무시의 형태	학대, 폭행	권리 부정, 배제	존엄성 부정, 모욕
위협받는 개성 구성요소	신체적 불가침성	사회적 불가침성	명예, 존엄성

* 출처: 호네트, 2011: 249.

는 키워드를 접목해 정서적 배려, 인지적 존중, 사회적 가치 부여라는 방식으로 인정관계를 설명한다(표 1).

호네트의 인정관계 구조 모델을 바탕으로 웬트(Alexander Wendt)는 인정으로의 욕구를 '얇은 인정(thin recognition)'과 '두터운 인정(thick recognition)'으로 분류했다. 얇은 인정은 공동체 내에서 독립적 주체로 인식되는(acknowledged) 것이고, 두터운 인정은 주체가 가진 고유한 특성을 존중(respect)하는 것이다(Wendt, 2003). 그 밖에도 얇은 인정과 두터운 인정이라는 개념을 사용하는 연구들이 있다(Allan and Keller, 2006; Strömbom, 2014 등). 호네트의 분류와 연결해 본다면, 얇은 인정은 일반화와 실질화로 나타나는 권리 관계 수준의 인정단계로, 두터운 인정은 개성화와 평등화까지 나아간 인정단계로 볼 수 있다.

이상의 논의를 바탕으로 인정과 부정을 다음과 같이 세분화해 접근할 수 있다. 우선, 대상의 무엇에 대해 인정 혹은 부정할 것인가에 따라 사실·존재적 차원, 법·권리적 차원, 정신·가치적 차원으로 나눌 수 있다. 사실 또는 존재를 인정하는지가 인정의 첫 단계이며, 법·권리 차원을 통해 개인에서 집단으로 일반화된 권리를 획득하고, 정신·가치의 인정단계에서 명예와 존엄이 확인된다. 물질적·권리적·관념적 차원으로의 인정 심화를 통해 대상을 인식하고, 보호하고, 기억하는 방식으로 나타난다.

또한 각각의 영역을 어느 정도 인정하는가에 따라 확인, 수용, 존중의 단계로 세분화할 수 있다. 확인은 긍정 혹은 부정을 판단하는 기점으로, 부정에서 긍정으로 확인이 인정의 첫 단계이다. 수용은 대상을 받아들임으로써 일반성과 동등성을 인정한다. 존중은 수용을 넘어 대상에 대한 차별화나 특별함을 인정하는 단계이다. 확인에서 수용, 존중으로 갈수록 인정의 심화가 나타난다.

각각의 차원에서 중요한 행동 조합은 〈사실·존재-법·권리-정신·가치〉 영역에서 나타나는 〈확인-수용-존중〉 행위로 나눌 수 있다. 한편, 그 반대 개념으로는 부인(비확인)-거부(불수용)-무시(비존중)로 구체화할 수 있다. 부정 역시 어떠한 영역의 문제를 어느 수준으로 부정하는가에 따라 그 의미를 세분화해 이해할 수 있다(그림 1).

기본적으로 각각의 유형은 거론되는 인정 대상과 내용, 그리고 그 행위에 따라 보다 적합한 개념이 적용될 수 있다. 예를 들어, 일본이 중

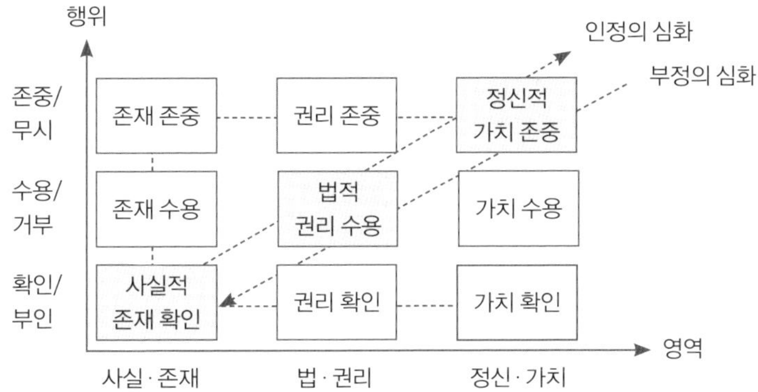

[그림 1] 인정-부정의 개념화

국에 대한 존재를 확인하는 것과, 일본이 중국이 권리를 갖고 있다는 것을 확인하는 것, 일본이 중국이라는 나라의 가치를 확인하는 것에는 각각 다른 개념을 적용할 수 있다. 또한 일본이 중국이라는 존재를 확인하는 것, 존재를 수용하는 것, 존재를 존중하는 것 역시 행위에 따라 다르게 지칭할 수 있다.

헤겔과 호네트의 인정 개념은 인정의 단계적 발전을 수용하고 있지만, 인정단계가 반드시 심화와 진전으로만 나타나는 것은 아니다. 인정 획득을 위해서는 인정의 심화를 추구하지만, 인정 부여 측면에서 인정단계는 반드시 심화, 발전하는 것은 아니며, 더 낮은 차원과 행위로 후퇴할 수도 있다. 자아의 인정투쟁은 심화를 향해 가지만, 타자에 대한 인정 부여와 타자에 의한 인정 부여는 인정 상태가 심화될 수도, 부정 상태가 심화될 수도 있다.

정리하면, 이 책에서 인정은 상대방의 존재에 대한 긍정적 인식을 기반으로 하는 부여와 획득의 상호주관적 관계이다. 인정 개념은 〈사실·존재-법·권리-정신·가치〉에 대한 〈확인/부인-수용/거부-존중/무시〉로 세분화해 살펴볼 수 있다. 물론 각각의 구분이 명료하지 않을 수도 있고 복합적으로 나타날 수도 있다. 다만 인정과 부정을 좀 더 상세히 구분해 접근함으로써 어떤 부분에 대한 인식이 차이 나는지, 앞으로 어떤 부분이 부정에서 인정으로 전환되어야 하는지 확인하는 데 이처럼 세분화된 개념 구분이 도움이 될 것이다(표 2 참조).

2. 인정투쟁의 작동 메커니즘

국가들 간의 인정투쟁은 세 가지 메커니즘으로 작동한다. 첫째, 한 국가는 다른 국가와의 상호성에 기반하며, 타국과의 관계에서 자기 자신

[표 2] 연구자별 인정-부정 개념 비교

<table>
<tr><th>연구자</th><th colspan="6">인정-부정 단계</th></tr>
<tr><td>헤겔</td><td colspan="2">사랑, 우정</td><td colspan="2">권리 인정</td><td colspan="2">연대</td></tr>
<tr><td>호네트</td><td colspan="2">정서적 배려
학대, 폭행</td><td colspan="2">인지적 존중
권리 부정, 배제</td><td colspan="2">사회적 가치 부여
존엄성 부정, 모욕</td></tr>
<tr><td>웬트 등</td><td colspan="3">얇은 인정</td><td colspan="3">두터운 인정</td></tr>
<tr><td>이 책</td><td colspan="2">사실·존재 확인
인정/부정</td><td colspan="2">법·권리 수용
인정/부정</td><td colspan="2">정신·가치 존중
인정/부정</td></tr>
</table>

* 출처: 헤겔, 2006; 2007; 호네트, 2011; Allan and Keller, 2006; Seungheeoh, 2014; Strömbom, 2014; Wendt 2003 참조 필자 작성.

에 대한 집합적 정체성의 형성을 시도한다. 둘째, 국가 행위자는 한 국가의 집합적 정체성을 대표하며, 국민으로부터 정통성을 인정받기 위해 '자기정당화(self-justification)' 발언과 서술이 나타난다. 셋째, 자기정당화는 도덕적 속성을 지닌다.

우선, 국가의 자기정체성(self-identity) 형성은 개인의 자아와 마찬가지로 타자와의 관계에서 형성된다. 호네트는 국가들 간의 인정투쟁(struggle for recognition)을 존중에 대한 욕구(need for respect)로 바라보고, 한 공동체의 집합적 정체성(collective identity) 문제로 설명한다(Honneth, 2012: 27). 다른 국가와의 상호작용에 의해 집합적 정체성이 발현되는 과정에서는 앞서 살펴본 헤겔의 인정투쟁의 즉자-대자 구조가 작동한다.

웬트는 집합적 정체성이 외생적으로 주어진 것이 아니라 내생적으로 구성되는 것임을 강조했다(Wendt, 1992; 1994). 집합적 정체성은 공유된 규칙, 규범, 원칙들을 통해 형성될 수 있으며, 형성되지 않을 수도 있고 다른 정체성으로 전환될 수도 있다. 웬트는 구성주의와 제도주의적 접근을 바탕으로 집합적 정체성의 협력 가능성을 모색하고, 주권국가들의 인정투쟁 결과 국제사회로까지 나아가는 연대 모습을 그린다(Wendt, 2003).

둘째, 집합적 정체성을 형성하는 과정에서 자기정당화 발언과 서술이 등장한다. 국가는 스스로 행위할 수 없기 때문에, 국가를 대리하는 행위자는 국민의 의견을 대변해야 한다. 이는 외교정책 결정자가 국민으로부터 동의를 얻을 수 있는가에 관한 정통성(legitimacy)의 문제이다. 국가들 간 관계에서 한 국가에 대한 배제, 비난 등은 각 국가들의 집합적 정체성과 연계되며, 그들의 자기주장(self-assertion)은 공식적 언급, 간접적 표현, 상징 등으로 나타난다. 그리고 이러한 표상들은 정당화 내러티브(narrative of justification)로 나타난다(Honneth, 2012: 31-32).

여기에 외교정책 행위자의 인정 결정이 국가 차원에서의 인정으로 대표되는 과정이 추가된다. 외교정책 행위자는 자국민에게 자신의 인정, 부정 견해를 설명하고, 해당 입장을 정당화한다. 그러나 국가 내 개인들의 생각과 목표가 상당히 분화되어 있기 때문에 이를 통합하기는 쉽지 않다. 이러한 과정을 이해하기 위해서는 국가가 국민들의 요구를 어떻게 해석하는가, 그리고 국가가 국민들에게 어떻게 정당화하는가 살펴보는 것이 중요하다.

국가 간 인정 행위에는 도덕 규범적 속성이 내재되어 있다. 무엇보다 국가 행위자의 자기정당화는 도덕적 가치를 표면화한다. 또한 인정 행위에는 관행이 존재한다. 패브리(Mikulas Fabry)에 의하면 인정 행위는 고정되고 공식적인 것이 아니라 법적·정치적·도덕적·경제적·안보적으로 고려해야 할 사항들이 연계되어 있다. 따라서 결정만이 아니라 그 결정 과정에 주목해야 하며, 결과만이 아니라 국내외적 과정에 대한 탐색이 필요하다(Fabry, 2013: 168).

그런데 국가가 형성하는 집합적 정체성, 즉 국가의 자기정체성은 무엇인가? 패브리가 지적했듯이, 일반적으로 국제관계에서 국가는 '주권국가(sovereign state)'로 인식되고 있다.

주권이란 무엇인가에 대해 오랫동안 논의가 지속되어 왔다. 보댕(Jean Bodin)은 단일주권(unitary sovereignty)을 제시했다. 이는 국가에서 궁극적 권위는 한 곳에 있어야 한다는 주장으로, 주권은 분리될 수 없다고 보는 견해이다(장 보댕, 2005). 이러한 주권국가론은 17세기에서 20세기 유럽을 중심으로 형성 및 발전되어 왔다.

특히 1945년 이후 세계는 주권국가들로 이루어져 있는 것처럼 여겨져 왔다. 마치 국가들이 완전한 주권을 가지고 명확하게 규정된 영토에 독립적으로 절대적이고 완전한 주권을 행사하는 것이 당연한 것처럼 여겨졌다(Caspersen, 2012; Jackson, 1993; Krasner, 1999). 그러나 현실에는 국제적 권리와 책임을 행사할 수 있는 주권국가로 인정받지 못한 정치 단위체들이 존재한다. 이른바 '준국가(quasi-state)', '사실상의 국가(de facto states)', '비대표 국가(unrepresented nations)' 혹은 '비인정 국가(unrecognized state)' 등으로 불리는 제한적 주권국가들이다(Caspersen, 2012; Jackson, 1993).

주권국가와 인정은 모두 역사적 구성물이다. 특히 유럽 중심적 근대성의 산물이었던 주권국가 개념과 인정행위가 점차 보편화되고 세계화된 것이라는 점을 주지해야 한다(Fabry, 2013: 168). 국제사회에서 한 국가를 인정하는 기준은 시대에 따라 다르게 적용되어 왔다. 제1차 세계 대전 전후로는 영토의 실효적 지배를 중요시했고, 제2차 세계 대전 이후에는 탈식민지화가 중요한 요건으로 작용하면서, 국가의 기원이 중요하게 작용했다(Caspersen, 2012: 12-16).

주권국가에 대한 신화와도 같은 기존의 믿음은 주권이 외부적으로 주어진 고정적인 것으로 인식되어, 주권의 부재는 곧 국가로서의 존재 부정으로 받아들여졌다. 그러나 주권이 없는 국가는 국가가 아닌가? 주권과 국가성(statehood)에 관한 새로운 시각은 기존의 주권국가론이 현실에 부합하지 않음을 지적한다. 웨버(Cynthia Weber)의 표현을 빌리면, 주권은 내생적이며 국가의 현실에 따라 만들어지고 재생산된다(Weber, 1995: 84).

이러한 문제의식을 반영해 주권에 대한 개념 규정이 다양해지는데, 대외적 주권(external sovereignty)과 대내적 주권(internal sovereignty)으로 크게 나누어 살펴볼 수 있다(Jackson, 1993; Wendt, 2003). 여기서 국제사회로부터 인정은 대외적 주권과 관련된 문제이다.

크래스너(Stephen Krasner)는 주권이 완전한 것이 아닐 수 있다는 점을 세분화된 주권 개념을 통해 제시했다. 그는 주권이 단일한 것이 아니며, 완전하고 절대적인 것이 아닐 수 있다고 설명했다(Krasner, 1999; 2001b). 첫 번째는 베스트팔렌 주권(Westphalian sovereignty)이다. 주어진 영토 내에서 권위적 구조로부터 외부적 행위자들을 배제하는 것에 기반을 둔 정치적 조직을 가리킨다. 베스트팔렌 주권은 사실상이든 법률적이든 외부적 행위자의 배제를 주요한 특징으로 한다.

두 번째는 국제법적 주권(international legal sovereignty)이다. 상호승인과 관련된 관행들을 가리키며, 주로 공식 관할권을 가진 독립적 영토국가들 사이에서 나타난다. 국제법적 주권의 규칙은 공식적으로 인정된 사법 독립권을 가진 영토적 실체로 확장되는 것이다. 국제법적 주권과 베스트팔렌 주권은 권위와 정당성 문제를 포함하지만, 통치에 관한 것은 아니다. 이들은 분명한 규칙이나 적절성의 논리를 가지고 있다.

세 번째는 국내적 주권(domestic sovereignty)으로, 공식적 조직을 가리킨다. 국내적 주권은 권위와 통치를 모두 포함하며, 한 정치체제 내에서 정당한 권위를 구체화하고, 그 권위가 효과적으로 실행될 수 있는 정도를 나타낸다. 기존에 네 번째 유형으로 분류되었던 상호의존적 주권(interdependence sovereignty)은 국내적 주권에 포함될 수 있다. 이는 정보, 아이디어, 상품, 사람, 오염 물질이나 자본의 국가 경계 흐름을 규제하는 공적 권한 능력을 가리킨다. 국가들 간 국경을 넘나드는 사람과 물건에 대한 통제가 이에 해당한다(Krasner, 1999). 상호의존적 주권은 오직 통제에만 관심을 가지며, 권위와 관련 없이 그 국경을 넘나드는 움직임을 규제하는 국가의 능력이다(Krasner, 1999).

이러한 다양한 국가 유형을 살펴보면, 국제사회로부터 인정을 획득하지 못하더라도 주권은 제한적으로나마 존재함을 알 수 있다. 그리고 주권은 반드시 완전한 것이 아니며, 국가들마다 주권의 충족 정도가 상이할 수 있다.

그런데 문제는 주권국가의 신화가 여전히 존재한다는 것이다. 반드시 주권이 완전하게 충족되어야만 주권국가인 것은 아니다. 하지만, 여전히 국가들은 완전한 독립성과 절대성을 상징하는 주권국가의 이상을 가지고 있다. 만약 주권의 일부분이 충족되지 않았을 경우, 국가는 주권을 보다 완전하게 확보하기 위한 '주권국가'라는 이상적 정체성을 획득하기 위한 인정투쟁으로 나아갈 동기를 갖는다.

셋째, 주권국가는 도덕적 당위성을 바탕으로 형성되었다. 특히 1945년 이후 독립을 꿈꾸던 국가들은 '자기결정권(self-determination)'을 내세우며 주권국가로 투쟁을 이끌어 왔다. 그와 동시에 주권국가는 권위와 통치에 관한 것인 만큼 권력의 속성이 강하다. 정당성, 권위, 통치는 주권국가가 되기 위한 투쟁의 중요한 요소이다. 여기서 정치와 도덕의 미묘한 공존이 나타난다.

크래스너는 국가들의 정치성과 도덕성의 미묘한 공존에 착목하고, 국가들이 내세운 말과 행동의 불일치를 '조직된 위선(organized hypocrisy)'이라는 개념으로 설명한다. 크래스너는 마치(James March)와 올슨(Johan Olsen)의 용어를 빌려, 모든 정치적이고 사회적인 환경은 두 가지 행동 논리로 구별할 수 있다고 보았다. 하나는 결과의 논리(logic of consequences)이고, 다른 하나는 적절성의 논리(logic of appropriateness)

이다. 결과의 논리는 정치적 행동과 그 결과에 대한 것으로, 합리적이고 계산적 행동의 산물이며 이익을 최대화하기 위해 이루어진다. 반면 적절성의 논리는 규칙, 역할, 그리고 정체성에 따라 정치적 행동이 나타난다고 보며, 주어진 상황에서 어떻게 행동해야 적합한가를 생각한다(March and Olson, 1998; Krasner, 1999). 이러한 적절성의 논리와 결과의 논리가 충돌할 때 도덕적 언행과 정치적 계산이 조합되어 조직된 위선이 나타난다.

크래스너는 국가 주권의 조직된 위선을 국가 인정 문제에서도 찾아볼 수 있다고 지적하며 국제사회에서 나타나는 복잡성(complexity), 규범 충돌(competing norms), 도구적 계산(instrumental calculation)으로 인해 조직된 위선이 나타난다고 설명한다. 결과의 논리가 적절성의 논리와 함께 사용될 수 있다는 고려가 가능할 때만 부분적으로 원칙과 규칙이 지켜진다는 것이다.

주권은 국가들이 동등하며, 상호 내정 불간섭에 바탕을 둔다고 정의되어 있지만, 현실에서는 한 국가가 다른 국가의 주권을 침해하고 간섭하는 경우가 빈번하다. 이는 협력의 논리와 갈등의 논리라는 양면성에서 발생하는 위선이다(Krasner, 2013).

이에 앞서 모겐소(Hans Joachim Morgenthau)는 1970년대 이전 중화인민공화국에 대한 국제사회의 인정 문제를 도덕적 접근이 정치적 접근보다 우선시해 나타난 실패 사례로 설명한 바 있다(모겐소, 2014). 그러나 이는 1970년대 이전까지 관찰임을 주의할 필요가 있다. 모겐소의 견해 역시 크래스너와 마찬가지로 국가 간 인정 문제에서 나타나는 정치적 고려에 대한 것이다. 모겐소와 크래스너가 지적한 바와 같이, 우리는 정치적 고려와 도덕적 고려 간 갈등에 주목해야 한다. 국가 간 인정 문제는 인정 부여와 획득의 정치성과 국가 행위의 도덕적 표상을 함께 고려할 때, 보다 근본적인 이해에 도달할 수 있다.

3. 중국과 일본의 인정 문제

1972년 9월 29일 발표한 '일본국 정부와 중화인민공화국의 공동성명'(중일공동성명) 본문 제2항에서는 "일본국 정부는 중화인민공화국 정부가 중국의 유일한 합법정부임을 승인한다"고 선언한다. 공동성명 제2항은 아래와 같다.

〈일본국 정부와 중화인민공화국의 공동성명〉 본문 제2항(밑줄은 필자)

- 영문: The Government of Japan recognizes that Government of the People's Republic of China as the sole legal Government of China.
- 일문: 日本国政府は, 中華人民共和国政府が中国の唯一の合法政府であることを承認する。
- 중문: 日本国政府承认中华人民共和国政府是中国的唯一合法政府。

문항을 좀 더 자세히 살펴보면, 가장 중요한 행위는 중화인민공화국이 유일한 합법정부임을 'recognize/承認/承认'하는 것이다. 이 행위의 주체는 일본 정부이고, 행위 대상은 중화인민공화국 정부이다.

국가들 간 인정투쟁에서 나타나는 세 가지 주요 메커니즘은 타자와의 관계에서 자아 확인, 자기정당화, 도덕적 표상으로 요약될 수 있다. 아래에서는 각각의 기제를 '자기정체성 확인', '자기정당화', '외교적 위선'으로 개념화해 살펴본다.

1) 자기정체성 확인

일본은 타자로서 중국을 어떤 과정을 통해 인식하는가? 일본의 외교정책을 다룬 기존 연구들을 살펴보면 세 가지 유형으로 나눌 수 있다. 첫 번째 시각은 일본이 미국의 외압(外圧)에 수동적이었다고 보는 것이다. 이 경우 미중관계나 미일관계의 변화에 따라 중국에 대한 일본의 정책이 변했다고 본다. 이러한 외압 중심적 시각은 미국의 영향력을 중시하며, 일본이 미국의 아시아 정책과 협력하거나 연계해 움직이는 경우를 설명하는 데 적합하다. 하지만 일본이 미국과 상이한 외교정책을 추진하고자 한 시도를 설명하지 못한다는 한계가 있다.

두 번째 시각은 일본이 중국과 한국을 인식하는 데 국가 간 상호관계가 주요하다고 보는 것이다. 이 경우 미중관계나 미일관계가 일본의 대중국 인식 변화를 촉발했다고 하더라도, 중국과 일본 간 상호인식이 매개변수로 작동했다는 점을 강조한다. 따라서 일본과 상대국 간 상호작용에 주목해 미국과 상이한 정책을 추구한 경우를 설명할 수 있다. 그러나 일본과 중국이 상호협력을 추구했음에도 불구하고 왜 접근에 한계가 있었는가 하는 질문에 답하는 데는 어려움이 있다.

세 번째 시각은 이 책에서 바라보고자 하는 관점으로, 인정투쟁의 첫 번째 메커니즘이 반영된 것이다. 이 경우 일본이 타자를 인식하는 과정에서 가장 중요한 것은 일본의 자기정체성 확인이 어떻게 나타나는가 하는 것이다. 미중관계나 미일관계, 또는 중국과 한국의 대일 인식이 변화를 추동했다 하더라도, 이 과정에서 일본이 스스로를 어떻게 규정하는가에 따라 일본의 타자 인식과 외교정책이 변화한다고 보는 것이다. 일본은 타자 인식 과정을 통해 자기정체성을 확인하고, 더 나아가 타자에 대한 인정, 부정 행위를 변화시킨다.

세 번째 시각은 앞선 두 시각과 달리 일본의 자기 인식에 집중함으로써 일본의 인정행위를 개별적으로 설명하는 데 적합하다. 그러나 각각의 경우에 일본의 자기 인식이 어떻게 나타났는지 구체적으로 살펴보아야 한다는 점에서 일반화의 한계가 존재한다. [표 3]은 세 가지 인식 과정을 비교한 것이다.

[표 3] 일본의 타자 인식 과정 유형 분석

일본의 중국 인식	외압적 인식	상호적 인식	복합적 자기 인식
인식 과정	미중, 미일 → 일중	(미일, 미중 →) 중일 → 일중	(미일, 미중, 중일→) 일일 → 일중
특징	미국 중심적	중국 중심적	일본 중심적
설명 가능 사례	1952년, 1971년, 1972년 일부	1964년 정경분리, 1972년	1951년, 1964년, 1971년, 1972년
한계	미국과 상이한 중국정책 시도 사례 설명에 한계 (1951년, 1964년, 1972년)	중일협력에도 불구하고 부정한 사례 설명에 한계 (1971년, 1952년, 1964년)	구체적 사례연구 필요
그림	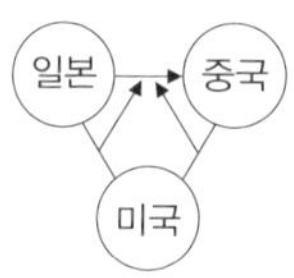	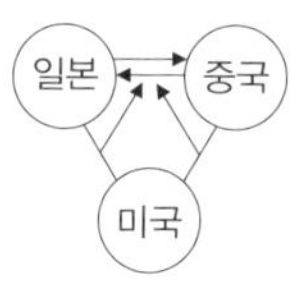	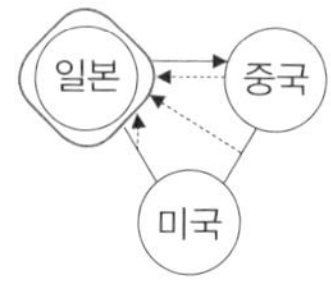

전후 아시아 국가들은 주권국가로서 이상적 자아를 상정하는 동시에, 주권국가로서 요건이 결핍된 자신을 발견한다. 이상적 주권국가가 아닌 자신을 확인함으로써, 주권국가에 대한 도덕적 가치를 부여하는 동시에 현실 자아에 대한 결핍을 극복하기 위한 노력이 국가이익으로 발현된다. 그리고 주권국가에 도달하기 위한 노력, 즉 완전한 주권국가로 인정투쟁과 밀접하게 연관될수록 국가이익이 우선순위를 형성하고, 국가가 당면한 외교정책 입장이 결정된다.

인정투쟁의 첫 번째 메커니즘은 한 국가가 타자와의 관계에서 자기정체성을 확인 및 형성하는 것이 다시 타자에 대한 인정행위로 연계된다는 것이다. 타자에 대한 인정-부정 행위는 자기정체성 인식에 영향을 줄 수 있다. 즉, 일본은 타자로서 중국을 인식하는 과정에서 자기정체성을 확인하고, 이에 따라 자신의 인정투쟁 목적에 맞게 상대방을 인정하거나 부정한다. 이 책에서는 외압적 인식과 상호적 인식이 복합적으로 작용하는 가운데 일본의 자기 인식이 어떻게 형성되는지 개별 사례를 통해 확인한다.

2) 자기정당화

인정투쟁의 두 번째 메커니즘은 국가 행위자가 국민의 의견을 대표하는 과정에서 자기정당화가 나타난다는 것이다. 일본의 중국 인정정책에서도 외교정책 결정자는 국내 여론을 무시할 수 없다. 총리와 외상을 비롯한 외교정책 결정자들은 국민에게 공식적·비공식적 발언을 통해 중국 인정정책을 표명하고 있다. 또한 일본의 중국정책은 국내적으로 매우 중요한 문제로 다루어졌다. 일본의 대표적 중일관계 연구자인 모리 가즈코(毛里和子)는 일본의 중국 인정 문제가 일본의 '국내 문제'였다고 지적했다(모리, 2006).

전후 일본과 중국의 국가적 특성이 반영된 자기정당화를 이해하기 위해서는 앞서 다루었던 미드의 인정 개념인 현실 주체로서 자아(I)와 사회적 객체로서 자아(me)의 괴리에 좀 더 주목할 필요가 있다.

인지부조화(cognitive dissonance)는 개인이 가지고 있는 사고, 태도, 신념, 의견들 사이에서 심리적으로 불일치하는 두 가지 인지를 가지고 있을 때 생겨나는 긴장 상태를 말한다(애런슨, 2014: 281). 인간은 자신의 삶이 부조리하지 않다는 것을 스스로 확신하기 위해 인지부조화를 감소시키려 하는데, 이러한 시도에서 나타나는 것이 자기정당화이다. 자기정당화에는 두 가지 유형이 있다. 특수한 상황이었음을 강조해 인지부조화를 해결하려는 외적 정당화와 자신의 내면적 태도를 변화시켜 인지부조화를 해소하려는 내적 정당화이다.

중국 인정 과정에서 일본의 외교정책 결정자들은 1) 국가정체성과 국민 여론의 괴리(자기정당화 I), 2) 이상적 자아와 현실적 자아의 괴리(자기정당화 II), 3) 냉전이라는 환경에서 비롯되는 외압과 자기 선택의 괴리(자기정당화 III), 4) 중국이라는 타자가 주장하는 이상적 타자와 현실적 타자 간 괴리(자기정당화 IV)에서 발생하는 인지부조화를 해소하기 위해 자기정당화를 하게 된다(그림 2).

네 가지 자기정당화 발생 원인은 밀접하게 연계되어 나타난다. 앞서 살펴본 [표 3] 중 복합적 자기 인식은 제3자로부터 외압적 시각과 상호적 인식이 자기정체성 확인을 구성하고 이에 기반해 타자에 대한 인정행위가 나타나는 것이었다. 이것을 자기정당화 측면에서 보면 타자에 대한 자기정당화(III, IV)를 고려하면서, 자아에 대한 자기정당화에 영향(II)을 미치고, 상호작용해 인정행위에 대한 전체적 자기정당화 서술(I)이 대내외적으로 표출되는 것이다.

국회의사록과 외교청서, 유엔 연설, 교섭문서, 회고록 등을 통해 살펴보면, 일본 정부의 중국 인정 문제에 대한 자기정당화는 크게 네 가지 유형으로 나타난다(표 4). 유형을 나누는 첫 번째 기준은 자기정당

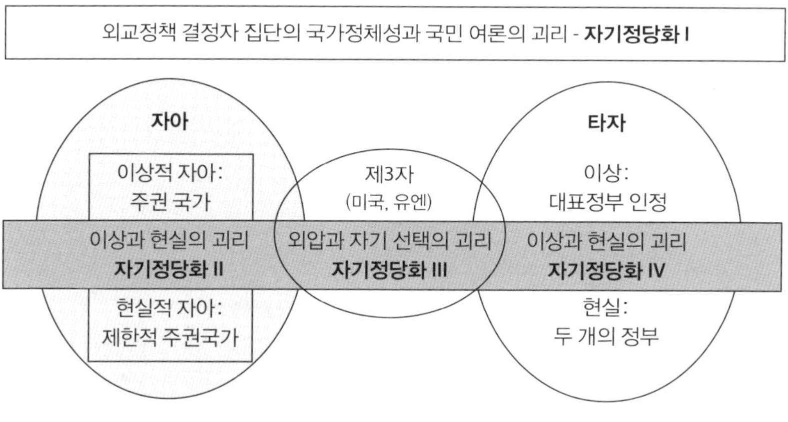

[그림 2] 일본의 중국 인정 과정에서 나타나는 자기정당화 발생 원인

화 서술이 다자관계에서 중국을 바라보는가, 아니면 양자관계에서 바라보는가이다. 두 번째 기준은 자기정당화 서술에서 나타나는 가치가 보편성을 추구하는가, 아니면 특수성을 강조하는가이다.

첫 번째 유형은 일본 정부가 다자관계로 중국을 바라보면서 보편성을 강조하는 경우로, '국제규범형' 자기정당화가 두드러지게 나타난다. 이 유형에서 일본은 유엔 외교 중시 원칙을 강조하고, '국제사회 일원'으로서 자기정체성을 확인한다.

두 번째 유형은 일본 정부가 중국을 다자관계로 바라보면서 일본의 특수성을 강조하는 경우이다. 이 경우 '아시아 선진 공업국'으로서 일본의 자기 인식이 두드러지게 나타난다. 이러한 인식은 아시아 지역에서 경제협력을 견인하겠다는 표현과 함께 등장한다. 이 유형은 '지역협력형' 자기정당화로 볼 수 있다.

세 번째 유형은 '이념대립형'으로, 일본이 중국을 양자관계로 바라보지만 보편적 가치를 우선시하면서 중화인민공화국과 대립 관계로 나아가는 경우이다. 이 경우 일본은 '자유세계의 일원'으로서 일본을 인식하고, 그 결과 미일협력과 반공정책이 함께 나타난다. 1952년 미일안보조약 체결과 일본과 대만의 평화조약 체결 사례가 여기에 해당한다.

네 번째 유형은 '역사문화형'이다. 이는 중국을 양자관계로 바라보면서 일본의 특수성을 강조하는 경우 나타난다. 일본이 중국을 일의대수를 마주하는 이웃 국가로 보고 관계 개선을 최우선시하는 경우이다. 1972년 중일 국교정상화 교섭 과정에서 주로 사용된 자기정당화 표상 유형이다.

1957년부터 1973년까지 일본의 외교청서에서 중국 관련 텍스트를 추출해 분석한 결과에서도 네 가지 유형을 확인할 수 있다. 동시발생 네트워크(co-occurrence network, 공기 네트워크)를 살펴보면,[1] 일본의 중

[표 4] 일본의 중국 인정 문제에 대한 자기정당화 표상 유형

자기정당화	보편성 강조	특수성 강조
다자관계	**국제규범형** 유엔외교 중시 '국제사회 일원'	**지역협력형** 경제협력 중시 '아시아 선진 공업국'
양자관계	**이념대립형** 미일협력 중시 '자유세계 일원'	**역사문화형** 일중 양국 중시 '역사적·문화적·지리적 인접국가'

국에 대한 인식에서 중국 인정 문제 비중이 높으며, 주로 경제 분야와 관련된 서술이 나타남을 알 수 있다. 또한 우리 나라(わが国)를 중심으로 보는 자기정체성 인식의 접근 방식이 나타난다.

일본 정부의 중국 관련 발언은 〈세계-국제-연합-평화-노력-해결-번영-안전-보호〉를 중심으로 한 국제규범형 단어 군집, 〈여러 나라(諸国)-아시아-협력-지역-우호-관계〉를 중심으로 한 지역협력형 단어 군집, 〈중공-소련-미국-미-소-일-양국〉을 중심으로 한 이념대립형 단어 군집, 〈상호-이해〉를 중심으로 한 역사문화형 단어 군집들로 유형화할 수 있다(그림 3).

매년 외교청서를 네트워크 분석해 그 변화를 살펴보면, 네 가지 유형 중에서 국제규범형 비중이 상대적으로 두드러진다. 즉, 국제규범을 중시하고, 국제규범 관련 단어들을 적극적으로 활용하는 것은 일본의 주권 회복을 위한 인정투쟁에서 매우 중요한 전략이었다. 하그스트

1 [그림 3]의 그래프는 R 프로그램의 그래프 패키지 igraph를 사용하는 KH Coder를 이용해 분석했다. KH Coder는 일본어 텍스트 분석에 특화되어 있으며, igraph 패키지는 그래픽의 가시성이 뛰어나고, 특히 동시발생 네트워크 분석에 최적화되어 있다는 점에서 선택했다.

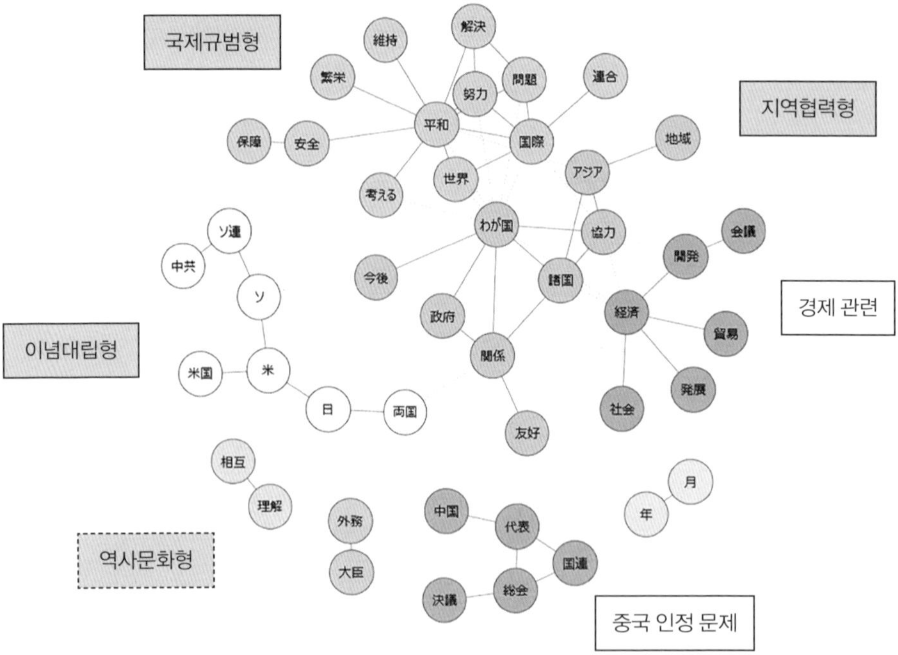

[그림 3] 공기 네트워크 분석: 1957-1973년판 일본 외교청서 내 중국 관련 내용

* 출처: 1957-1973년판 외교청서 텍스트를 활용해 필자 작성.

** 매개중심성(betweenness centrality) 기준 분류.

룀(Linus Hagström)은 일본의 자기정체성이 한편으로는 미국/서구, 다른 한편으로는 중국/아시아를 타자화하면서 '예외성(exceptionalisation)'을 획득했다고 보았다. 미국/서구라는 타자와의 관계에서는 사회화(socialisation)가, 중국/아시아라는 타자와의 관계에서는 안보화(securitisation)가 작동했다(Hagström, 2015). 따라서 일본이 국제규범형을 중시한 것은, 미국 및 서구와의 관계에서 사회화를 추진하려 한 것이라 해석할 수 있다.

3) 외교 전략과 외교적 위선

인정투쟁의 세 번째 메커니즘은 자기정당화 서술에서 나타나는 도덕주의적 속성에서 기인한다. 이 경우에는 도덕주의적 접근이 표면화되지만, 실질적으로는 정치적 이해관계가 국가 간 인정행위에 보다 직접적으로 관계될 수 있다(Krasner, 1999). 아래에서는 일본의 중국 인정에 대한 정치적 결정과 도덕적 가치의 관계에 대해서 살펴보도록 하겠다.

먼저 일본과 중국의 양자 간 외교관계에서 나타나는 특징을 '외교적 위선'이라는 개념으로 살펴보자. 외교적 위선은 국가가 자기이익을 추구하는 과정에서 이를 규범으로 포장해 정당화하려는 행태를 가리킨다. 크래스너가 제안한 조직된 위선 개념이 국제사회 차원에서 나타나는 광범위하고 보편화된 위선을 가리킨다면, 외교적 위선은 양자관계에서 나타나는 위선의 다양성을 집중해 살펴보기 위한 개념이다. 또한 크래스너는 실질적으로는 자기이익 추구의 일환에서 양국 간 규범이 표면화되어 나타난다는 점을 지적한다. 이 책에서는 자기이익을 추구하는 과정에서 이를 규범으로 내세우는 특징을 지적하고,[2] 다시 규범 속에 자리하고 있던 자기이익이 표출된다고 보았다. 국가들이 단기

2 전재성(2014)은 크래스너의 '조직된 위선'이 가진 정치와 도덕의 문제 제기 방식에 의문을 던진다. 그는 크래스너가 제기한 질문 가운데 '결국 법적 평등에도 불구하고 왜 베스트팔렌 주권이 부당하게 위반되는가?'보다 '베스트팔렌 주권의 불평등성 속에서 왜 법적 주권의 원칙이 존속될 수 있었으며 규범적 정당화가 받아들여졌는가?'가 올바른 질문이라고 지적했다. 전재성이 제기한 국제사회 조직 원리에 대한 계보적 접근의 문제 제기는 정치와 도덕의 관계를 바라보는 시점에 따라 달라질 수 있는 것이다. 필자는 전후 중일관계의 맥락에서 조직된 위선을 조망함에 있어 두 가지 질문 모두 중요하다고 보고, 결과의 논리와 적절성의 논리에 대한 선후관계보다는 두 논리 간 비정합성으로 인해 나타나는 현상에 주목했다.

적으로는 협력하지만, 장기적으로는 갈등하는 이유를 외교적 위선이 가진 규범과 이익의 양가성으로 이해할 수 있다.

국제사회 여타 국가들과 다른, 중일관계에서 나타나는 외교적 위선의 특수한 측면은 다음과 같다. 우선, 일본의 중국 인정 문제는 표면적으로는 중국에 대한 인정 부여로 보이지만, 실질적으로는 일본 스스로 인정투쟁 과정에서 나타난 결과이다. 중국에 대한 인정과 부정은 일본이 주권을 위한 인정투정을 전개하는 가운데 자국의 이익을 어떻게 설정했는지에 따라 결정된다. 하지만 자기정당화 과정에서는 일본이 도덕적 가치를 내세우는 것으로 나타난다. 정리하자면, 실질적으로는 정치적 이해관계에 기반하지만, 적절성의 논리를 표면에 내세운다는 점에서 '위선'이라 할 수 있다.

정치적 고려가 우선되는 일본의 중국 인정은 '중국을 인정할 것인가' 하는 문제보다 '어떻게 하나의 중국 원칙을 인정하지 않을 것인가' 하는 방식으로 논의되었다. 일본의 '하나의 중국' 부정은 인정을 회피하고 유보하는 방식으로 이루어졌다.

이러한 일본의 외교적 위선은 보다 구체적인 외교 전략으로 발현된다. 일본의 외교 전략은 '미뤄두기', '쌓아가기', '경계짓기', '다중해석'의 네 가지 기술로 나타난다. 이 기술은 규범적 표현을 중시하는가, 이익을 중시하는가에 따라 나누고, 다시 관련 문제를 소극적으로 해석하는가, 적극적으로 해석하는가에 따라 나누어 그 특징을 확인할 수 있다. 이러한 전략들은 일본 외교의 애매모호함 속에 가려진 일본의 외교적 위선을 구체적으로 확인하는 데 유용하다(표 5).

미뤄두기는 해당 문제를 거론하지 않음으로써 합의에 도달하려는 기술이다. 일본어로는 다나아게(棚上げ)로 표현된다. 다나아게란 문제를 일시 미해결 상태로 두는 것을 의미하며, 민감한 문제에 반응하는 일본 정부의 외교 전략 중 하나이다(최은봉·오승희, 2012b; 최희식, 2008).

[표 5] 외교적 위선의 개념으로 본 일본의 외교 전략

외교 전략	규범 중시	이익 중시
제한적/소극적 해석	미뤄두기(다나아게)	경계짓기 (기리하나시/무스비츠케)
포괄적/적극적 해석	쌓아가기(즈미아게)	다중해석(다마무시이로)

만일 치열한 논쟁이 예상되고, 합의에 도달하기 어렵다고 판단될 경우 이 전략으로 아예 그 논의를 교섭 대상에서 제외한다. 미뤄두기는 일본의 대중 외교정책에서 문제를 언급하지 않는 '불언급론', 이후에 다룰 '차후 연기론', 특히 중화인민공화국에 대해서는 다음 세대로 논의를 넘기는 '차세대 해결론' 등으로 표현된다(손기섭, 2011). 미뤄두기는 문제에 대한 논의 자체를 하지 않는 소극적 해석의 성격을 가지는데, 대부분 '협력'을 위한 것이라며 규범을 강조하고, 갈등 쟁점을 미뤄두는 적절성의 논리를 내세운다. 그러나 해석의 여지를 남겨둔다는 점에서 장기적으로 보면 갈등의 원인이 될 수 있다.

쌓아가기는 관계를 중층적으로 겹쳐서 단계적으로 진전시키는 과정 중심적 사고를 반영한 외교 전략이다. 일본에서는 즈미아게(積み上げ)라는 표현이 사용되고, 중국어에서 이에 해당되는 단어로 지엔찐(渐进)이 있다(최은봉·오승희, 2012b). 쌓아가기는 어떠한 문제를 단일하게 단절적으로 보기보다 양립 가능하다는 인식을 바탕으로 공존을 추구하는 기술이다. 여기에는 과정에 의미를 두고 양립 가능한 관계로 발전시켜 나갈 수 있다는 적극적 해석과 규범 강조의 특성이 반영되어 있다.

경계짓기는 의도적으로 문제를 분리시키거나 연계하는 외교 전략이다. 분리될 수 없는 문제를 별도로 다루려고 하거나, 반대로 서로 다른 이슈들을 연계해 논의하는 디커플링/커플링(decoupling/coupling) 또는 기리하나시/무스비츠케(切り離し/結び付け)로 표현된다. 이것은 어떠

한 문제에 대해 정치적 이익을 계산해 일본의 이익에 적합한, 단일한 해석만 가능하게 한다는 점에서 소극적 해석으로 나타난다.

마지막으로, 다중해석은 여러 가지 해석이 가능한 표현을 만들고, 상황에 따라 일본의 이익에 부합하는 방식으로 해석하는 기술로, 다마무시이로(玉虫色)라고 표현된다. 다마무시이로는 '비단벌레 색'이라는 뜻으로 빛에 따라 다양하게 보여 '어느 쪽으로도 유리하게 해석할 수 있는 애매한 표현'을 의미한다. 무엇보다 이 기술은 일본의 정치적 이익을 반영한, 결과의 논리 중심적 이익 확보를 위한 전략이다. 또한 해석 범위가 넓고 다양하다는 점에서 적극적 해석이 나타난다.

조직된 위선의 개념을 제시한 크래스너는 결국 국가들의 규범적 표상화 이면에서 정치적 계산에 따라 국가이익을 우선시하는 것이 국제사회에서 나타나는 일반적 현상이라고 보았다(Krasner, 1999). 크래스너는 정치적 계산을 중시하는 국가들의 속성을 강조했지만, 그가 '위선'이라는 개념을 차용했던 브룬손(Nils Brunsson)은 국제사회에서 국가들의 위선이 오히려 국가 간 협력에 긍정적 기능을 한다는 점을 강조하고자 했다. 위선은 충돌하는 여러 가지 가치를 동시에 다룰 수 있게 하고, 국가들이 표방하는 위선적 가치들이 실제로 국제사회가 지향하는 가치이기 때문이다(Brunsson, 1989). 국가 간 협력적 측면이 중요한가, 갈등 유발 측면이 중요한가는 시대와 환경에 따라 달라진다(니버, 2015). 예를 들어 '양국의 협력을 위해', '양국 인민의 우호를 위해' 추진된 중일 국교정상화는 어느 시점에서 이루어졌는지, 규범적 속성과 정치적 속성의 결합이 어떻게 나타났고 이를 어떻게 이해하는지에 따라 다양한 평가가 가능해진다.

4. 일본의 인정투쟁과 전후 동아시아

이 장에서는 이 책 전반에서 주요하게 다루어질 개념들을 살펴보았다. 국가는 개별자로서 고립된 존재가 아니라 다른 국가들과 관계를 맺으며 사회적으로 구성되는 존재이다. 국가 간 관계에서도 인정투쟁론을 적용할 수 있다. 일본의 중국 인정 문제에서는 자기정체성 확인, 자기정당화, 외교적 위선의 메커니즘이 작동한다.

제2장부터 제5장까지는 일본의 중국 인정 문제에 대한 정책 형성 과정을 사례연구를 통해 살펴본다. 각각의 장에 적용되는 이 책의 분석틀은 [그림 4]와 같다.

일본의 중국 인정 문제는 우선 중국의 '하나의 중국'론과 관련된 논의가 국내외적으로 제기되면서 시작된다(문제 제기). 특히 국제사회에서 중국의 위상에 변화가 일어나면서, 일본 내에서도 중국정책에 대한 변화 혹은 유지를 요구하는 분위기가 조성된다.

중국 인정 문제가 국내외적으로 제기되면 일본의 외교정책 결정자는 중국이라는 타자와의 관계에서 '자기정체성'을 확인한다. 제한적 주권국가로서 일본이 국제사회 지도국으로 나아가고자 하는 인정투쟁 과정에서 대내적·대외적 '자기정당화'가 표출된다. 여기서 자기정당화의 표상은 앞서 설명한 국제규범형, 지역협력형, 이념대립형, 역사문화형으로 살펴볼 수 있다.

국제규범형은 일본의 외교에서 매우 중요한 부분을 차지한다. 따라서 국제규범형을 추구하는 일본의 자기정체성 확인이 다른 유형과 어떻게 접목되어 나타나는지 보다 구체적으로 살펴보면, 중국정책의 방향을 가늠하는 데 도움이 될 것이다. '국제규범형 자기정체성'의 변화가 일본의 중국 인정정책에 영향을 미쳤기 때문이다.

일본의 인정투쟁은 국가이익의 우선순위를 조정하면서 중국 인정

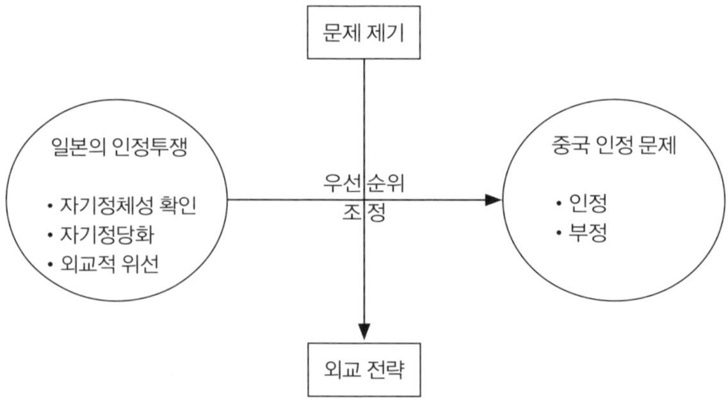

[그림 4] 이 책의 분석틀

정책에 영향을 미친다. 일본의 중국 인정은 중화인민공화국에 대한 인정, 중화민국에 대한 인정, 하나의 중국에 대한 인정으로 나누어 살펴볼 수 있으며, 각각에 대한 인정 사례는 또한 9가지 인정과 9가지 부정 개념을 통해 미세한 변화를 확인할 수 있다. 다음 장에서는 이 분석틀을 적용해 일본의 자기정체성 확인이 자기정당화로 표출되고 인정행위를 결정하는 과정을 확인한다.

제2장 샌프란시스코 강화회의 초청 문제

> 애치슨 의장이 폐회인사 중에 "우리 친구 일본"이라는 말을 했다.
> 정확히 오전 11시 44분이었다.
>
> (吉田茂, 1958: 40)

일본과 연합국 간 강화조약(샌프란시스코 강화조약) 논의가 본격화되면서 일본 정부는 중국 인정 문제에 직면했다. 패전국 일본이 전쟁 상대국들과 평화조약을 체결하기 위한 회의를 소집하는 과정에서, 중국과 한국을 초청할 것인가가 문제가 된 것이다. 초청한다면, 일본과 평화조약 체결 당사자인 중국은 전쟁기간 동안 상대했던 중화민국의 장제스(蔣介石) 정부인가, 아니면 1951년 시점에서 중국 대륙을 통치하고 있는 중화인민공화국의 마오쩌둥(毛澤東) 정부인가?

1. 샌프란시스코 강화회의에 어느 정부를 초청할 것인가?[3]

1951년 샌프란시스코 강화회의 개최 준비 과정에서, 중국 참석 문제를 두고 연합국 내 국가 간 의견이 일치하지 않았다. 특히 영국과 미국의 의견이 상반되었다. 영국은 중화인민공화국 정부가 참석해야 한다고 주장했고, 미국은 중화민국 정부가 참석해야 한다고 주장했다. 의견 차가 쉽게 조율되지 않아, 결국 영국과 미국이 일본의 결정에 맡기면서 일본은 중국 인정 문제에 직면했다. 그러나 국제적 합의가 조성되어 있지 않은 상황이어서 일본도 쉽지 않은 선택이었다.

영국은 일본이 대만에 대한 주권을 포기했기 때문에 대만이 중국 본토에 할양되었다고 해석하고, 1950년 1월 6일 중화인민공화국 정부를 중국 대표 정부로 인정했다. 반면 미국은 카이로선언에 대만을 중국에 할양한다는 직접적 기술이 없기 때문에 일본은 대만 및 평후 제도(澎湖諸島)에 대한 모든 권리, 권한, 청구권을 포기하는 것으로만 해석해 중화민국 정부를 인정하고 있었다.

중국 대표로 중화인민공화국을 지지하는 영국과 중화민국을 지지하는 미국의 입장을 조정하기 위해, 1951년 6월 19일 미영 외상회의가 열렸다. 미국은 한국전쟁에 가담한 중화인민공화국을 절대 인정할 수 없다고 강조했고, 이에 영국은 중화민국과 중화인민공화국 중 극동위원회 참가국 3분의 2가 승인하는 국가를 샌프란시스코 강화조약에 참가시키자고 제안했다. 당시 극동위원회에는 미국, 영국, 소련, 프랑스, 네덜란드, 캐나다, 오스트레일리아, 뉴질랜드, 인도, 필리핀, 버마(미얀마), 파키스탄이 참여하고 있었다. 이 중 영국연방에 속한 나라는 캐나다, 오스트레일리아, 뉴질랜드, 인도이며 1949년 이후 중화인민공화국을 인정한 국가는 버마(미얀마), 소련, 인도, 영국, 파키스탄이었다. 이대로라면 영국 측 주장대로 중화인민공화국이 중국 대표 정부로 인정받을 가능성이 높았다(최은봉·오승희, 2011; 2019).

3 샌프란시스코 강화회의에서 중국 초청 문제의 배경 설명은 오승희, 2017; 최은봉·오승희, 2011; 2019에 게재된 내용을 바탕으로 수정 및 재구성한 것임을 밝힌다.

호소야(Chihiro Hosoya)는 중국 인정 문제가 각각 미국과 영국의 국가이익과 관련 있음을 지적했다. 영국은 홍콩에 대한 이권 유지와 동남아시아 시장 선점 및 독점 때문에 중화인민공화국 정부를 지지했다. 일본이 중화인민공화국과 강화조약을 맺으면 상대적으로 동남아시아 시장에 덜 관심을 보일 것이라고 생각했기 때문이다. 따라서 영국은 더더욱 일본이 중화인민공화국을 인정하기를 희망했다(Hosoya, 1984). 반면, 미국은 반공주의자였던 덜레스 개인의 성향과 제1차 세계 대전의 강화조약인 베르사유 조약이 미국 내 상원 비준을 얻지 못한 경험에서 비롯된 샌프란시스코 강화조약 비준 문제에 대한 부담감이 중국 인정 문제에 영향을 미치고 있었다(Hosoya, 1984).

중국 문제에 관한 주요 쟁점은 중국 대표 선택 문제와 일본의 외교주권 행사 시점으로 요약할 수 있다. 미국의 덜레스(John Foster Dulles)와 영국의 모리슨(Herbert Morrison) 외무장관은 덜레스-모리슨 합의(Dulles-Morrison agreement)를 통해 중화인민공화국과 중화민국 모두 샌프란시스코 강화회의에 초청하지 않으며, 일본과 중국의 관계는 일본이 주권을 회복했을 때 독자적으로 결정하기로 합의했다.

그런데 이 중 외교주권 행사 시점 문제, 즉 "일본의 중국에 대한 향후 태도는 주권을 행사하는 독립적인 상태에서 일본 스스로에 의해 결정되어야만 한다"는 사항에 관해 양국의 해석이 일치하지 않았다. '주권을 행사하는 독립적인 상태'를 언제로 볼 것인가를 두고 상이한 해석이 가능했기 때문이다.

영국은 샌프란시스코 강화조약 발효 후 일본이 독립한 다음으로 엄격하게 해석한 반면, 미국은 조약 발효 이전이라도 외교활동을 하고 있다면 이미 독립적인 상태라고 보았다. 따라서 1951년 당시에도 이미 일본이 중국을 선택할 수 있다고 해석했다. 이를 바탕으로 미국은 일본 정부에 가능한 한 빨리 중화민국을 선택하라고 압력을 가했다. 미국이 일본의 중국 대표 선택을 재촉한 이유는 첫째로 중화민국과 일본이 조약을 맺는 것이 미국 상원의 샌프란시스코 강화조약 비준을 수월하게 할 것이기 때문이었고, 둘째로 중화민국이 미국에 강력하게 요구하고 있었기 때문이었다(殷燕軍, 1996: 234).

한편, 영국 정부는 일본이 국민당 정부를 중국 전체에 대한 합법적 정부로 인식하는 것에 '심각하게 반대'했다. 또한 일화평화조약이 샌프란시스코 강화조약 발효 전에 이루어지면, 미국이 영국을 기만하는 것이라며 미국 측에 불만을 표출했다(FRUS, 1951: 1343-1344).

이런 점에서 보면, 미국과 영국 간 덜레스-모리슨 합의는 사실상 중요 쟁점에 대해 합의를 이루지 못한 것이었다. 1951년 12월 26일 덜레스가 애치슨(Dean Acheson) 국무장관에게 보낸 보고서를 보면 미국은 '덜레스-모리슨 합의가 만들어졌을 때, 일본이 사실상 미국의 대중 정책에 맞출 것'이라 생각했으며 '영국 정부도 이를 당연하게 받아들였다'고 여겼다. 또한 '일본은 치명적인 위험에 놓여 있기 때문에 스스로 주권을 방어할 수 없으므로, 미국에 의지해야 하고, 그래야만 했다'고 기록하고 있다(FRUS, 1951: 1467-1470).[4]

결국 중국 대표 선택 문제가 일본의 추후 선택으로 미뤄진 가운데, 1951년 7월 12일 미국 정부는 대일평화조약안을 발표했다. 그리고 7월

4 FRUS의 문서는 주의 깊게 살펴볼 필요가 있다. 특히 일본 외교의 미국 의존성을 결정적으로 바라보는 시각에 대한 주의가 필요하다. 요시다 서한에 대한 다양한 해석의 가능성은 영국 입장에 관한 연구에 의해 보다 강화되었다. 버클리(Roger Buckley)는 일본의 대중정책에 대한 미국과 영국의 갈등에 집중했고, 페레티(Valdo Ferretti)는 일본 정부와 영국 정부 간 정책적 유사성을 밝히는 연구를 진행했다(Buckley, 2003; Ferretti, 2003). 위엔커친(袁克勤)은 요시다가 원래부터 국민당 정부와 강화체결 의사를 이른 단계에서부터 가지고 있었고, 오히려 요시다가 중국 인정 문제를 샌프란시스코 강화조약 비준에 이용할 생각이었다는 해석을 제시하기도 했다(袁克勤, 1992).

[그림 5] 샌프란시스코 강화회의에서 서명하는 요시다 시게루 총리와 일본전권위원단(1951.9.8.)

20일 미국은 샌프란시스코 강화회의 정식 초청장을 중국 대표를 제외한 관계 각국에 발송한다. 일본 정부는 24일 수락한다고 회답하고, 요시다 시게루(吉田茂) 총리와 이케다 하야토(池田勇人), 도마베치 기조(苫米地義三), 호시시마 니로(星島二郎), 도쿠가와 무네요시(徳川宗敬), 이치마다 히사토(一万田尚登)로 구성된 일본전권위원단을 구성해 9월 2일 샌프란시스코에 도착했다(吉田茂, 1958).

샌프란시스코 강화회의 개최를 앞두고 일본은 중화인민공화국과 중화민국 중 한 정부를 선택하지 않았다. 그 결과, 샌프란시스코 강화회의에 중국은 참석하지 못했다. 그리고 1952년 4월 28일, 샌프란시스코 강화조약이 발효되는 날, 일본은 중화민국과 평화조약을 체결했다.

2. 일본의 중국 인식

중국에 대한 일본의 인식은 중화민국에 대한 것이 우선했다. 일본의 전쟁 상대국은 중화민국이었기 때문이다. 요시다 총리는 회고록에서 일본은 장제스 총통을 지도자로 한 국민정부 즉 중화민국을 교전 상대로 했고, 장제스의 관대한 배려로 일본 군대 및 거류민의 안전한 철수가 가능했다는 점을 들어 샌프란시스코 강화조약에 당연히 중화민국이 참여해야 한다고 생각했다(吉田茂, 1958).

그러나 동시에 요시다 총리는 중화인민공화국 정부를 간단히 배제할 수 없었다. 중화인민공화국 정부가 97%의 중국 대륙과 당시 약 5억 명의 인구를 지배하고 있다는 사실과, 추후 경제적 이익에 대한 기대를 무시할 수 없었기 때문이다. 게다가 무엇보다 중국 대륙에 남겨진 약 3만 5천 명 일본인의 귀환 문제(引揚) 해결(外務省, 1957)을 위해서도 중화인민공화국을 인정할 필요가 있었다. 요시다 총리는 중화민국과의 관계 유지도 중요하지만, 중화인민공화국 정부를 부정하는 입장에 서는 것도 피하고 싶었다. 그래서 급하게 한쪽을 선택하는 것을 미루고 국제정세의 변화를 살피고 싶다는 의견을 피력했다.

1951년 10월 29일 요시다는 국회의 '평화조약 및 일미안전 보장조약특별위원회'에 출석해 샌프란시스코 강화조약에 관한 질문에 등거리 전략을 구체화한 일본의 중국정책 원칙을 밝혔다. 첫째는 중화인민공화국을 배제하지 않겠다는 것이고, 둘째는 중국 선택을 가능한 한 연기한다는 것이었다.

> 중국 중 어느 쪽 (중략) 중국 정부를 초청할지, 혹은 중공을 초청할지 관계 연합국 사이에 일치가 존재하지 않기 때문에 일본에 선택권을 부여한다는 조항이 가능하다고 구상하고 있습니다. 이는 금후의 문제이며,

> 어느 쪽에 접근하지 않으면 안 된다, 어느 쪽을 선택하지 않으면 안 된다고 하는 것과 같은 관계는 조금도 없습니다.(1951.10.29., 참의원 발언, 平和条約及び日米安全保障条約特別委員会 5호: 5)

> 중국 정부의 선택권 문제는 저의 기분으로는, 어느 쪽을 선택할까 하는 것은 연합국 사이의 논의가 정해진 경우에 그 결과를 참고로 해 선택한다, 이런 의미입니다(1951.10.29., 참의원 발언, 平和条約及び日米安全保障条約特別委員会 5호: 20).

다음 날 위원회 발언에서도 요시다 총리는 중국의 내정에 간섭할 의도가 없으며, 가능한 한 중국 정부 선택을 피하고 싶다고 강조했다.

> 만약 (중국 정부를 선택할) 권리가 있다고 하더라도 어떻게 그 권리를 행사할까라는 것은 객관 상태를 생각하지 않으면 안 되고, 중국 내부 사정도 고려하지 않으면 안 되며, 일본과의 장래관계도 생각하지 않으면 안 되므로, 만약 권리가 있다고 해도 쉽게 어느 쪽을 선택하는 것은 하지 않을 생각이라는 점을 여러 차례 말씀드리고 있습니다. 하물며 중국의 내정에 간섭하려는 의사는 전혀 없습니다(1951.10.30., 참의원 발언, 平和条約及び日米安全保障条約特別委員会 6호: 4, 밑줄은 필자).

요시다는 국제사회에서 중국 선택 문제를 매듭짓지 못한 상황에서 일본의 국가 목표를 최대화할 수 있는 방안을 만들기 위해 정책 선택 공간을 확보해 두고자 했다. 이러한 노력의 핵심에는 두 정부 중 반드시 하나를 선택해야 한다면, 중화인민공화국의 존재 수용을 부정하지 않으려는 의도가 담겨 있었다.

그러나 미국은 일본의 명확한 태도를 요구했다. 일본의 선택에 따라 샌프란시스코 강화조약 비준에 문제가 생길 수 있다는 점을 들며 압박을 가했다. 여기에 중화인민공화국 정부가 한국전쟁 참전으로 유엔 총회 결의에서 침략국으로 낙인 찍혔다는 점과 소련과의 동맹조약에서 중화인민공화국이 일본을 공동의 가상 적국으로 상정하고 있음을 상기시켰다. 요시다 총리는 당시 중화민국 정부를 상대로 평화조약을 체결할 수밖에 없었다고 회고한다(吉田茂, 1958).

그런데 요시다 총리가 중화인민공화국 정부를 배제하지 않으려고 한 언급이 자주 확인된다. 중소동맹조약에 관해서도 요시다 총리는 다른 해석을 내놓은 바 있다. 중화인민공화국과 소련의 관계가 소원해질 가능성을 바라보고 있었던 것이다.

> 나로서는 대만과의 사이에 우호관계가 생겨, 경제관계도 심화되는 것을 원래부터 바라고 있었지만, 그 이상 심화되어 베이징 정부를 부인하는 입장에 서는 것도 피하고 싶었다. 이는 중공정권은 현재까지도 소련과 밀접하게 손잡고 있는 것과 같이 보이지만, 중국 민족은 본질적으로는 소련인과 서로 받아들일 수 없는 점이 있는데, 문명이 다르고, 국민성이 다르며, 정치 정세도 역시 달리하는 중소 양국은 결국에 서로 받아들일 수 없게 될 것이라고 생각하고 있으며, 따라서 중공정권과의 관계를 결정적으로 악화시키는 것을 희망하지 않았기 때문이다(吉田茂, 1958: 72, 밑줄은 필자).

요시다 총리는 중국이 스스로 세계의 중심이라고 생각하기 때문에 소련에 배타적이 될 거라고 예상했다. 또한 중국은 자신들이 소련보다 열등하다고 느끼지 않기 때문에 불평등한 관계를 거부할 것이라고 예견했다. 그러면서 정책적으로 일본을 비롯한 자유주의 국가들이 중화인민공화국 정부와 통상적 관계를 맺음으로써 베이징을 모스크바에서 떼어낼 수 있다고 강조했다(Ferretti, 2003). 이후 실제로 전개된 중소 갈등을 볼 때 외교관 출신이었던 요시다가 정세를 비교적 정확하게 예측했다고 평가할 수 있다(殷燕軍, 2007).

요시다의 발언을 살펴보면, 미국 정부와 일본 정부 간에 중국을 바라보는 시각차가 존재했음을 알 수 있다. '중화인민공화국=공산주의', '중화민국=자유주의'라는 미국의 시각과 달리 일본은 중소 갈등 가능성을 자유 진영 국가들에 강조함으로써 중화인민공화국을 인정할 근거를 마련해 미국과의 시각차에서 비롯된 정치적·경제적 정책 간 불일치를 해소하고자 했다.

1951년 10월 30일 요시다는 의회에서 어떤 중국 정부와 평화조약을 맺을지 구체적인 언급을 피하면서 중국 본토와의 무역증진을 위해 상하이에 일본 무역사무소를 개설할 가능성이 있다고 언급했다. 이는 미국과 중화민국에게는, 일본이 중화인민공화국으로 접근한다는 것을 의미하는 큰 충격이었다. 덜레스는 서둘러 요시다 총리와의 회담을 요청했다.

1951년 12월 12일 덜레스는 일본 외무성 외무사무차관 이구치 사다오(井口貞夫)와의 회담에서 중화민국을 중국 전체를 통치하는 정부가 아니라 대만을 통치하는 정부로 한정할 것을 약속했다. 그리고 다음 날 요시다는 덜레스에게 중화민국과의 조약 체결을 약속했다. 일본의 구두합의를 얻은 덜레스는 영국과 협상을 통해 이에 대한 이해를 얻고자 했다. 그러나 역시 중국 선택에 대한 입장차를 확인할 뿐이었다. 결국 영국은 미국을 설득할 수 없음을 확인하고, 주일 영국대사였던 드닝(Sir Esler Dening)은 '미국은 우리가 좋아하든 말든 상관없이 (일본과 중화민국 간 조약을) 진행해 나갈 것으로 보인다. 일본인들은 분명 그것을 좋아하지 않는다. 그러나 그들은 아마도 미국의 압력하에서 내줄 것이다'라고 보고했고, 결국 영국 정부는 덜레스와의 회의는 더 이상 필요하지 않다고 판단했다(Hosoya, 1984).

요시다 총리의 중국 인정 문제에 관한 입장은 1951년 12월 4일 요시다 총리가 덜레스 국무성 고문에게 보낸 '요시다 서한(吉田書簡)'을 기점으로 변화했다. 1951년 12월 18일 덜레스는 한국을 방문한 뒤, 요시다와 두 번째 만남을 가졌다. 이때 덜레스는 요시다 총리에게 요시다 서한의 초안이 되는 덜레스 메모를 건넨다.[5]

> 저는 일본 정부가 중국 공산정권과 2국 간 조약을 체결할 의도를 갖고 있지 않음을 확언합니다.

요시다 총리의 발언은 일반적으로 다음과 같이 받아들여지기 쉽다. 첫 번째는, 반공주의자인 요시다 총리가 중국 '공산정권'과의 관계를 원하지 않았다는 해석이고, 두 번째는 '미국의 압박으로' 요시다 총리가 중화인민공화국을 부정했다는 해석이다. 특히 중화민국을 선택하라는 덜레스 고문의 압력을 요시다 총리가 받아들인 것이라고 이해할 경우, 요시다 서한은 일본의 미국 추종외교를 보여주는 대표적 사례로 거론된다. 그러나 요시다 서한에 나타난 위의 언급은 좀 더 복잡한 정황에 따른 이해가 필요하다. 따라서 이 장에서는 요시다 총리를 중심으로 일본의 중화인민공화국과 중화민국에 대한 인식이 어떠했으며, 이에 따른 일본의 자기 인식과 자기정당화가 어떻게 나타나는지 확인한다.

중국 대표 선택 문제에 대한 일본 정부와 미국 정부 사이 교섭의

5 미국의 기록에 따르면 요시다 서한은 덜레스 메모를 일본 총리가 편지 형태로 다시 작성한 것이었다(FRUS, 1951: 1445-1446). 이로 인해 요시다 서한이 덜레스에 의해 일방적으로 작성되었다는 행위만 강조되어, 일본 정부의 미국에 대한 추종외교의 대표적 사례로 언급되었다.

전후 배경을 살펴보면, 요시다 서한은 이미 일본 정부의 입장과 중화민국 정부의 입장이 반영된 내용으로 구성되어 있음을 알 수 있다. 따라서 만약 요시다 서한이 덜레스 메모와 거의 일치한다면, 덜레스 메모 역시 이미 일본의 입장을 반영해 작성되었을 가능성이 있다. 그렇다면 요시다 서한은 덜레스에 의해 일방적으로 작성된 것이 아니라 사전 교섭을 통해 절충한 중국 문제를 미국의 필요에 의해 문서화한 것이라는 추측을 제기할 수 있다.

흥미로운 것은 이 서한에 미국과 일본의 입장만이 아니라 중화민국 정부의 입장이 담겨 있다는 것이다. 그래서 이 세 정부의 입장을 절충하는 과정에서 중화인민공화국에 대한 일관되지 않은 입장이 나타난다. 지금까지는 중화인민공화국 정부와 조약을 맺지 않겠다는 것이 요시다 서한의 핵심 내용으로 강조되었지만, 이 서한에는 향후 상황 전개에 따라 중화인민공화국 정부를 인정할 수 있는 여지를 남겨 두었다.

우선, 가장 주목받은 요시다 서한의 핵심 내용은 마지막 문장에 명시되어 있다. 중국 공산정권은 중소동맹을 체결해 일본 정부의 전복을 꾀하는 위협세력이므로 일본은 중화인민공화국과 2국 간 조약을 체결할 의도가 없음을 확인하고 있다.

> 1950년 모스크바에서 체결된 중소우호동맹 및 상호원조조약은 사실상 일본을 향한 군사동맹입니다. 실제 중국의 공산정권은, 일본의 헌법제도 및 현재의 정부를 강력한 힘으로 전복시키려고 하는 일본공산당의 계획(企圖)을 지원하고 있다고 믿을 만한 이유가 다분합니다. 이러한 고려에서 저는 일본 정부가 중국 공산정권과 2국 간 조약을 체결할 의도를 갖고 있지 않음을 확언합니다(外務省アジア局中国課監修, 1970: 470).

이 마지막 문장으로 인해 요시다 서한은 중화인민공화국을 부정하고 일화평화조약 체결을 약속한 각서로 인식되어 왔다. 분명 이 문구만 본다면 일본 정부가 중국 대표로서 중화민국을 선택하기로 결정한 것이라고 해석할 수 있다. 그리고 요시다 총리 역시 서한을 작성한 당시 상황에서는 중화민국을 선택할 수밖에 없었음을 시인하고 있다.

> 대만 국민정부는 그 현실에 지배하는 범위는 좁아도 전에 기록한 대로, 중국 사변 이후의 우리 교전 상대 정부이며, 유엔에서 점하는 위치도 중요한 이상, 종전 시 우리 군민을 중국에서 무사히 인도해준 정의(情誼)를 생각하면, 강화 대상으로서 이를 무시하는 것은 도저히 불가능했다. 아울러 당시 나로서는 이 선택의 문제를 서둘러 처리하는 것을 피하고, 가능하면 연장해 정세의 변화를 확인하고 싶다고 생각했다.

요시다는 첫째, 미국의 평화조약 비준과 연계하여 고려해야 하고, 둘째, 유엔에서 베이징 정부를 침략자로 낙인해 유엔과 베이징 정부가 교전 상태가 되었으며, 셋째, 중화인민공화국과 소련 간의 동맹조약에서 일본을 공동의 가상 적국으로 취급하고 있다는 점을 언급했다.

> 따라서 조급하게 태도 표명을 필요로 하는 한, 반드시 국민정부를 상대로 하는 평화조약을 체결하는 것 외에는 당시 나아갈 곳이 없었다(吉田茂, 1958: 73).

그러나 요시다는 여전히 등거리 전략 입장을 견지하려는 의도를 가지고 있었다. '가능하면 이 선택의 문제를 피하고, 연장하고 싶었다'는 것이다. 이러한 등거리 전략은 그동안 다루어지지 않은 요시다 서한의 다른 문장들에서 명확히 확인할 수 있다.

첫 번째 특징은 어느 한 정부가 아닌 중국과의 관계를 궁극적 목표로 설정하고 있다는 것이다. '일본 정부는 궁극적으로 일본의 이웃 국가인 중국과 전면적인 정치적 평화 및 통상관계를 수립하기를 희망' 한다고 기술함으로써, 중국을 대표한다면 두 정부 중 어느 하나 또는 모두와 관계 수립을 희망하고 있음을 밝힌다.

두 번째 특징은 유엔에서의 대표성을 중시한다는 것이다. 이는 일본 정부의 자의적 선택이 아닌 국제사회의 선택을 고려한 결정임을 강조한 것이다. 만약 중화인민공화국이 국제사회에서 중국의 대표라는 지위를 획득할 경우, 일본과 중화인민공화국의 국교정상화가 가능하다는 해석이다. 그리고 이는 실제로 1971년 중화인민공화국의 유엔 가입 이후 1972년 일본과 중화인민공화국의 국교정상화에서 주요한 근거로 사용된다.

> 유엔에서 중국의 의석, 발언권 및 투표권을 갖고, 약간의 영역에 대해 실제로 시정능력을 행사하며, 유엔 가맹국의 대부분과 외교관계를 유지하고 있는 중화민국 국민정부와 이러한 관계를 발전시켜 가는 것이 현재 가능하다고 생각합니다.
>
> 중국 공산정권은 현재 유엔에 의해 침략자로 비난받고 있습니다. 그 결과, 유엔은 그 정권에 대한 특정 조치를 권고하고 있어 일본은 현재 이에 동조하고 있습니다.
>
> 또한 다수국 간 평화조약의 효력이 발생한 후에도 그 제5조(a)(iii)의 규정에 따라 이를 계속할 계획입니다. 이 규정에 의해, 일본은 유엔이 헌장에 따라 취하는 어떠한 행동에 대해서도 유엔에 온갖 원조를 제공하는 동시에, 반대로 유엔이 방지 행동 또는 강제 행동을 취하는 어떠한 국가에 대해서도 원조 공여를 보류할 것을 약속합니다(外務省アジア局中国課監修, 1970: 469-470).

일본 정부는 샌프란시스코 강화조약과 유엔의 결정에 기반한 선택을 강조함으로써 일본이 국제사회의 선택을 고려해 중국 인정 문제에 대처해 갈 것을 밝히고 있다.

세 번째 특징은 요시다 서한의 핵심 내용이며 이후 일본과 중화민국의 평화조약에서 거의 그대로 조문화된 다음 문구에서도 중화인민공화국을 부정하지 않으려는 의도가 반영되어 있다는 것이다.

> 이 2국 간 조약의 조항은, 중화민국에 대해서는 중화민국 국민정부의 지배하에 있고, 또는 금후 들어가게 될 모든 영역에 적용되는 것입니다(外務省アジア局中国課監修, 1970: 469).

이 표현은 현재 또는 미래에 중화민국 국민정부의 지배하에 있는 영토에 적용된다는 의미로, 중화인민공화국이 지배하는 영토에는 적용되지 않음을 의미한다.

일본 입장에서는 타자로서 중국에 대한 인식이 미국의 중국에 대한 인식보다 더욱 복합적이었다. 요시다 총리는 중화인민공화국을 공산국가라는 한 차원에서만 인식하지 않았다. 중화인민공화국은 아시아 국가이며 일본의 주요 무역국이기도 했기 때문이다. 이와 같은 취지에서 요시다는 중국 본토인 상하이에 무역거래소를 설립할 수 있다는 취지의 발언을 했고, 이것이 미국의 반공주의자들을 놀라게 해 요시다 서한이라는 약속으로 나타난 것이다.

요시다 서한은 1952년 1월 16일 공표되었다. 서한 공표 직후 국민정부에서 일본과의 평화조약교섭 개시 의사가 공표되었고, 일본에서는 2월 전 재무대신 가와다 이사오(河田烈)을 단장으로 한 전권단을 구성했다. 또한 요시다 서한은 미국 상원의 대일평화조약 심의 촉진에도 효과가 있었다. 미국 상원은 1952년 1월 21일부터 심의를 개시해, 3월

20일 비준안이 의결되었다.

요시다 서한에 명시된 일본의 중화인민공화국 부정은 아이러니하게도 일본이 차후 중화인민공화국을 인정할 소지를 남겨 두기 위한 맥락이었다. 요시다 서한 이후에도, 1952년 중화민국과의 평화조약 체결 이후에도 중화인민공화국을 인정하려는 일본 정부의 인식은 지속된다. 또한 일본의 타자에 대한 인식은 자국에 대한 인식과 연계된다.

1) 일본의 자기정체성 확인: 독립국으로의 권리 수용

일본은 아시아 국가로서 주체를 명시하고, 미국과 다른 시각에서 중화인민공화국을 바라본다는 점을 밝히고자 했다. 그러나 중화인민공화국을 인정하려는 일본 정부의 견해에 대해 일본 국내에서도 의견이 양분되었다. 한국전쟁이 발발하자, 1950년 7월 『문예춘추』의 긴급 증간호에서 아시다 히토시(芦田均) 전 총리는 "여기까지 오면 일본은 두 세계 가운데 어느 쪽에 속할 것인가를 분명히 하지 않으면 안 된다"고 주장했다(이리에 아키라, 1993: 196). 그는 중국의 공산화를 일본의 위기로 인식하고 재군비 필요성을 강조했다(와카미야 요시부미, 1996: 59). 소련 대표는 일본과 연합국의 강화조약이 '다음 전쟁을 준비하는 것'이라고 비난했고, 일본 국내에서도 '이 강화조약에 의해 일본은 아시아의 고아가 될 것'이라는 비판이 나타났다(吉田茂, 1958).

중화인민공화국을 부정하는 입장에서는 공산주의 확산이 일본의 안보를 위협한다고 인식했다. 이들은 일본의 재무장, 헌법 개정, 강화조약 체결 등 국내외 문제에 영향을 미치며, 공산권과의 관계 설정과 명확한 자기 인식을 요구해 사회 내 이견과 갈등을 조성하고 있었다.

전후 일본의 정체성을 둘러싼 다양한 의견 속에서, 요시다 정부는 정치적인 면으로는 강화조약 체결을 통한 독립 획득, 경제적인 면으로는 전후 복구와 경제발전을 국가 목표로 확립했다. 1951년 샌프란시스코 강화회의에서 연합국과 평화조약 체결은 결국 패전국 일본이 독립국으로 인정받기 위한 것이었다. 일본의 정치적 독립은 연합군의 점령으로부터 독립을 의미했다. 연합군 점령하에서 일본은 미국으로부터 안보 보장과 경제 지원을 통해 이 두 가지 차원의 국가 목표를 추구해 나가고 있었다. 이러한 '요시다 노선'은 이후 '요시다 독트린'으로 정립된다(파일, 2008).

요시다 독트린은 경제와 통상 중심의 정책 위주로 주목을 받았고, 외교 분야에서는 상대적으로 축소되어 이해되었다. 그러나 패전국 일본이 국제사회에서 일반적인 주권국가로 인정받기 위한 과정으로 바라보면, 정치적 독립과 경제발전은 결코 분리될 수 있는 것이 아니었다.

샌프란시스코 강화조약 체결로 일본은 마침내 패전국에서 독립국으로 인정받는다. 요시다 총리는 1951년 9월 8일 강화조약 조인식에서 일본이 연합국의 '친구'가 된 순간을 다음과 같이 기록했다.

> 연합국 대표는 알파벳순으로 서명했고, 베네수엘라 전권을 최후로 서명이 종료되었다. 우리 전권단이 서명했고 그 후 애치슨 의장이 폐회인사 중 "우리 친구 일본"이라는 말을 했다. 정확히 오전 11시 44분이었다. 그날 저녁 5시 일미안전보장조약의 조인도 완료되었다(吉田茂, 1958, 밑줄은 필자).

샌프란시스코 강화조약은 강화조약의 의미만이 아니라 독립선언서의 의미 또한 가지고 있었다. 일본에 있어 미국과의 관계는 독립국으로 인정받기 위한 과정에서 매우 중요했으며, 중화민국을 인정한 것도 일본이 독립국으로 나아가기 위한 과정에서 이해될 수 있다.

> 1945년 9월 항복문서에 서명한 뒤 평화조약 조인까지 만 6년이 경과되었다. 6년으로 강화, 독립에 도달할 수 있었던 것은 결코 늦은 것이 아니었다. 대일점령관리의 주도국이 미국이었다는 행운이 크지만, 일본인이 내핍하면서 국가재건과 부흥에 정진하고 포츠담 선언의 취지를 성실하게 이행해 미국과 각국 정부에 인정받게 된 사실도 간과해서는 안 된다(吉田茂, 1958, 밑줄은 필자).

요시다 총리가 1951년 9월 14일 하네다에 도착한 후 발표한 성명에서도 볼 수 있듯이, 샌프란시스코 강화조약 체결 과정에서 요시다 정권은 자유민주주의 국가로서 자기정체성을 분명히 했다.

> 평화회의의 우호적 분위기, 장래 우리나라의 역할에 대한 각국의 기대와 희망, 그 기대에 부응하기 위한 우리의 책임이 중대함을 자각하고 일치단결해 강화조약의 이행과 자유민주주의에 철저를 기해 열국과의 이해를 높이고 세계 평화·문화·번영에 노력함이 신일본재건을 돕는 방법입니다(吉田茂, 1958, 밑줄은 필자).

2) 자기정당화: 국제규범형 × 이념대립형

샌프란시스코 강화조약 체결 과정에서 나타난 일본의 중국 인정 문제에 관한 자기정당화는 1949년 이후 역사문화형에서 점차 국제규범형과 이념대립형이 강조되는 방향으로 전개되었다.

일본의 중국 인정 문제에 대한 자기정당화에서 가장 먼저 나타난 유형은 역사문화형이다. 일본 입장에서 보면 중화민국이 일본의 전쟁 상대국이었고 전쟁 당시 중국을 대표하고 있었다는 역사적 인식과, 일본군 철수 시 도움을 받았다는 은의 등을 고려하면 중화민국을 인정하는 것이 당연했다. 반면 현재 중국 대륙 전체의 97%에 해당하는 영토와 5억에 이르는 중국인을 통치하고 있다는 점과, 전후 중국 잔류 일본인의 귀환을 위해서는 베이징 정부와의 교류가 필요하다는 점에 대한 인식을 가지고 있었다. 역사문화형이 중화민국과 중화인민공화국에 대한 인식의 가장 기본적인 틀을 구성하고 있다. 그리고 역사문화형이 강조되는 경우, 일본은 중화민국과 중화인민공화국 모두를 인정하려는 입장이 나타난다.

1950년대 들어서면서, 유엔과 국제사회의 선택이 이루어지지 않았다는 점을 강조한 국제규범형이 두드러진다. 이때부터 유엔의 가치와 선택에 기반해 정책을 결정하겠다는 입장이 일본 외교의 기본 입장으로 정착한다. 일본의 유엔 중심외교는 일반적이고 진부한 수사에 지나지 않는다고 볼 수도 있다. 그러나 유엔의 중국 대표 문제에 대한 입장 변화와 일본의 중국 인정정책 변화 간 관계가 어떻게 나타나는지 주목하면, 일본의 유엔 중심외교를 재평가할 수 있을 것이다.

일본 정부는 1951년에서 1952년 사이 체결된 샌프란시스코 강화조약에서 중국 정부를 선택하지 않는 것으로 결정했다. 유엔은 1950년 총회 결의안 A/RES/396(V)에서 유엔에 의한 회원국 대표의 인정에 관해 '하나 이상의 정부가 대표 주장 시 헌장과 상황에 따라 고려'할 것임을 명시했고, 결의안 490(V)을 통해 중국 대표권을 심의하기 위해 7개국으로 구성된 특별위원회를 구성하고, 특별위원회가 결정을 내릴 때까지는 중화민국이 유엔에서 의석을 유지하도록 결정했다. 중국 문제에 대한 논의가 진행 중이었다는 것이 1950년대 초반 국제규범형의 특징이다.

1952년이 되면서, 일본의 자기정당화 유형에서 민주주의 국가로서 자기 위치를 재확인하는 이념대립형이 보다 강조된다. 이념대립형은 일본이 자유민주주의 국가라는 자기 인식을 분명히 하는 것과 대비

되어 중화인민공화국을 공산주의 국가로 규정한다. 자아와 타자가 분명히 대립하며, 냉전 이데올로기가 두드러진다. 이념대립형이 강조되면 일본은 중화민국만 인정하고 중화인민공화국은 배제하게 된다. 따라서 일본은 중화민국에 대한 인정을 유지하는 가운데, 하나의 중국 정부만 선택하는 것은 유보하려는 정책을 펼친다.

1950년대 초반은 중화민국과 중화인민공화국에 대한 인식의 기본 틀이 형성된 시기이다. 역사문화형이 중일 양자 간 관계의 특수성에 기반한 인식으로 존재하며, 이 과정에서 두 정부 모두를 인정할 필요성이 나타난다. 1949년 역사문화형을 기반으로 시작된 일본의 중국 인정 문제에 대한 자기정당화는 1951년 이후 국제규범형과 이념대립형이 강화되는 과정으로 전개된다. 그리고 일본 정부는 중화민국을 인정하면서도 중화인민공화국에 대한 인정 가능성을 남겨 두는 방안을 고려하고 있었다.

3. 일본의 중국 인정: 중화민국의 권리 승인

요시다는 어느 한 정부를 선택하기보다 중화민국과 중화인민공화국 두 정부 모두를 인정하고자 했다. 이는 중화인민공화국과 중화민국 간 중간적 입장을 취하고자 한 '등거리 전략'으로 정리될 수 있다(최은봉·오승희, 2011; 2019).

등거리 정책은 중화인민공화국을 배제하지 않으려는 일본의 의도를 확인한 영국 정부가 제안한 것이다(Hosoya, 1984). 일본이 등거리 전략을 추구했다는 것은 중화인민공화국이 주장하는 '하나의 중국'론을 인정하지 않았음을 의미한다. 다만, 일본이 하나의 중국을 부정한다는 표현을 직접 사용하지는 않았다. 다시 말해, 하나의 중국론의 존재는 인정하지만, 하나의 중국론을 수용하지는 않고자 한 것이다.

중일관계에서 국제적 규범이나 도덕은 정치적 결과의 논리가 양립할 수 있을 때 존재한다. 이념대립형이 표출되면 중화민국만 인정하는 결과로 나타나지만, 일본은 국제규범형을 내세우며 선택을 유보했다. 그러나 이 시기, 일본의 정치적 결과 논리상 이념대립형이 강화되었다. 샌프란시스코 강화조약은 연합국 측에는 평화조약이지만, 일본에서는 무엇보다 독립을 확인하기 위한 문서였다. 일본 주권 회복을 위한 조약이었던 것이다.

일본의 주권 회복이 우선시되는 과정에서 일본의 중국 인정 문제가 다루어졌다. 일본에는 샌프란시스코 강화조약 비준 여부가 가장 중요한 문제였다. 이로 인해 공산정부를 인정하지 않겠다는 요시다 서한이 나타난 것이다.

1951년 샌프란시스코 강화회의 초청 문제에서 시작된 요시다 정부의 중국 인정 문제는 1952년 요시다 서한과, 중화민국과 평화조약을 체결하면서 중화민국을 선택하는 것으로 일단락된 것처럼 보인다. 그러나 중화민국과의 평화조약은 실질적으로 중국 본토에 대한 개입을 최소화하고 중국 선택 문제를 가능한 한 연기하려는 일본의 의도를 담고 있다. 중화민국의 권리 수용을 인정하면서, 동시에 중화인민공화국의 존재 확인과 존재 수용을 인정하기 위한 유보였던 것이다.

1952년 3월 27일 중화민국과의 평화조약 교섭이 한창 진행되던 당시, 국회 예산위원회에서 아라키 쇼자부로(荒木正三郎) 위원장이 요시다 총리에게 중화민국과의 평화조약 교섭이 '대만 정부를 중국의 정부로 인정해 평화교섭에 임하는 것'인지 물었다. 이에 대한 요시다 총리의 답변을 통해 중화민국의 인정이 반드시 중화인민공화국의 존재를 부정하는 것이 아님을 확인할 수 있다.

이(일화평화조약 교섭)는 제가 덜레스 서한(요시다 서한)에 명확히 한 대로, 대만과 펑후 제도에서 현재 통치의 실체를 행사하고 있는 대만 정부와 선린관계에 들어가고 싶다는 생각에서, 조약 교섭에 임하고 있는 것입니다. 중국 전체라든가, 중국을 대표한다는 의미는 아닙니다(1952.3.25., 予算委員会 27호: 6, 괄호는 필자).

일본과 중화민국의 평화조약(일화평화조약)은 1952년 4월 28일 타이베이에서 서명되고, 1952년 7월 8일 비준되었다. 이후 1952년 8월 5일 타이베이에서 비준서를 교환하면서 효력이 발생했다. 일화평화조약은 14개 조항과 의정서, 교환공문으로 이루어져 있는데, 14개 조항

[표 6] 일본과 중화민국의 평화조약(일화평화조약, 1952)

일본국과 중화민국은,
그 역사적 그리고 문화적 유대와 지리적 근접을 고려해, 선린관계를 상호 희망하는 것을 고려하고, 그 공통의 복지 증진 및 국제 평화와 안전 유지를 위한 긴밀한 협조가 중요하다는 것을 생각해, 양자 간 전쟁 상태의 존재 결과로 나타난 제 문제 해결의 필요를 인정하고, 평화조약을 체결하기로 결정하며, 이로써 그 전권위원으로 다음과 같이 임명했다.

일본국 정부 가와다 이사오(河田烈)
중화민국대통령 예궁차오(葉公超)

이들 전권위원은 서로 그 전권위임장을 제시하고, 그것이 양호 타당하다고 인정된 후, 다음 제 조항을 협의해 결정했다.

제1조 일본국과 중화민국 간 전쟁 상태는 이 조약이 효력을 발생한 날 종료한다.
제2조 일본국은 1951년 9월 8일에 아메리카 합중국의 샌프란시스코시에서 서명된 일본국과의 평화조약(이하 '샌프란시스코 조약'이라고 함) 제2조에 근거해, 대만과 펑후 제도 및 난사 군도(新南群島)와 시사 군도(西沙群島)에 대한 모든 권리, 권원 및 청구권을 포기한 것이 인정된다.
제3조 일본국과 그 국민의 재산으로 대만과 펑후 제도에 있는 것과 일본국과 그

국민의 청구권(채권을 포함함)으로 대만 및 평후 제도에서 중화민국의 당국 및 그 주민에 대한 것의 처리, 그리고 일본에 있는 이러한 당국 및 주민의 재산과, 일본국과 그 국민에 대한 이러한 당국과 주민의 청구권(채권을 포함)의 처리는, 일본국 정부와 중화민국 정부 사이 특별협정의 주제로 한다. 국민과 주민이라는 단어가 이 조약에서 사용될 때는 언제나 법인을 포함한다.

제4조 1941년 12월 9일 전에 일본국과 중국 사이에 체결된 모든 조약, 협약 및 협정은, 전쟁의 결과로 무효가 된 것이 인정된다.

제5조 일본국은 샌프란시스코 조약 제10조의 규정에 근거해, 1901년 9월 7일 베이징에서 서명된 최종 의정서와 이를 보충하는 모든 부속서, 서한 및 문서의 규정에서 발생하는 모든 권리 및 특권을 포함한 중국에서의 모든 특수한 권리 및 이익을 포기하고, 또한 앞서 언급한 의정서, 부속서, 서한 및 문서를 일본국에 대해 폐기하는 것에 동의했음이 인정된다.

제6조 (a) 일본국 및 중화민국은 상호 관계에서, 유엔 헌장 제2조의 원칙을 지침으로 한다.

(b) 일본국 및 중화민국은 유엔 헌장의 원칙에 따라 협력하는 바이며, 특히 경제 분야에서 우호적 협력에 의해 그 공통의 복지를 증진한다.

제7조 일본국 및 중화민국은 무역, 해운 그 외 통상 관계를 안정시키며 우호적인 기초 위에 두기 위해, 조약과 협정을 가능한 한 신속하게 체결하도록 노력한다.

제8조 일본국 및 중화민국은 민간항공운송에 관한 협정을 가능한 한 신속하게 체결하도록 노력한다.

제9조 일본국과 중화민국은 공해에서의 어장의 규제 또는 제한과 어업의 보존 및 발전을 규정하는 협정을 가능한 한 신속히 체결하도록 노력한다.

제10조 이 조약의 적용상 중화민국 국민은 대만 및 평후제도의 모든 주민 및 이전에 그곳의 주민이었던 자, 그리고 그 후손으로서 대만 및 평후제도에서 중화민국이 실제로 시행하거나 향후 시행하는 법령에 따라 중국 국적을 가진 자를 포함하는 것으로 본다. 또한 중화민국 법인에는 대만 및 평후제도에서 중화민국이 실제로 시행하거나 향후 시행할 법령에 따라 등록되는 모든 법인을 포함하는 것으로 본다.

제11조 이 조약 및 이를 보충하는 문서에 별도로 규정이 있는 경우를 제외하고, 일본국과 중화민국 간 전쟁 상태 존재의 결과로 발생하는 문제는 샌프란시스코 조약의 상당 규정에 따라 해결한다.

제12조 이 조약의 해석 그리고 적용에서 발생하는 분쟁은 교섭과 다른 평화적 수단에 의해 해결한다.

제13조 이 조약은 비준되어야 한다. 비준서는 가능한 한 신속하게 타이베이에서 교환되어야 한다. 이 조약은 비준서 교환일에 효력이 발생한다.

제14조 이 조약은 일본어, 중국어 및 영어로 작성한다. 해석의 차이가 있는 경우에는 영어 본문에 따른다.

이상의 증거로서, 각각의 전권위원은 이 조약에 서명조인했다.
1952년 4월 28일, 타이베이에서, 본서 2통을 작성했다.

일본국을 위해 가와다 이사오
중화민국을 위해 예궁차오

* 출처: 東京大学東洋文化研究所, 2009; 日本外務省, 中華民國外交部 참조, 필자 작성.
** 위 조약문은 일문, 중문, 영문으로 작성되었으며, 자료는 일문에서 사용하고 있는 표기를 우선 참고해 번역했다.

을 살펴보면 [표 6]과 같다.

1952년 6월 26일 국회 예산위원회에서 요시다 총리는 일본이 모든 중국과 선린외교 관계임을 강조하며, 요시다 서한과 일화평화조약 체결 당시 향후 중화인민공화국까지 포함하는 '전체 중국'과의 관계를 염두에 두었음을 강조했다. 중화민국과의 관계 개선에 전체 중국과의 관계 개선을 위한 일보 전진이라는 의미를 부여함으로써, 중화인민공화국의 존재를 부정하지 않겠다는 뜻을 추구했다.

> 취지는 선린외교라고 하는, 중국과의 관계는 가장 중대한 것이라 생각해 우선 그 일보로 중화민국 정권과의 사이에 조약관계에 들어갔기 때문에, (중략) 우리들이 계획하고 있는 바는 일본이 전체 중국과의 사이에 선린외교라고 할까요, 다년간 관계를 부활시키고 싶다, 그 취지에는 조금도 변함이 없습니다. 서한을 쓴 때도, 혹은 보냈을 때도, 또한 중화민국과의 조약관계에 들어갔을 때도 취지로서는 결코 서한의 취지에 반하지 않을 목적으로 행한 것입니다. (중략) 이는 조약에도 분명히 기록하고 있습니다만, 현재 중화민국 정권이 지배하고 있는 땅 위에서 일어나는 사실을 인정하고, 그 지배를 받고 있는 영토를 가진 중화민국과

의 사이에 조약관계에 들어간다(는 것입니다). 장래는 장래입니다. 그러나 목적은 마지막에는 하나의 중국 전체와의 조약관계에 들어가는 것을 바랍니다(1952.6.26., 外務委員会 43호: 7-8, 밑줄은 필자).

그러나 일본의 유보적 입장에도 불구하고, 일본과 중화인민공화국 간 정치적 관계는 단절되었다. 일본의 등거리 전략 의도와 달리, 중국 입장에서는 일본의 중화민국 인정이 중화인민공화국의 배제를 의미했기 때문이다.

요시다 서한에 대해 당시 중화인민공화국 외교부 부부장 장한푸(章漢夫)는 "이 서한이야말로 일본 반동정부와 미국 제국주의가 결탁해 중국 인민과 중국 영토에 대해 침략전쟁을 준비하는 것을 분명히 한 증거이며, 샌프란시스코 강화조약에 이어 이루어진, 중화인민공화국에 대한 가장 중대하고 가장 노골적인 전쟁 도발 행위다"라고 강하게 비난했다(殷燕軍, 1996: 242). 또한 일본과 중화민국의 평화조약이 체결되자 저우언라이(周恩來)는 5월 5일 요시다 정부가 "주인인 미국의 지도로 대만과 결탁하고, 그들이 맺은 조약을 '현재 중화민국 정부 지배하에 있고 또는 장래 그 지배하에 들어가게 될 모든 영토에 적용한다'라는 완전히 제정신으로 한 발언이라고 생각할 수 없는 것마저 언급"했다고 하면서, "중앙인민정부와 중국 인민을 공공연히 모욕하고 적시하는 요시다-장제스의 '평화조약'에 대해서는 단호히 반대하는 태도를 견지한다"(外務省アジア局中国課監修, 1970: 39-40)며 강한 분노를 표시했다.

일본 정치계와 경제계에서는 중국 대표 선택에 대한 상반된 인식이 지속적으로 나타났다. 요시다 후임으로 1954년 취임한 하토야마 이치로(鳩山一郎) 총리는 요시다 정부의 정책을 대미 일변도 정책이라고 공격했다. 그는 대공산권과의 관계를 중시하며 1954년 소련과 국교정상화를 이루었다. 정치적 이해관계로 인해 채택된 등거리 전략은 국내외적으로 일본이 중화민국을 선택한 것으로 해석된 것이다.

중국 선택 문제를 둘러싼 다양한 고려 가운데서 일본은 양 정부 모두에 대한 존재 확인 인정을 부여했다. 그러나 주권 회복이라는 보다 중요한 일본 자신의 인정투쟁 과정에서 중화민국에는 권리 수용을 부여하고, 중화인민공화국에 대한 권리 인정은 유보했다. 즉, 중국 인정 문제는 중국에 대한 인정 부여 문제에 앞서 일본 자신의 부정 극복, 인정 획득을 위한 인정투쟁 맥락에서 진행되었다.

4. 외교 전략: 미뤄두기, 다중해석

샌프란시스코 강화회의 초청 시기부터 일화평화조약 체결에 이르는 과정까지, 특히 미뤄두기와 다중해석의 외교 전략을 확인할 수 있다.

일본의 중국 인정정책에 대한 기본 원칙은 미뤄두기였다. 일본은 가능한 한 선택을 회피하고자 했다. 1950년대 초 일본의 등거리 전략은 이런 의미에서 소극적 성격을 가진 미뤄두기 전략의 일종이었다. 그러나 1952년 일화평화조약이 체결되면서, 사실상 하나의 중국론 수용 거부, 중화인민공화국의 존재 확인, 중화민국의 권리 수용이 나타났다. 일본은 중화인민공화국의 존재 수용까지 염두에 두었지만 미국의 중국 정책과 충돌하는 부분이 있었고, 중화민국의 권리 수용을 인정하면서 중화인민공화국이 주장하는 하나의 중국론과 상충되기 시작했다. 이런 상황에서, 미국과의 충돌과 중국과의 충돌을 미뤄두기라는 외교 전략으로 조정하면서 일본은 자국의 이익을 확보해 나갈 수 있었다.

조약 체결 시점과 조약 적용범위 문제에서 다중해석이 등장했다. 조약 체결 시점 문제는 샌프란시스코 강화조약과 일화평화조약의 관계에 대한 상이한 해석으로 나타났다.

샌프란시스코 강화회의에서 일본의 중국 정부 선택을 가장 재촉한 것은 중화민국 정부였다. 덜레스-모리슨 합의로 중화민국 역시 샌프란시스코 강화조약의 강화 국가에서 자신들이 배제되자 미국을 비난했고, 중국 대표 선택이 일본에 의해 이루어진다는 사실에 '모욕감'을 느낀다며 항의했다. 중화민국은 비록 샌프란시스코 강화조약에 초청되지 않더라도, 차선책으로 일화평화조약이 샌프란시스코 강화조약 발효 전에 체결되어야 한다는 것을 지속적으로 강조해 왔다. 교섭 초반부터 중화민국은 일화평화조약이 샌프란시스코 강화조약 발효 전에 체결되어야 한다는 조건을 제시했다. 중화민국 정부는 이 조약을 통해 자신들이 중국 대표로서 샌프란시스코 체제 안에 들어간 것이며, 중국 대표 정부로 인정받은 것이라고 해석했다(中華民國外交部, 2015).

1952년 9월 8일 체결된 샌프란시스코 강화조약은 11월 18일 일본 국회에서 승인, 비준되었다. 조약 발효는 1952년 4월 28일 오후 10시 반이었다. 9월 17일 랭킹(Karl L. Rankin) 주대만미국공사는 일본 외무성과 중화민국 간 조약 체결을 위한 교섭 개시를 권고받았고, 이에 대해 중화민국 측은 "일본과의 2국 조약은 먼저 미국과 그 조문 및 수순을 교섭해 정할 것이며 일본과는 직접 길게 교섭할 생각이 없다"며 대일 강경 자세를 고수했다.

그러나 이러한 강경 자세는 조약 체결 시점에 대한 중화민국의 입장 때문에 지속되지 못했다. 일본은 중국 선택 문제를 가능한 한 연기하려고 했다. 요시다 서한을 통해 중화민국과 조약 체결을 약속했지만, 중화인민공화국과의 관계를 전면적으로 차단하지 않으려는 등거리 전략은 요시다 서한 작성 이후에도 지속되었다. 또한 국제사회가 중국 대표를 결정한 다음에 일본이 선택하겠다는 입장을 반복함으로써 가능한 한 중국을 대표하는 어느 한 정권을 선택하는 결정을 미루고자 했다. 이러한 입장에서, 일본은 중화민국과의 평화조약도 서두를 필요가 없었다. 게다가 일본은 일화평화조약과 샌프란시스코 강화조약을 완전히 별개로 생각하고 있었다. 따라서 샌프란시스코 강화조약 발효 전에 일화평화조약이 체결되어야 한다는 중화민국의 주장은 일본에 큰 의미가 없었다. 또한 일본은 중화민국을 유일한 합법정부로 최종 선택한 것이 아님을 계속 강조했다.

다중해석은 일본과 중화민국의 '조약 적용범위' 조항에서 보다 강하게 반영되었다. 중화민국은 자신들이 중국 전체를 대표하는 유일한 합법정부라는 하나의 중국론을 일본이 인정하기를 원했고, 일본은 중화인민공화국을 염두에 두고 조약 적용범위를 대만으로 축소하려 했다.

적용범위에 관한 조항 초안은 중화민국에서 작성되었다. 일본 정부에 중화민국을 선택하도록 압박한 미국은 일본국과 중화민국 간 조약을 체결할 때 조약 적용범위가 문제될 것이라고 판단했다. 따라서 중화민국 측에 적용범위에 관한 문구를 작성할 것을 요구했다. 이에 1951년 9월 22일, 장제스 주석의 최고회의에서 조약 적용범위에 관한 두 개의 문구가 채택되었다.

A안. 본 조약은 중화민국의 모든 영토에 적용한다. 국제공산주의의 침략에 의해 공산군에 점령되어 있는 지역에 대해서는, 중화민국은 일단 당해 지역을 지배하에 둔 경우, 동 지역에도 곧바로 동 조약이 적용된다.

B안. 중화민국에 관해서는, 중화민국 국민정부의 현재 지배하에 있고, 그리고 금후 들어가게 될 모든 영역에 적용된다(顧維鈞, 1989: 715-716).

1951년 10월 19일 미국 국무성은 B안이 일본 측에서 받아들이기 쉬울 거라고 판단했다. 이 문구가 중화민국의 실제 지배하에 있는 모든

영역에 적용하는 것을 의미한다고 확인했다(顧維鈞, 1989: 245). 그리고 1951년 10월 24일 중화민국은 이 문장을 "쌍방은 실제 현재 지배하에 있고, 그리고(及び, and) 금후 들어가게 될 모든 영역에도 적용된다"(顧維鈞, 1989: 245)라고 수정했다. 이 문구는 미국을 통해 일본 정부로 전달되어 요시다 서한에 포함되었다. 그런데 요시다 서한에서는 이 문구가 "현재 지배하에 있고, 또는(又は, or) 금후 들어가게 될 모든 영역에도 적용된다"로 변화했다.

여기서 '今後入るべき'의 해석은 중요하고도 민감하다. '금후 들어가게 될'이라는 표현은 일본의 중국 본토에 대한 주관적 판단을 최소화하려는 의도가 반영된 것이다.

그로 인해 이 조항에 대한 일본과 중화민국 간 해석이 달라질 수 있게 되었다. 이것은 미국과 중화민국 간, 그리고 일본과 미국 간 교섭에서 예기치 못한 문제였다(殷燕軍, 2007). 이런 점을 살펴볼 때, 일본은 향후 중국 정세에 대해 가능한 한 조심스러운 입장을 취하면서 적용 영역의 최소화를 희망하고 있었음을 알 수 있다.

또한 주목해야 할 것은 '금후 들어가게 될 영역(今後入るべき)'이었던 요시다 서한의 문구가 일화평화조약에서는 '금후 들어가는(今後入る)'으로 변화한 것이다. 이에 대한 논의는 충분히 이루어지지 않고 있지만, 중국 본토를 '들어가게 될' 영토로 해석 가능한 주관적 표현이 '들어가는'이라는 표현으로 객관화되면서, 일본이 중화민국의 대륙 반공정책을 지지한다고 해석될 가능성을 조금이나마 감소시킨 것으로 보인다. 이는 '또는'과 '그리고'의 문제보다 중국 본토와 직접적 관계를 맺는 표현이라는 점에서 주목할 필요가 있다.

결국 조약의 문장은 이후 대만 정부가 중국 본토를 지배할 경우 그 영토에도 적용된다고 해석된다는 합의하에 일본 측이 요구했던 '또는 금후 들어가는 모든 영역(又は今後入るすべての領域)'으로 결정되었다.

〈요시다 서한〉 표현

일문) 中華民国国民政府の支配下に現にあり又は今後入るべきすべての領域に適用があるものであります。

중문) 这个双边条约的条件将适用于现在，或以后可能属中华民国国民政府管辖的全部领土。

〈일화평화조약 교환공문〉 제1호

일문) 中華民国政府の支配下に現にあり，又は今後入るすべての領域に適用がある。

중문) 應適用於現在在中華民國政府控制下或將來在其控制下之全部領土。

중요한 것은 일본이 결국 중국 전체 대표로 중화민국을 승인하지 않았지만, 중화민국은 향후 자신들이 중국 전체를 지배할 것을 염두에 두고 중국 대표로 일본과 강화조약을 체결한 것으로 생각했다는 점이다.

> 조인된 일화평화조약(日華平和条約)은 14개 조의 정문 외에 의정서, 교환공문 그 외에 복잡한 형식을 취했지만, 요약하면 그 조약은 대만 및 평후 제도를 현재 지배하고 있는 국민정부와 사이의 조약이며, 장래에는 전면적인 조약을 체결하고 싶지만, 조인된 조약으로서는 국민정부를 전중국의 대표정권으로 승인한 것이 아니었습니다. 이 점에 대해서는 조약안 심의의 중참양원에서도 저는 기회가 있을 때마다 이를 명확히 했습니다(吉田茂, 1958: 76, 밑줄은 필자).

일본 입장에서는 당시 상황에 따라 중화인민공화국에 대한 언급을 최소화하는 한편, 향후 중화민국이 본토를 지배할 경우 본 조약이 중국 전체에 적용되는 것이므로, 어떠한 중국 정세 변화에도 일본이 의도한 바를 실현할 수 있었다.

5. 소결: 샌프란시스코, 1951–1952

1945년 패전 이후 1952년 샌프란시스코 강화조약이 발효되기까지, 일본은 패전국에서 독립국이 되기 위한 인정투쟁 중이었다. 일본의 중국 인정정책은 전후 일본을 재건하기 위한 요시다 독트린의 맥락에서 이해할 수 있다.

일본은 국제사회 내 다른 국가들과 평화조약을 체결하면서 패전국으로서의 자기정체성을 확인하고, 독립국으로서의 권리 수용과 인정을 추구했다. 일본은 중화인민공화국에 대한 존재 확인 인정과 중화민국에 대한 권리 수용 인정을 부여하면서, 하나의 중국론에 대해서는 존재 수용을 부정했다. 그리고 미국과의 정책 불일치, 중국과의 인식 불일치 속에서 국제규범형과 이념대립형이 강조되는 자기정당화를 형성했다. 또한 미뤄두기와 다중해석의 외교적 기술을 통해 일본의 중국 인정정책에 대한 외교적 위선을 확인했다. 이상의 논의를 정리하면 [그림 6]과 같다.

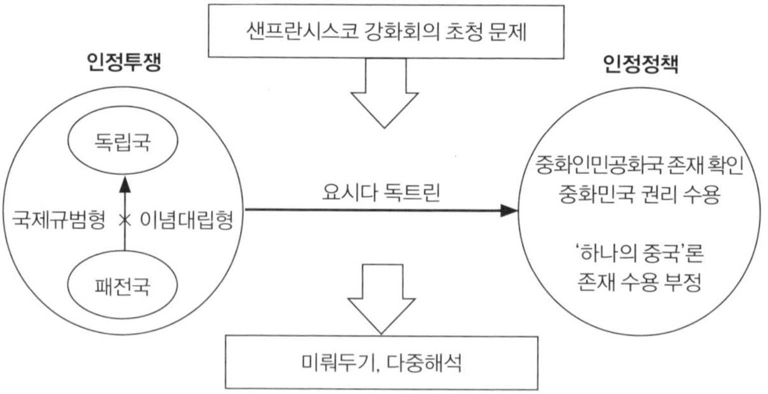

[그림 6] 1951-1952년 일본의 인정투쟁과 중국 인정정책

제3장 1964 도쿄 올림픽 참가 문제

올림픽의 의의는 승리에 있는 것이 아니라 참가하는 데 있다.

(Coubertin, 1942; Martens, 2004: 57)

1960년 이케다 하야토(池田勇人) 내각은 일본의 경제성장에 주력하고 있었다. 이케다 총리는 10년간 일본 국민소득을 두 배 이상 증가시킨다는 '소득배증정책'과 같이 국내 경제성장에 정책의 우선순위를 두었다. 일반적으로 이케다 내각은 경제정책에서는 적극적으로 아이디어를 제시한 데 비해 외교정책에서는 뚜렷한 아이디어를 제시하지 않은 것으로 알려져 있다. 그러나 이케다 총리는 기시 내각의 통상산업대신 시절부터 중국과 경제 교류를 적극적으로 주장해 왔으며(井上正也, 2007), 내각 성립 후에는 미국 등 서구 진영과 협조를 중시하면서도 중화인민공화국을 적대시하지 않았다는 점을 주목할 필요가 있다.

이케다는 제58대, 59대, 60대 총리를 역임했는데, 제3차 이케다 내각 임기 후반인 1964년에 주목할 만한 업적들을 달성했다. 일본은 1964년 경제협력개발기구(OECD)에 가입했고, 같은 해 10월 도쿄 올림픽을 개최한다. 도쿄 올림픽 폐막식 다음날 이케다는 사의를 표하고, 후임으로 사토 에이사쿠(佐藤榮作)를 지명했다.

원래 일본은 1940년 제12회 올림픽을 개최할 예정이었다. 실제로

1936년 7월 31일 국제올림픽위원회(IOC) 총회에서 도쿄 개최가 결정되었다(The Organizing Committee, 1966: 31). 1940년 올림픽은 일본 건국 2,600년을 기념한다는 의미를 담아 적극 추진되었다. 그러나 1937년 노구교(蘆構橋, 루거우차오) 사건 이후 중일전쟁이 심화되어, 1938년 7월 15일 일본 정부는 올림픽 개최권 반납을 결정했고, 결국 제12회 올림픽은 전쟁 때문에 개최되지 못했다.

1940년 제12회로 예정되었던 도쿄 올림픽은 1964년 10월 10일부터 24일까지 제18회 올림픽으로 개최되었다. 그러나 1964년 도쿄 올림픽도 순조롭게 개최된 것은 아니었다. 특히 도쿄 올림픽 참가 문제가 개막일 당시까지 논란이 되었다. 이 문제를 중국과의 관계에서 살펴보면, 24년 전 1940년 도쿄 올림픽은 중일전쟁으로 인해 개최되지 못했고, 1964년 올림픽에는 중화인민공화국이 참석하지 않았다. 북한 역시 참가하지 않았다. 이번 장에서는 도쿄 올림픽 참가 문제를 둘러싼 다양한 인정 문제를 살펴본다.

1. 도쿄 올림픽에 중화인민공화국이 참가할 수 있을까?[6]

1964년 10월 10일부터 24일까지 도쿄에서 제18회 올림픽 경기 대회가 개최되었다. 이는 아시아에서 열린 첫 번째 올림픽으로, 93개국에서 5,151명의 선수가 참가했다(The Organizing Committee, 1966). 그런데 '세계는 하나'라는 슬로건을 내세우고 아시아 대표로서 주최한 올림픽에 인도네시아, 중화인민공화국, 북한이 참석하지 않았다.

6 도쿄 올림픽 개최와 중국 참가 여부에 대한 설명은 오승희, 2016; 2017; 최은봉·오승희, 2019를 바탕으로 수정 및 재구성한 것임을 밝힌다.

올림픽 개막 14개월 전인 1963년 8월 1일, 일본은 105개국의 국가올림픽위원회(National Olympic Committee)에 공식 초청장을 발송했다. 이 중 67개국은 일본과 외교관계나 영사관계를 맺고 있었다. 이후 1960년대 신생국들이 새롭게 IOC로부터 인정을 획득해, 추가로 초청장을 보냈다. 1963년 11월 1일에는 카메룬, 코트디부아르, 요르단, 말리, 네팔, 북로데지아(현 잠비아), 세네갈에, 1964년 3월 1일에는 알제리, 콩고, 니제르, 시에라리온에 초청장을 발송했다. 그리고 1964년 5월 1일에는 차드, 7월 10일에는 중앙아프리카 공화국과 마다가스카르가 IOC로부터 회원국 권리를 인정받아 초청장을 발송했다. 반면, 남아프리카 공화국에 보낸 초청장은 1964년 1월 28일 취소되었다.

1949년 중화인민공화국이 성립하기 전까지 중국은 중화민국의 이름으로 올림픽에 참가해 왔다. 1924년 중화아마추어운동연합회(the China National Amateur Athletic Federation)가 IOC로부터 인정받아 1932년 제10회 로스앤젤레스 올림픽, 1936년 제11회 베를린 올림픽, 그리고 1948년 제14회 런던 올림픽에 참가했다. 제12회와 제13회 올림픽은 제2차 세계 대전으로 개최되지 않았다.[7]

중국체육위원회(中国体育组织)는 1910년 10월 성립되어 1922년 IOC의 승인을 받았다.[8] 그리고 중화민국은 1932년 제10회 로스앤젤레스 올림픽에 처음으로 참여했다. 한편, 1949년 중화인민공화국 성립

7 1940년 제12회 올림픽 개최권은 중일전쟁으로 인해 핀란드 헬싱키로 넘어갔으나, 결국 제2차 세계 대전으로 취소되었다. 제13회 올림픽은 런던에서 열릴 예정이었지만 역시 전쟁으로 취소되었고, 1948년에 제14회 런던 올림픽이 개최되었다. 그 후 헬싱키는 1952년 제15회, 도쿄는 1964년 제18회 올림픽을 개최했다.

8 국제올림픽위원회(IOC)는 1894년 설립되었고, 본부는 스위스 로잔에 있다. 현재 가입국은 205개국이다. 국가올림픽위원회(National Olympic Committee)가 조직되어 있는 나라만 가입할 수 있다. 한국은 1947년에 가입했다.

이후, 1954년 5월 IOC 제49차 회의에서 전중국스포츠연맹(中华全国体育总会)이 승인받아 1956년 제16회 멜버른 올림픽에 공식으로 초청되었다. 그러나 IOC가 중화민국도 이 올림픽에 참가할 수 있도록 하자, 1956년 제16차 올림픽집행위원회에서 중국은 IOC 내에 두 개의 국가올림픽위원회가 존재하는 것이 '두 개의 중국'을 만드는 것이라고 주장하며 항의했다. 결국 1958년 8월 19일 중국올림픽위원회는 IOC와 모든 관계를 단절한다고 선언했다(中国奥林匹克委员会, 2015).

1970년대 들어서면서 중화인민공화국과 외교관계를 수립하는 국가가 증가하면서, IOC와 중화인민공화국의 관계도 개선되기 시작했다. 1973년 중국올림픽위원회는 아시아올림픽위원회 회원이 되었다. 그리고 1979년 11월 26일 나고야에서 열린 올림픽 집행위원회에서 IOC 표결에 부쳐 찬성 62표, 반대 18표, 기권 2표로 중국체육위원회가 중국올림픽위원회로서 합법적 지위를 회복한다고 공표했다. 또한 중화민국의 올림픽위원회는 중국의 하나의 성에 해당하며, '중국타이베이올림픽위원회(Chinese Taipei Olympic committee)'라는 명칭을 사용하고 중화민국의 공식 국기와 국가가 아닌 다른 국기와 국가를 사용하는 것을 조건으로 참여하게 되었다(中国奥林匹克委员会, 2015).

한편 1949년 이후 중화인민공화국의 올림픽 참가 현황을 살펴보면, 1952년 헬싱키 올림픽에는 중화민국의 반대로 경기에는 참가하지 못하고, 참관인만 파견해 비공식적으로 참가했다. 이 대회에 중화민국은 불참했으며, 소련이 40년 만에 참가했다. 1956년 멜버른 올림픽에는 중화민국의 참가에 항의하며 중화인민공화국이 참가를 거부했다. 1960년 로마 올림픽에서는 IOC의 결정으로 중화민국이 대만(Taiwan)이라는 이름으로 참가했다. 1958년 중화인민공화국이 IOC를 탈퇴하고 1979년 복귀하기 전까지, 1960년 로마 올림픽, 1964년 도쿄 올림픽, 1968년 멕시코 올림픽, 1972년 뮌헨 올림픽에서는 중화민국이 중국 대표로 공식 자격을 가지고 있었다.

일본은 1964년 도쿄 올림픽 준비 과정에서 중화민국의 참석을 둘러싼 일본의 입장에 대해 논의했다. 중화민국이 '중국'으로 참가하는 것인가, 아니면 '대만'으로 참가하는 것인가? 1964년 9월 12일 중의원에서 열린 올림픽도쿄대회준비촉진위원회에 참석한 야나기타 히데카즈(柳田秀一) 위원은 다음과 같이 말한다.

> 저는 국제올림픽위원회가 중국과 대만 문제를 매우 상식적인 선에서 결정했다고 생각합니다. 하나의 중국, 하나의 대만이라는 것과 같은 것은 어려운 문제지만, 스포츠 문제에서 오늘 국제올림픽위원회가 취한 태도 정도로, 7억 국민을 가진 중국이 올림픽에 참가하더라도, 결코 정치 문제가 아니므로, 하나의 중국, 하나의 대만이라든지, 아니면 두 개의 중국이라는 것은 말이 되지 않는다고 생각합니다. 스포츠 문제는 정치와 가능한 완전히 분리해서 생각해야 하지 않을까요. 가을 도쿄에서 열리는 도쿄 올림픽 대회에서는, 특히 아시아에서 이러한 스포츠와 정치의 문제는 어려운 사안입니다. 중국과 대만의 문제도 있고, 인도네시아 문제도 있고, 북한과 한국의 문제도 있습니다. 그러나 저는 특히 도쿄 대회에서는 일본 선수들뿐만 아니라, 아시아에서 처음으로 열리는 올림픽인 만큼 우리와 피부색이 같은 아시아 선수들 모두 훌륭한 성적을 거두기를 바랍니다(国会会議録, 1964).

중화인민공화국의 도쿄 올림픽 참여는 IOC 비회원이라는 점만이 아니라, 1963년 IOC가 내린 제재 결정 때문에도 어려운 상황이었다. 이 문제는 1962년 제4회 아시안게임으로 거슬러 올라간다.

1962년 8월, 인도네시아 자카르타에서 제4회 아시안게임이 개최되었다. 아시안게임은 1934년 인도 뉴델리에서 개최된 서아시아 경기

대회를 원류 삼아 시작되었다(심승구·김미숙, 2008: 143). 1949년 2월 아시안게임연맹(AGF)이 창설되었고, 1951년 뉴델리에서 제1회 아시안게임이 개최되었다. 1962년 인도네시아 자카르타에서 열린 제4회 대회에는 18개국 이상이 참가했고, 일본은 최대 규모의 선수단을 파견했다. 일본은 1948년 런던 올림픽에 참가할 수 없었기 때문에 아시안게임에 참가함과 동시에 인도네시아에 호텔 건설과 경제적 지원을 약속하고 있었다. 일본은 총 13개 종목에 참가해, 금메달 74개, 은메달 57개, 동메달 24개라는 좋은 성적을 거두었다(심승구·김미숙, 2008: 146).

1962년 8월 24일, 아시안게임 주최국인 인도네시아는 중화민국과 이스라엘에 대한 비자 발급을 거절했다. 인도네시아는 중화인민공화국을 유일한 중국 대표로 인정하고 있었기 때문이다. 앞서 1954년 필리핀에서 열린 제2회, 1958년 도쿄에서 열린 제3회 대회에서는 반대로 중화인민공화국이 초대받지 못했다(심승구·김미숙, 2008: 144). 인도네시아는 국교를 수립하지 않은 중화민국과 이스라엘 선수단의 입국을 거부했다. 이 결정에는 중화인민공화국이 인도네시아 정부에 보낸 메모가 영향을 미친 것으로 보인다.

> 중국 정부는 인도네시아에서 열리는 아시안게임이 큰 성공을 이루기를 진심으로 기원합니다. 그러나 중국 정부는 '두 개의 중국'을 형성하기 위해 아시안게임을 이용하려는 제국주의자들과 그 추종자들을 무시할 수 없습니다. 이러한 행동은 중화인민공화국과 인도네시아 간 우호를 해칠 뿐만 아니라, 인도네시아의 제국주의와 투쟁 입장을 손상시킬 수 있습니다(Lutan and Hong, 2005: 425; National Sports Bureau Archives, 1965 재인용).

중화민국과 이스라엘에 대한 입국 거부 조치로 IOC와 국제육상 경기연맹(IAAF), 국제역도연맹(IWF)은 1962년 제4회 아시안게임을 정식 국제 경기 대회로 인정하지 않는다고 표명했다. 참가 자격이 있는 국가가 참가할 수 없는 대회는 정식 경기 대회로 인정할 수 없다는 것이 이유였다. 인도네시아는 반발하며 IOC의 조치는 제국주의자, 식민지주의자가 미국과 영국의 경제적 우호국인 이스라엘과 중화민국의 이익을 우선한 것이라고 주장하며 맞섰다. 1963년 4월, IOC는 인도네시아의 회원 자격을 무기한 정지했고, 인도네시아는 IOC 본부에 탈퇴를 통보했다.

인도네시아의 수카르노(Sukarno) 대통령은 구미 주도의 올림픽을 이탈하고, 신흥국만의 독자적 올림픽을 개최한다고 발표했다. 이것이 신흥국 경기 대회(The Games of the New Emerging Forces), 약자로 가네포(GANEFO)이다. 가네포는 47개국이 참가한 가운데 1963년 11월 12일부터 20일까지 개최되었다. 수카르노는 신흥 세력, 즉 새로운 세력들이란 새로운 세계를 구축하기 위해 싸우고 투쟁하고 노력하는 세계의 모든 새로운 힘(all the new forces in the world which are fighting, struggling and working for a new world)이라고 표현했다.

수카르노는 가네포에 즈음해 1955년 인도네시아 반둥에서 개최된 아시아-아프리카 회의(반둥회의)의 정신인 반제국주의, 반식민주의를 강조하고, 제3세계의 존재를 부각시키고자 했다. 그러면서 아시안게임이 반둥회의 헌장에 사인한 29개국 중 13개국이 참석하는 대회임에도 불구하고, 참가하는 국가 대다수의 태도와 견해가 반둥 정신을 충실하게 반영하지 못한다는 점을 지적했다. 그리고 "우리는 반둥 정신을 충실하게 재현하는 새로운 아시안게임을 주최해야 한다. 바로 지금, 우리는 신흥국들 간의 새로운 게임을 가능한 빨리, 1963년에 개최한다"고 선언했다(Committee National GANEFO, Release No. 2, 1963; Lutan and Hong, 2005: 431 재인용). 반둥회의에는 식민지 혹은 외세의 통치를 경험한 아시아-아프리카 국가들이 참여했으며, 인도네시아를 중심으로 중화인민공화국과 인도가 주축이 되었다. 일본 역시 아시아 국가의 일원으로 참여했다.

인도네시아의 가네포 창설 계획을 가장 적극적으로 지지한 것은 중화인민공화국이었다. 1962년 9월, 가네포에 관한 구상이 발표되자마자 저우언라이는 바로 서면으로 환영의 뜻을 전했고, 1963년 4월 류사오치(劉少奇)는 인도네시아를 방문해 공동성명을 발표했다(Lutan and Hong, 2005: 431-432).

1963년 가네포에는 약 50개국에서 2,500여 명의 선수가 참가한 것으로 추산되는데, 연구마다 참가국 수와 참가 인원 수에 차이를 보인다. 국가 수는 48개국에서 51개국, 참가자 수는 2,200명(심승구·김미숙, 2008)에서 2,564명(이병한, 2012)으로 나타나는데, 이 중 볼리비아, 벨기에, 몽골, 베네수엘라, 세네갈의 기록에 차이가 있다.

중화인민공화국(497명)이 가장 많은 선수를 파견했고, 개최국인 인도네시아(483명)가 그 뒤를 이었다. 북한(275명)과 북베트남(115명)도 상당히 많은 선수가 참가하는 등 아시아 공산국가들의 참여가 두드러졌다. 소련에서도 125명의 선수가 참가했다. 아시아, 아프리카, 라틴 아메리카, 동유럽 국가들이 참여했고, 서유럽에서도 네덜란드, 프랑스, 이탈리아가 선수단을 파견했다.

일본 역시 93명의 선수단을 파견했다. 그런데 IAAF와 ISF는 가네포에 출장한 선수의 올림픽 출장 자격을 1년간 정지한다는 권고 의견을 발표했다. 1964년 도쿄 올림픽 개최를 앞둔 일본은 IOC, IAAF, IWF의 권고에 당황해, 결국 도쿄 올림픽에서 좋은 성적이 예상되는 역도 종목에는 선수를 보내지 않고, 다른 종목에도 우수한 선수는 파견하지 않았다(浦辺登, 2013). 일본은 가네포에서 우수한 성적을 거두는 것보다 신흥국들의 경기 대회 모임에 참석하는 것 자체에 의의를 두었던 것이다.

이처럼 복잡하게 변모하는 국제정치와 지역관계의 갈등적 배경하에서 실현된 1963년 제1회 가네포는 비교적 성공적으로 개최되었다고 평가되고 있다(심승구·김미숙, 2008: 142; 이병한, 2012; 浦辺登, 2013). 그러나 가네포의 현장에 정치와 스포츠는 불가분의 관계임을 명시함으로써 IOC의 정치와 스포츠 분리 정책에 맞섰다. 제2회 가네포는 1967년 아랍연합공화국(현 이집트)에서 개최될 예정이었다. 그 준비 과정에서 1966년 11월 아시아 국가들을 중심으로 아시안 가네포가 캄보디아 프놈펜에서 개최되어, 아시아 17개국에서 2,000여 명의 선수가 참가했다. 이를 통해 국제 올림픽 대회와 아시안게임의 구조에 대항하는 가네포와 아시안 가네포의 체계를 만들고자 했음을 알 수 있다. 아시아 가네포에는 중화인민공화국은 물론, 일본도 참가했다. 그러나 1965년 이후 인도네시아 수카르노 정권의 붕괴, 1966년 이후 나타나기 시작한 중화인민공화국의 문화대혁명, 이집트-이스라엘 분쟁 등으로 가네포와 아시안 가네포는 더 이상 개최되지 않았다.

일본은 1964년 도쿄 올림픽에 '아시아 최초 올림픽'이라는 의미를 부여하며 아시아 선수들의 우수한 성적과 많은 아시아 국가의 참가를 기대했다. 이런 면에서 일본은 우수한 성적이 예상되고 아시아에 있는 중화인민공화국의 참가를 기대하고 있었다. 그러나 중화인민공화국은 IOC 비회원국이었고, 가네포에도 대규모 선수단을 파견해 올림픽 참가 자격에 문제가 있었다. 결국 중화민국의 참가를 문제 삼아 중화인민공화국은 올림픽 불참을 선언했다.

그뿐만 아니라 가네포 참가로 인해 올림픽 참가 자격 정지 문제로 인도네시아와 북한도 참가 여부가 불투명했다. 그래서 일본은 인도네시아와 북한을 참석시키기 위해 IOC를 설득하고 나섰다. IOC는 도쿄 올림픽을 주최하는 일본의 의향을 존중한다는 점을 강조하고,

1964년 6월 이사회를 개최해 인도네시아의 자격 정지 처분을 취소했다. 하지만 북한의 경우는 문제가 더 복잡했다. 일본과 북한 간 외교관계가 수립되지 않은 상황이어서 국기와 국가 문제도 논쟁 대상이 된 것이다. 여기에 더해 여자 육상 400m와 800m 세계 신기록 보유자인 북한의 신금단 선수는 도쿄 올림픽에서 활약이 기대되는 선수 중 하나였는데, 가네포에 참가해 출전 자격에 문제가 생겼다(浦辺登, 2013). 결국 인도네시아와 북한 선수단은 도쿄 선수촌에 도착했지만 끝내 대회에 참가하지 못한 채 철수했다.

1964년 도쿄 올림픽에는 미국과 소련이 참가했고, 독일과 베트남은 민족 단일팀으로 참가했다. 자유 진영 국가들이 대다수인 가운데, 가네포에 참가한 아시아, 아프리카, 라틴 아메리카 국가들도 적은 인원이지만 선수단을 파견했다. 도쿄 올림픽 최종 성적은 1위 미국(금 36, 은 26, 동 28, 합계 90), 2위 소련(금 30, 은 31, 동 35, 합계 96), 3위 일본(금 16, 은 5, 동 8, 합계 29)이었다(동아출판사, 1964).

소련과 일본은 가네포와 올림픽에 모두 참가했지만, 가네포보다 도쿄 올림픽에 더 많은 선수를 출전시켰다. 특히 일본은 가장 우수한 선수는 도쿄 올림픽에, 차순위 선수는 가네포에 출전시키면서 IOC와 가네포의 갈등에 휘말리지 않고, 국제사회와 아시아 국가로서 스포츠 경기에 모두 참가했다.

도쿄 올림픽에서는 중국과 관련해 또 한 가지 문제가 있었다. 1964년 도쿄 올림픽에 참가한 중화민국 선수 중 일부가 중화인민공화국으로 귀화하겠다는 뜻을 보인 것이다. 일본은 중화민국과 중화인민공화국 사이에서 외교적으로 난처한 입장이었다.

1964년 도쿄 올림픽은 당시 국제사회로의 참여와 배제의 정치성을 잘 보여 준다. 스포츠 영역의 비정치성을 추구하는 올림픽 정신에도 불구하고 경기 참가 문제에는 국제사회의 정치적 고려와 판단이 그대로 반영되었다. 특히 중화인민공화국은 1960년대 아시아-아프리카 지역을 중심으로 국제사회에서 주도적으로 새로운 조직을 구안해 적극적으로 참여하기 시작했다. 일본은 1964년 도쿄 올림픽 전후로 중화인민공화국의 경기 참가 불발 문제, 중화민국 선수의 귀화 문제, 중화인민공화국의 핵실험 등을 겪으면서 국제사회에서 중국의 변화하는 위치와 위상을 확인하고, 중일 간 새로운 관계 정립을 모색하고자 했다.

2. 일본의 중국 인식

중국에 대한 일본의 기본 입장은 중화인민공화국은 일본의 이웃이지만, 내정불간섭 원칙을 존중하며 국제 정세 추이를 지켜보겠다는 것이었다(外務省, 1961). 우선, 중국 대륙이 일본과 '일의대수의 땅(一衣帯水の地)'이며, 광대한 국토에 6억여 명의 주민을 거느리고 있다는 사실을 중시하는 인식이 나타난다. 여기에 내정불간섭 원칙에 근거해 중국이 스스로 결정할 때까지 결정하지 않겠다는 입장, 그리고 향후 국제사회와 중국의 관계 변화에 따라 일본의 중국 인정정책도 변할 수 있다는 것이 일본의 기본 입장이었다.

'하나의 중국' 문제에 대한 일본의 접근 방식은 1962년경부터 변화했다. 기존 입장은 유엔에서 중국 인정 문제에 대한 논의를 하지 않도록 보류하는 '다나아게(棚上げ)안'을 지지하는 것이었다. 그런데 중국 인정 문제는 매우 중요하므로, 중국 대표를 변경하는 것은 회원국 3분의 2 이상 찬성이 필요하다는 '중요문제 결의안'으로 다루어야 한다는 입장으로 바뀐 것이다. 일본의 이 같은 정책 변화에 대해 이케다 하야토 총리는 1962년 1월 23일 중의원 본회의에 참가해 다음과 같이 설명했다.

중국의 문제에 대해서 말씀드리겠습니다. 중국에 두 개의 정부가 존재하는 것은 현실입니다. 하지만 이 문제는 아시아의 평화, 세계의 평화에 매우 중대한 관련이 있으므로 우리는 유엔에서 세계 각국과 이 문제를 진중하게 심의해 가고 싶다는 염원이 있습니다. 따라서 종래 중국 문제에 대해서 다나아게론을 주장하고, 그것을 지지하고 있던 우리도, 일보 진전해 이 문제를 유엔에서 충분히 토의해 결론을 얻도록 노력하려는 것입니다(박수). 저는 두 개의 중국 문제는 중국인 자신이 결정해야 할 것이며, 또한 세계인이 결정해야 할 중대한 문제라고 생각합니다.

이는 중공의 대표권 문제에 대해서, 일본이 방해하려는 것이 아닙니다. 세계의 평화, 아시아의 평화를 위해, 유엔에 의해 이를 결정해야 한다는 것이, 지금 우리의 생각입니다.

또한 공산권과의 무역에 대해서, 우리는 항상 이를 증진시켜 가고자 생각하고 있습니다(外務省, 1962, 밑줄은 필자).

이러한 총리의 발언에 대해, 같은 날 참의원 본회의에서 일본 사회당의 즈바키 시게오(椿繁夫) 의원은 중요사항 지정 방식은 사실상 '다나아게' 방식의 연장이라고 비판했다. 중요사항 지정 후 어떻게 해결할지는 다루지 않고, 중국 대표권이 어느 정부에 있는지 밝히지 않는다는 점에서 불분명하다며 총리의 명확한 입장을 요구했다. 이에 대해 이케다 총리는 다음과 같이 답변한다.

중공과의 문제에 대해서 중국의 대표권은 어디에 있는가의 질문입니다. 이에 대해 누구도 답하는 것이 불가능합니다. 만약 답하는 자가 있다면, 중공은 중공이라고 말하고, 대만 정부는 대만이라고 하는 것입니다. 또한 그중 공산권의 일부 나라, 아니면 자유권의 일부 나라는 있을

> 수도 있습니다. 하지만 이 문제는 중국 자신이 관계될 뿐만 아니라, 세계 평화와 극동의 안전에 중요한 관계를 가지는 것으로, 저는 유엔에서 충분히 심의할 필요가 있다는 것을 제안하고 싶어, 유엔 내에서 압도적 다수의 지지를 얻어, 일본의 주장이 통과된 것입니다. 저는 어디까지나 유엔에서 이 문제가 세계의 평화, 아시아의 안녕과 중국인의 기분을 고려해, 적정한 결론이 나오기를 진심으로 바랍니다(1962.1.23., 이케다 총리, 밑줄은 필자).

국제사회에서 중국 인정 문제에 대한 일본의 인식은 1950년대 정책의 연속성과 변화가 함께 나타나고 있다. 연속성은 가능한 한 하나의 중국 정부를 선택하지 않으려 한다는 것이다. 그리고 변화는 1960년대에는 이전과 달리 일본이 보다 적극적인 행동에 나서기 시작했다는 점이다. 기본 입장은 같으나, 1950년에는 행동하지 않는 것이 전략이었다면, 1960년에는 보다 적극적으로 두 정부와 관계를 추구하고자 한 것이다.

1960년대 중국정책의 연속성은 타자로서 중국이 처한 현실과 이상 간 괴리에 대한 유보적 대처에서 비롯된다. 즉, 하나의 중국에 대한 두 정부의 이상과, 사실상 타이베이와 베이징에 각각의 정부가 존재한다는 현실 사이에 뚜렷한 괴리가 존재했다.

한편, 일본 정부의 대중국정책 변화는 중국의 국제사회와 아시아 지역에서 위상의 변화와 연동해 나타난다. 1960년대 중국은 아시아, 아프리카 등 신흥국과 관계를 강화해 나갔다. 1960년은 '아프리카의 해'로 불릴 만큼, 유엔에 신규 가입한 아프리카 국가가 급증했다. 중국의 제3세계와 관계 강화는 중화인민공화국을 승인하는 국가들의 증가로 나타났다. 특히 1964년 1월 프랑스가 중화인민공화국을 승인하고 중화민국과의 외교관계를 단절하면서, 유엔 내 중국 대표권 문제에서 중화인민공화국을 지지하는 방향으로의 변화 가능성이 나타나기 시작했다.

이러한 상황에서 1963년 가네포가 등장했다. 그것은 1955년 반둥회의 정신에 기반해 수립된 비서구 지역의 국제 스포츠 기구였다. 반둥회의와 가네포 모두 인도네시아의 수카르노가 제안 및 발의했지만, 중화인민공화국의 적극적인 지지가 있었기 때문에 이러한 구상이 실체화될 수 있었다.

중화인민공화국은 아시아 국가로서, 그리고 신흥 세력의 중심국가로서 지위를 강화해 나가기 시작했다. 이런 맥락에서 일본은 반둥회의와 가네포 등과 같은 새로운 국제기구에 참여하기로 결정하고 조율해야 하는 문제에 직면했다. 이는 일본의 국가정체성과 자기 인식에 대한 중요한 질문을 제기하는 계기가 되었다. 일본은 국제사회에서 어떤 국가이며, 어떻게 인식되고 있는가? 어떤 국가로 위상이 정립되기를 원하는가? 비서구 아시아 국가인가, 아니면 신흥 세력인가? 일본은 경제 선진국에 속하는가?

1964년 일본은 중화인민공화국의 도쿄 올림픽 참가를 희망했지만, 중화인민공화국은 도쿄 올림픽에 참가하지 않았다. 당시 일본과 중국은 상호 인정의 중요성을 인식하고 있었으나, 서로 갈등하고 대립하는 실정이었다. 1964년 제18회 도쿄 올림픽이 개최되기 전후 시점은 결국 중일 간에 엇갈린 상호 인정이 가시화된 인정투쟁의 장이 전개되고, 인정 프레임 재정립의 필요성을 직시하게 만든 전환점이었다.

도쿄 올림픽이 한창 진행되던 1964년 10월 16일, 중화인민공화국은 첫 번째 핵실험에 성공해, 세계 다섯 번째 핵보유국이 되었다. 일본이 세계 평화의 축제를 진행하고 있을 때, 중화인민공화국은 세계 평화와 안정에 의문을 제기한 것이었다. 이런 움직임은 중화인민공화국의 국가정체성과 국제사회 내에서 지위에 큰 변화를 가져오는 계기가 되었다. 그리고 일본은 이 같은 일련의 정세와 중국의 변화를 고려해 중국 인정 문제에 대한 기존 입장을 점진적으로 다각도에서 검토하게 되었다.

이 시기에 일본이 국내적으로 전후 자기 인식의 정립을 거쳐 구축한 자기정체성은 대중국 인정 문제에 투사되었다. 동시에 중국의 위상과 국가정체성의 변화는 일본이 새로운 외교적 선택지를 모색하는 데 반영되었다. 일본은 중국과의 관계에서 아시아 국가와 경제선진국으로서 정체성을 강조하고, 정경분리 원칙을 외교적 우선순위에 두기 시작했다.

1) 일본의 자기정체성: 경제선진국으로서 가치 확인

> 이번 가을에 드디어 도쿄 올림픽 대회가 개최됩니다. 올림픽의 목적은 올림픽 헌장에 강조되어 있는 바와 같이, 세계의 젊은이들을 우호적인 경기 대회에 참여시키는 것으로, 모든 국가 국민들의 사랑과 평화 유지에 공헌하는 것입니다. 저는 모든 민족이 서로 이해와 인식을 심화하고, 높은 휴머니티 입장에서 서로 존경하는 것이야말로, 세계의 평화와 그 조화로운 진보를 이루는 것이라고 생각합니다. 이런 의미에서, 올림픽 대회가 도쿄에서 개최되는 것은 정말 축하해야 할 일이고, 그 성과에 커다란 기대를 걸고 있습니다.
>
> 도쿄 대회 때는 전 세계에서 많은 방문객이 찾아올 것으로 기대됩니다. 이 기회야말로 우리 나라 있는 그대로의 모습과 뛰어난 전통에 뿌리내린 일본 문화를 세계 여러 사람에게 소개할 수 있는 절호의 기회라고 생각합니다. 멀리서 오는 손님들이 우리 나라에서 즐겁게 보내고, 우리 나라에 대한 좋은 인식을 심화하도록, 국민 여러분이 모두 협조해 주시기를 바랍니다(1964.1.22., 오히라 외상 연설, 外務省, 1964).

1964년 도쿄 올림픽 개최는 일본의 이미지를 전후 패전국 일본이 아니라 세계 평화와 발전의 상징인 일본, 도쿄로 탈바꿈하는 국제적 행사였다. 일본은 전 세계로부터 일본의 전통과 문화 그리고 경제성장의 성과를 인정받을 절호의 기회로 인식했다.

1962년에서 1964년 사이 일본의 자기범주화에는 '자유 진영'에 속한다는 것과 '아시아'에 위치한 나라라는 자기확인이 동시에 나타난다. 중요한 것은, 중국과 달리 일본에 자유 진영과 아시아는 결코 대립되는 것이 아니라는 점이다. 아시아에서의 소속감과 자유 진영에서의 소속감이 중첩되면서, 그 공존 공간에서 확립한 자기확인이 바로 '경제 선진국 일본'이다.

(1) '자유 진영의 일원' 일본

1960년대 일본은 다양한 국제기구에서 관계를 맺어가며 활발히 활동했다. 1964년 도쿄 올림픽을 전후해 IOC를 비롯한 스포츠 분야에서 국제기구와 교류를 강화했고, 1964년 4월 28일 OECD에 가입하고, 1964년 9월 7일 IMF와 세계은행 총회를 도쿄에서 개최하는 등 일본의 국제사회에서 역할이 두드러졌다.

그중에서도 일본이 가장 중요시한 국제기구는 유엔이었다. 1957년 이후 발행된 일본의 외교청서에서도 유엔 중심 외교를 외교의 제1원칙으로 제시하고 있다.

> 작년 아프리카에서 다수의 국가가 독립해, 아시아-아프리카 제국이 유엔 가맹국 중 반수에 도달하는 데 이르렀습니다. 아시아의 일원인 우리 나라로서도 기쁨을 금할 수 없습니다. 따라서 아프리카 국가들의 동향, 특히 다수결의 원칙이 적용되는 유엔에서 그 거취가 세계적으로 주시되는 것은 당연합니다. 이러한 아프리카 제국의 유엔에서의 표결이,

> 그런 의미에서 유엔의 움직임에 미약하지만 큰 영향을 미쳐 온 것은 부인할 수 없습니다. 따라서 모든 나라의 이익에 봉사하는 유엔의 기능을 충분히 발휘하기 위해서는 우리 나라도 아시아 아프리카 여러 나라와 연계를 강화해 나가야 합니다. 유엔을 무대로 하는 책임 있는 활동이 세계 평화를 위해 한층 더 중요해지고 있습니다. 금후 유엔 외교의 추진은 한층 진중하고 적극적이지 않으면 안 된다고 생각하고, 저는 유엔에서 우리 나라의 외교 진용을 강화해 나갈 방침입니다(제36회 국회에서 이케다 총리의 시정방침연설, 外務省, 1961).

유엔을 비롯한 국제기구에서 일본의 우선적 소속감은 자유 진영 국가였다. 국제기구와 관련된 발언에서는 어김없이 '자유 진영과의 협력'이 강조되었다. 제37회 국회에서 이케다 총리는 자신의 소신을 다음과 같이 표명했다.

> 저는 금후 미국만이 아니라 널리 자유 국가 전체와의 협력관계 강화에 특히 유의하려고 생각합니다. 그중에서도 특히, 영국, 그 외 서구 제국과 세계의 당면한 제반 중요 문제에 관해 밀접한 협력과 대화를 진행하면서, 아시아-아프리카(A.A) 그룹 및 중남미 제국과의 경제 교류가 한층 더 진전되기를 기대합니다. 공산권 제국과는 상호 입장 존중과 내정불간섭 원칙하에서 가능한 한 상호 이해와 우호관계 증진을 도모하고 있습니다.
>
> 우리 나라 외교의 근본은 이 새로운 국면에 대해, 평화와 번영 증진을 위해, 우리 나라가 무엇을 이룰 수 있는지 확실히 해 유엔 헌장에 기초해 안전 보장체제를 견지하면서 우리 나라의 안전과 평화를 확보하고, 경제 번영과 국민 생활 향상에 도움이 되는 국제적 환경을 정비하고, 세계 평화 창조에 기여하는 것이라고 확신하고 있습니다. 저는 우

리 나라의 성실함과 선의가 모든 나라에 의해 신뢰받을 수 있기를 강하게 희망하고, 선의와 이해가 평화와 번영의 근저가 된다는 것을 확신하는 바입니다. 우리 나라가 평화와 번영을 확보하기 위해서는, 자유 국가들과의 밀접한 관계를 좀 더 증진시켜야 한다는 것은 말할 필요도 없습니다(外務省, 1961, 밑줄은 필자).

(2) '아시아의 대표' 일본

1960년대 중국은 기존 국제기구들과 대립 구도를 형성하며 아시아 중심, 신흥 세력 중심의 국제기구들을 조직해 나갔다. 이에 반해 일본은 1956년 유엔에 가입한 이후 유엔 중심의 외교를 표방하며 유엔 활동에 적극적으로 참여하고, 새로 등장하는 아시아 중심의 국제기구들에도 참가하고자 노력했다. 1960년대 아시아와 아프리카 신흥 국가들의 약진이 나타나면서, 일본은 아시아에서 위치를 확인하고자 했다.

일본은 자국이 아시아 국가지만, 다른 아시아 국가와 다른 특징을 가지고 있다고 생각했다. 일본은 스스로가 아시아의 대표이며 경제선진국으로서 다른 아시아 국가들의 발전을 도와야 하며, 다른 아시아 국가의 발전이 일본의 발전에도 도움이 된다고 주장했다. 이 과정에서 아시아에 대한 일본의 인식은 타자화와 자기 확인의 경계를 넘나들었다. 이와 같은 아시아에 대한 복합적 자기 인식은 1964년 1월 21일 오히라 외상의 국회 연설에서 잘 나타난다.

> 우리 나라와 아시아 국가들의 역사적·지리적 연계, 거기에 금후 점점 더 긴밀해질 것으로 예상되는 아시아 국가들과의 정치적·경제적 관계를 고려할 때, 아시아의 안정과 번영이 우리 나라의 안전과 번영에 연계되는 것은 당연합니다. 그뿐만 아니라, 아시아에서의 불안과 대립은 세계 전체의 평화에 대한 위협이 되는 위험도 포함하고 있습니다. 이런

의미에서 우리 나라가 아시아 정세에 어떻게 대처할지가 당연히 일본 외교의 최대 과제입니다. (중략)

생각건대, 우리 나라는 과거 약 100년 전 쇄국에서 개국으로 큰 국내 변혁을 거쳐, 자조의 정신을 가지고 열심히 정치, 법제, 경제 등의 근대화에 힘쓰고, 괄목할 만한 업적을 달성했습니다. 전후 아시아 국가들은 이제 막 우리 나라가 메이지 시대에 그러했던 것처럼, 급속하게 경제개발을 추진하고, 정치적 안정을 달성하려고 열심히 노력을 계속하고 있습니다. 따라서 우리 나라는 이러한 근린 제국의 바람이나 어려움을 해결하고, 우정에 근거해 솔직하게 조언하며, 적절한 원조를 제공할 수 있는 입장에 있다고 믿는 바입니다(제46회 통상국회에서 오히라 외상의 외교 연설, 外務省, 1964).

여기서 아시아는 자유국가 일본과 대립하지 않는다. 일본은 자유 진영과 아시아를 연결하는 매개 역할로서 국가정체성을 찾는다. 매개 국가 일본은 다음과 같은 경제선진국 일본의 국가정체성에서 비롯되는 것이다.

우리 나라가 아시아의 일국으로서, 아시아 제국과 우호 선린관계에 매우 유의해야 한다는 것은 말할 것도 없습니다. 우리 나라로 말하면, 이러한 우방과의 협력관계를 더욱 진전시켜, 그 신뢰를 쟁취하는 것과 함께, 민족의 번영과 복지를 구하는 아시아 제국의 정당한 소리는 이를 국제사회에 널리 반영시키도록 노력하고 싶다고 생각합니다(제36회 국회에서 이케다 총리의 시정방침 연설, 外務省, 1961).

(3) '경제선진국' 일본

당시 일본은 전후 패전국에서 경제선진국으로 국가정체성을 변화시키고자 했으며, 1960년대 들어서면서 스스로 경제선진국 일본의 위상에 도달한 것으로 평가했다.

> 다행히 우리 나라 경제도 전후 황폐에서 국민의 노력으로 급속히 회복해 안정되고, 높은 공업력을 가진 아시아 국가로서 지위를 인정받고 있습니다. 이 기회에 아시아에 속한 나라로서 우리 나라의 지위와 입장을 되새기며, 나아가 아시아의 번영과 평화에 공헌하려고 합니다(제38회 국회에서 고사카 젠타로(小坂善太郎) 외상의 연설, 外務省, 1961).

일본은 일본이 다른 아시아 국가들과 달리, 경제성장을 이룩할 수 있었던 것은 "전후 자유와 민주주의 체제 확립을 위해 노력해 왔"기 때문이라고 했다(外務省, 1964). 또한 경제성장은 기존에 탈아입구에서 대립되었던 아시아와 서양의 이분화를 대체할 수 있고, 전후 일본이 국제사회로 복귀를 가능하게 하는 수단으로 기능한다고 인식했다. 특히 1964년 일본은 GATT 관세일괄타결 교섭을 성공적으로 마무리하고, OECD에도 가입했으며, IMF 8조국(개발도상국에 대한 혜택을 제공 받지 않아도 될 만큼 성장한 국가, 즉 제8조에 규정된 의무를 면제받을 수 없는 국가)으로의 이행이 달성되어 경제선진국으로서 자신감이 고조되었다. 특히 1964년 4월 28일 OECD에 진입한 것은 경제선진국 일본의 정체성을 확인하는 계기가 되었다. 게다가 1964년 개통된 신칸센(新幹線)은 초고속 성장의 표상이 되었다(부루마, 2014).

> 지난여름 교섭을 타결해 본 국회에 그 승인을 요구하고 있는 경제협력개발기구(OECD)로의 정식 가맹은 우리 나라가 국제적 협력에 적극적으로 공헌할 제1보로서, 매우 중요한 의의를 갖는 것입니다. 이미 참가중인 GATT에서 관세일괄타결 교섭에 대해서도, 무역입국 일본의 입

장에 서서, 그 성공을 위해 가능한 한 공헌하려고 생각합니다.

(중략) 가능한 한 IMF 8조국으로의 이행과 그것과 병행하는 우리 나라의 무역 자유화, 곧 개방경제 체제 추진은 우리 나라의 국제 신용 향상에 상응해, 금후 교섭에서 우리나라의 입장을 한층 강화하는 것이라 확신합니다(外務省, 1964).

사실상 1964년 도쿄 올림픽은 전후 일본의 경제적 성취의 상징이면서 동시에 성장의 기반을 견인하는 행사였다. 경기장 건설과 시설 정비 등 올림픽 경기를 위한 직접 지출이 약 166억 엔(약 4,600만 달러)이었고, 올림픽 개최 준비를 위한 도로, 철도, 공항, 방송 시설 등 관련 비용으로 9,608억 엔(약 27억 달러)이 지불되었다(The Organizing Committee, 1966: 67). 과학기술과 경제발전을 상징하는 신칸센도 1964년 10월 1일 개통되었다. 일본은 올림픽에 맞추어 정지궤도 위성을 발사했고, 도쿄 올림픽은 올림픽 경기가 텔레비전 방송으로 생중계된 최초의 올림픽이었다.

이러한 바탕에서 일본의 '정경분리'라는 단어가 등장할 수 있었다. 냉전기 공산국가와 자유 진영 사이에서 경제 분야를 중심으로 대립이 아닌 공존이 가능하다는 믿음은 일본의 직접 경험에서 나온 것이었다.

소련을 비롯한 공산제국과의 우호관계 증진, 특히 일중관계 개선을 도모하는 것도 매우 중요합니다. 중국 대륙과의 관계 개선 특히 무역 증진은, 우리 나라로서도 환영하는 바이며, 올해는 이 문제로의 접근이 우리의 첫째 과제라고 생각합니다. 하지만 중국 대륙의 문제는, 단순히 일중 간 관계로만 처리할 수 있는 것이 아니며, 널리 동서 간 관계 조정이라는 시야에서 취급하지 않으면 안 됩니다. 저는 일중 쌍방이 관련

> 공통 인식에 서서 상호 입장을 존중하면서, 부여된 조건하에서 가능한 한 우호관계 수립에 힘써, 극동의 평화와 번영 확보를 도모해야 한다고 생각합니다(제36회 국회에서 이케다 총리의 시정방침연설, 外務省, 1961, 밑줄은 필자).

> 중화민국 정부와 정규 외교관계를 유지하면서, 중국 대륙과는 정경분리 원칙하에 무역을 비롯한 민간 베이스의 접촉을 보유해 가는 것이 우리 나라의 기존 방침입니다. 최근 중공 정권과 새로운 외교적 관계를 설정하자고 하는 국제적 움직임이 보이지만, 우리 나라로서는 아시아 그리고 세계의 평화 유지 관점에서 사태 추이와 국제 여론의 동향을 지켜보면서, 진중하게 대처할 생각입니다(外務省, 1964, 밑줄은 필자).

이처럼 경제선진국이라는 자기정체성의 바탕에서 일본은 '정경분리'라는 아이디어를 대중국 외교정책으로 공식 구안하는 유연성과 공간을 확보했다. 냉전기 공산국가와 자유 진영 사이에서, 안보와 정치를 제외한 경제 분야를 중심으로 대립이 아닌 공존이 가능하다는 아이디어는 일본이 직접 겪은 1950년대와 1960년대 경험에서 나온 것이었다.

(4) '피폭국' 일본

도쿄 올림픽 7일째 되는 1964년 10월 16일 금요일, 국내외 모든 관심은 도쿄 올림픽 경기 결과보다 일본 밖의 정치적 발표에 쏠렸다.

우선, 소련의 흐루쇼프(Nikita Khrushchyov)가 건강 악화를 이유로 총리직과 당 제1서기장 자리를 내려놓는다고 발표했다. 그 후임으로 총리에는 코시긴(Aleksei N. Kosygin)이, 제1서기장에는 브레즈네프(Leonid Brezhnev)가 취임한다고 보도되었다(동아출판사, 1964: 156).

그리고 중화인민공화국이 핵실험에 성공했다는 발표가 뒤따랐다.

세계 평화를 염원하는 올림픽 개최 분위기와 너무나 상반되는 실험이었다. 이로써 일본의 기대와 달리 1964년 역사에서는 일본의 도쿄 올림픽보다 중화인민공화국의 핵실험이 더 중요하게 부각되었다(그림 7 참조).

인접 국가인 중화인민공화국의 핵실험 소식은 일본에 1945년 히로시마(広島)와 나가사키(長崎)의 피해를 상기시켰다. 그것은 일본의 전쟁 가해국·피폭국의 양가적 자기 인식 중 피폭국의 정체성을 소환하는 계기가 되었다.

> 최근 수주간 국제관계에 중요한 영향을 미치는 많은 사건이 발생했습니다. 그중에서, 우리 국민에게 최대 관심사는 중공에 의한 핵폭발 실험이었다는 것은 말할 것도 없습니다. 우리 나라는 세계 유일의 원자폭탄재해국(原子爆弾被災国)으로서 시종일관, 여러 나라의 핵실험에 계속해서 반대해 왔습니다. 작년에 성립되어 이미 대다수 나라가 참여한 부분적핵실험금지조약은 전면핵실험금지에 이르는 역사적 제1보입니다. 우리 나라는 이 조약의 성립을 마음에서 축복했습니다. 그런데 우리 나라에 인접한 중공이 이와 같은 우리 국민의 염원과 세계의 추세를 무시하고, 핵실험을 감행한 것에 대해 저는 일본 국민의 이름으로 깊은 유감의 뜻을 표명하지 않을 수 없습니다. 저는 중공이 더는 핵실험을 중지하고, 신속하게 부분적핵실험금지조약에 참가할 것을 강하게 요구하는 바입니다(1964.11.21., 제47회 국회에서 사토(佐藤榮作) 총리의 소신발언 연설, 外務省, 1965).

중국의 핵실험으로 일본은 '원자폭탄재해국' 일본으로서 자기정체성을 확인하며, 중화인민공화국의 핵무기 실험 중지와 함께 부분적핵무기실험금지조약에 가입할 것을 촉구하고 유감을 표명했다.

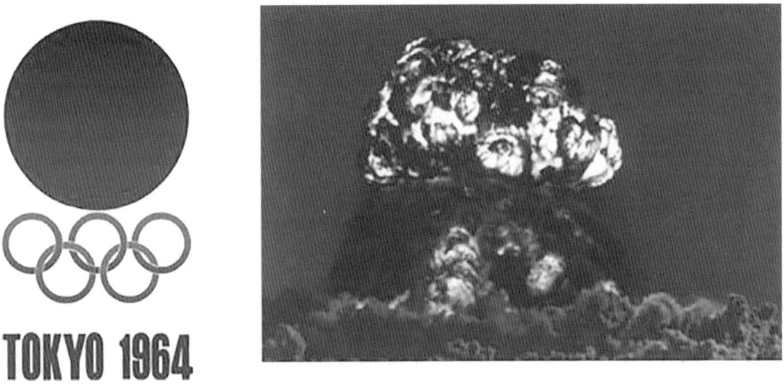

[그림 7] 1964년 도쿄 올림픽과 중국의 핵실험

*출처: IOC, 1964; 人民画报, 1965.

우리가 중시하고 싶은 점은 중공이 이미 성립된 부분적핵무기실험금지조약의 존재를 완전히 무시하고, 그것에 도전해, 감히 대기권 내에서 실험을 개시한 사실입니다. (중략) 현재 중공이 선택해야만 하는 길은, 부분적핵무기실험금지조약에 참가하고, 이를 보다 완전한 것으로 함으로써, 핵 군축 실현을 용이하게 하도록 협력해, 결코 다시 핵전력 보유를 기도하지 않는 것이어야 합니다. (중략) 저는 중공이 지금 세계 추세를 오인하지 않고, 금후 실험을 중지하는 것은 물론, 하루라도 빨리 동 조약에 참가할 것을 강하게 희망하는 바입니다. 또한 저는 우 탄트(U Thant) 유엔사무총장이 제안한 미영소불 그리고 중공 간 대화는, 18개국 군축위원회 등에서 교섭을 촉진, 특히 핵무기 실험의 전면적 금지 실현에 다소라도 실질적 기여를 한다고 기대할 수 있다면, 진중하게 검토하는 것이 옳다고 생각합니다(1964.12.4., 유엔 제19회 총회에서 시이나(椎名悦三郎) 외상 일반토의 연설, 外務省, 1965).

그러나 중화인민공화국의 국제사회에서 공식적 인정 문제 측면에서 본다면, 중화인민공화국의 핵실험 성공은 역설적이게도 '하나의 중국' 원칙을 실현시키는 전기를 마련했다. 핵 보유국은 국제기구 통제하에 있는 것이 안전하다는 논리에 따른다면, 중화인민공화국의 국제기구 가입은 '하나의 중국' 원칙 인정을 피해 가기 어렵기 때문이었다.

> 이와 같은 아시아의 정세에 대해 중국 대표가 매우 중요한 지위를 점하는 것은, 더 말할 필요가 없습니다. 우리 나라는 중국과 지리적·역사적·문화적으로 매우 밀접한 관계를 가지므로 본 문제의 심의는 그와 관련하는 모든 요소의 현실적이고 균형적인 평가에 서서, 신중하게 진행할 필요가 있다고 주장해 오고 있습니다(1964.12.4., 유엔 제19회 총회에서 시이나 외상 일반토의 연설, 外務省, 1965).

2) 자기정당화: 국제규범형 X 지역협력형

1962년 1월 19일 중의원 본회의에 참석한 이케다 하야토 총리는 중국 인정 문제에 대한 일본의 기본적 입장을 다음과 같이 설명한다.

> 중국 대표권 문제에 대해 유엔 총회에서 종래 다나아게 방식을 버리고, 실질적 토의에 들어간 것이 하나의 진전이라고 생각합니다. 이 문제는 현실에 입각해, 어디까지나 공정타당한 국제 여론에 기반해 대처해야 한다고 믿고 있습니다. 유엔 가맹국의 압도적 다수가 우리 나라의 제안에 동조하는 것은 우리 나라의 양식이 널리 지지된 것을 의미하는 것이며, 저는 유엔이 진중하고 공정하게 본 건의 사실적 심의를 계속해, 현명하고 용기 있게 그 해결을 제출하는 것을 아시아 및 세계의 평화와 진전을 위해 바랍니다.
>
> 우리 나라는 메이지 유신 이래, 스스로 후진성을 하루빨리 탈각해 위

대한 진보를 수행해 왔습니다만, 세계의 새로운 흐름에 진로를 오인해, 경솔하게도 무모한 전쟁을 강행하고, 비극적인 패전을 경험했습니다. 저는 아시아의 우호 제국이 이러한 전철을 밟지 않도록, 각각의 국민성을 중시하면서도, 유엔을 중심으로 여러 가지 문제의 평화적 해결을 도모하는 태도를 견지하고, 뛰어난 정치적·경제적 자립으로 건설적 노력을 계속하는 것을 충심으로 희망하는 바로, 저희로서도 능력이 있는 한 협력을 아끼지 않을 것입니다.

저는 일찍부터 외교와 내정은 일체불가분의 것이라고 확신을 피력해 오고 있습니다. 안에서 민주적 질서를 확립, 자유로운 경제 체제에 의한 풍요로운 경제력을 충실히 해, 처음으로 자유국가군의 일원임과 동시에 아시아의 일원이라고 하는 입장에 서서, 세계의 평화와 번영을 위한 우리 나라 독자의 공헌을 이루는 것이라고 생각합니다. 또한 그리하여 우리 나라의 국제적 신용 향상을 기대하는 것이 가능하다고 생각합니다. 국제 정국에 많은 어려움이 있습니다만, 국민 제군이 공명하고 관후한 정신을 가지고 정부의 외교정책에 건설적인 비판과 협력을 바라는 바입니다(国会会議録検索システム, 1962, 밑줄은 필자).

일본의 중국 인식과 자기 인식의 상호작용에서 나타난 발언들을 살펴보면, 1960년대 중국에 대한 일본의 자기정당화는 국제규범형과 지역협력형이 결합한 형태로 나타난다.

1964년 도쿄 올림픽 개최, OECD 가입, 유엔에서 중국 대표권 문제에 대한 주요사항결의안 제기 등 일본은 유엔을 비롯한 국제기구에 적극적으로 참가하고 활발한 활동을 보였다. 중화인민공화국의 도쿄 올림픽 참가는 결국 이루어지지 않았지만, 일본은 '세계 평화'나 '아시아의 화합'을 위해 중화인민공화국의 도쿄 올림픽 참여가 가능하다고 인식하고 있었다. 공산국가이기 때문에, 혹은 일본과 국교를 맺고 있지 않은 국가이기 때문에 참석할 수 없다는 이념 대립적 접근은 나타나지 않았다. 오히려 1960년대 전개되고 있던 정경분리에 기반한 무역관계 개선은 일본의 중화인민공화국에 대한 존재 확인 인정단계로의 진전을 보여 주었다. 일본은 중화인민공화국을 배제하지 않으려고 했다는 점에서 1950년대의 인식과 연장선상에 놓여 있지만, 보다 적극적으로 전개된 것이 1960년대의 특징이다.

일본은 자유 진영의 일원으로서 입장을 분명히 하면서도, 아시아의 일원으로서 아시아 지역협력에 참가해야 한다고 인식하고 있었다. 중화인민공화국과의 접근이 국제규범과 대립되지 않았다는 점이 1952년 샌프란시스코 강화조약에서 나타난 국제규범형과의 가장 큰 차이점이다.

이러한 차이는 국제규범형이 이념대립형이 아니라 지역협력형과 연계되어 나타난 것에서도 드러난다. 일본은 아시아 국가의 일원으로서, 아시아 지역의 발전에 '원조'를 제공하고 성장을 이끌어 나가야 한다는 의식을 두드러지게 표명했다. 국제규범형과 지역협력형의 접목이 가능했던 것은, 자유 진영의 일원과 아시아의 일원이라는 정체성이 조화를 이룰 수 있었던 '경제선진국 일본'의 정체성이 강하게 반영되어 있었기 때문이다.

경제선진국 일본으로서의 정체성은 자유 진영과 아시아의 매개 역할을 담당했고, 국제규범을 중시하면서 지역협력을 강조하는 일본의 외교정책으로 표상되었다. 그리고 중국 인정 문제에서도 경제 분야에서의 비정치성이 가능하다는 '정경분리' 정책에 입각한 경제 교류를 가능하게 하면서, 중화인민공화국 정부가 존재한다는 사실을 인정하는 방향으로 나아가게 했다. 중화민국의 권리 수용 인정을 유지하면서, 동시에 중화인민공화국에 대한 권리 확인 인정이 가능하다는 것을 확인했던 것이다.

3. 일본의 중국 인정: 중화인민공화국의 권리 확인

1952년 4월 28일 일본은 중화민국과 평화조약을 체결해 중화민국과 권리 수용 인정관계를 맺었다. 그런데 평화조약 체결 전후 일본 정부의 입장을 살펴보면, 중화민국과 평화조약을 맺었지만, 이는 중국 전체와 협정을 맺은 것은 아니라는 점을 여러 번 강조한다(吉田茂, 1958: 76). 일본 정부의 기본 인식은 하나의 정부만 선택해야 한다는 '하나의 중국'과 달리, 중화인민공화국과 중화민국 두 정부 모두를 인정할 수 있다고 본 것이다.

중화인민공화국은 일본과 중화민국의 조약을 비난하기는 했지만(毛里和子, 2006), 향후 일본과의 국교 수립을 촉구했다(鹿島平和研究所, 1983; 毛里和子, 2006). 일본과 중화인민공화국 상호 인정 요구는 민간경제 영역에서 가능성을 찾기 시작했고, 이는 1950년대 네 차례에 걸친 민간무역협정(民間貿易協定)으로 나타났다. 그러나 경제관계를 중심으로 한 '존재 확인 인정'이 이루어지는 가운데, 1958년 5월 2일 나가사키 국기 사건[9]이 발생해, 1958년 5월 12일 일본과 중화인민공화국 간 무

9 나가사키 국기 사건은 일부 민간 영역에서 중화인민공화국을 부정한 시도였는데, 이에 대한 일본 정부의 대처 과정에서 사실상 중화인민공화국의 권리 승인이 이루어지지 않은 상황임을 확인하게 한 사건이었다. 사건 경위는 다음과 같다. 1958년 5월 2일 일본 나가사키시의 한 백화점에서 개최되고 있던 중국상품 전시회에 게양되어 있던 중화인민공화국의 국기인 오성홍기를 일본 우익단체 청년이 끌어내리는 사건이 발생했다. 이 남자는 바로 체포되었으나 당일 석방되었다. 일본 정부가 중화인민공화국을 승인하지 않는 이상 오성홍기는 국기에 해당하지 않으므로 일본 형법 제92조의 외국국장손괴죄에 해당하지 않는다고 해석한 것이다. 이러한 일본 정부의 입장에 대해 중화인민공화국은 자신들을 적시하는 것이라며 강력하게 항의했다. 국기에 대한 모독을 이유로 사실 긍정 인정에서 부정 상태로 전환된 것이다. 결국 1958년 5월 12일 일본과 중화인민공화국 간 무역이 전면 정지되었다(최은봉·오승희,

역이 전면 정지되었다(田中明彦, 1996).

1958년 8월 중화인민공화국은 '정치 3원칙'을 제시해 단절 의지를 재확인했다. 정치 3원칙은 (1) 즉시 중국을 적시하는 언동과 행동을 정지하고, 다시 반복하지 않을 것, (2) '두 개의 중국'을 둘러싼 음모를 중지할 것, (3) 중일 양국의 정상적인 관계 회복을 방해하지 말 것이 그 내용이다(日本外務省中国課, 1970). 그런데 일본과 중화인민공화국 간 관계 단절은 중화인민공화국에도 타격을 주었다. 특히 중화인민공화국은 대약진운동의 실패로 극심한 경제적 곤란을 겪고 있어(田中明彦, 1996), 일본과의 경제 교류 단절이 경제발전에 큰 걸림돌이 되었다. 이에 1960년 8월 27일 저우언라이 총리는 '무역 3원칙'을 제시한다. 무역 3원칙이란 (1) 무역과 그 외 모든 협정은 정부 간 협정을 원칙으로 한다, (2) 불가능한 단계에서도 우호를 기초로 한 민간 기반의 거래는 가능하다, (3) 개별적 배려에 입각한 중소기업과의 무역은 계속한다는 것이 그 내용으로, 정부 간 협정, 민간 계약, 개별적 배려라는 세 가지 항목에 기반한 무역관계를 인정한 것이었다(鹿島平和研究所, 1983).

일본과 중화인민공화국의 무역 재개 효과는 1962년부터 나타나기 시작했다. 1962년 11월 9일 중화인민공화국의 랴오청즈(廖承志)와 일본의 다카사키(高碕達之助) 간에 각서가 체결되었고, 랴오청즈-다카사키의 이름을 딴 LT무역이 성립되었다. 이에 따라 1964년 8월 주재원의 외교관 대우를 부여하지 않는 연락사무소가 개설되었다. LT무역은 1962년부터 1967년까지 5년간 무역관계의 기반이 되었다. 또한 우호무역은 저우언라이 무역 3원칙 중 세 번째 항목에 근거해 시작되었다(外務省, 1963). 중화인민공화국의 국제무역촉진위원회, 일본 측의 일중

2019; 田中明彦, 1996).

무역촉진회와 일본국제무역촉진협회 그리고 국제무역촉진협회 간사이 본부를 중심으로 개별적 배려에 입각한 우호무역이 추진된 것이다. 이러한 경제협력을 기반으로 중일관계에서 존재 수용 인정이 이루어지고 있었다.

> 이케다 총리: 다만 중공과의 관계는, 아시는 대로 정부 간 무역협정이라는 것은 지금의 국제 환경에서 보아 저는 불가능하다고 생각합니다. 하지만 이것이 불가능해도, 민간에서 무역 확대에 대해서는 저는 충분히 확대하도록 노력해 가고 싶다고 생각합니다. 또한 재작년보다 작년, 작년보다 올해 점점 늘어나고 있는 것은 아시는 대로입니다(1962.8.13.).

경제협력을 기반으로 한 중일관계는 1960년대 '정경분리정책'[10]으로 공식화되었다(外務省, 1964). 그 시기에는 경제 부문의 비정치화를 무역관계뿐만 아니라 문화, 스포츠 분야에서도 반영하고자 했다. 일본은 중화인민공화국과 스포츠 교류 증진을 위해 노력했으며, 1964년 도쿄 올림픽에도 중화인민공화국의 참가가 가능하다고 판단해 적극 추진했다.

중국 인정 문제는 다른 어떠한 국제정치적 사안보다 일본 자신의 정체성 문제와 매우 밀접하게 연계되어 있다. 중국 인정 문제에 대한 일본의 대처에 패전국, 자유 진영으로서의 소속감, 아시아 국가로서의 인식, 경제선진국으로서의 역할론, 피폭국·가해국의 입장이 복합적으

10 정경분리정책에 관한 보다 자세한 연구는 서승원, 2011; 최은봉·오승희, 2019; 毛里和子, 2006; 入江昭, 1993; 田中明彦, 1996; 添谷芳秀, 1995; Armacost and Pyle, 2001; Halsti, 1986; Johnson, 1986; Oh and Choi, 2015 등 참조.

로 작용한다. 중국 인정 문제의 다층성으로 인해 일본은 어느 한 정부를 쉽게 선택할 수 없어, 일본의 외교정책 결정자는 현재의 복잡한 입장을 보다 명확하게 전달해 국민의 이해를 구할 필요가 생긴다. 그리고 중국 인정 문제에 대한 단계별 변화와 그에 연동되는 일본의 변용된 입장들은 각각 일본 자체의 인정투쟁 방식으로 표현되고 있다. 즉, 중국 인정 문제는 단순히 일본이 중국을 인정하는가의 표면적 선택 문제만이 아니라, 그 전면에 전후 일본이 국제사회에서 스스로 인정을 획득하기 위한 투쟁 과정이 투영되어 있는 것이다.

> (국제사회에서) 제가 받은 명예와 후대, 신뢰와 기대는 저 개인을 향한 것이 아니라, 일본 국민 전체에 의거한 것입니다. 패전에서 점령, 점령에서 독립으로, 국가 재건의 괴로운 길에 전념한 일본 국민 모두가 기울인 노력과 능력의 성과이며, 또한 그것이 반영된 것입니다. 이는 우리 나라가 자유와 민주주의하에서 비약적인 경제발전을 이루어, 근대국가로서 확고한 입장을 정해 세계의 중심에 섰다는 사실을 각국 국민이 높이 평가하고 있는 것과 이후 우리 나라가 한층 더 번영해 갈 가능성을 확신하고, 주목하고 있음을 보여 주는 것입니다(제44회 국회에서 이케다 총리의 소신표명 연설, 外務省, 1965).

이런 점에서 일본이 올림픽과 같은 국제 경기 대회만이 아니라 아시아 국가로서 가네포와 아시아 가네포에 참가한 것은 무엇을 의미하는가를 심층적으로 살펴볼 필요가 있다. 국제 올림픽에 문제를 제기하며 1964년 도쿄 올림픽 직전에 개최된 1963년 가네포는 분명 도쿄 올림픽을 성공적으로 진행하는 데 방해물이 될 수 있었다. 그럼에도 불구하고 일본이 가네포에 참가한 것은, 이 시기 일본이 아시아 일원으로서의 정체성 확립과, 아시아-아프리카 국가들로부터 아시아 국가로서 인정을 유도하고자 하는 의도가 강했기 때문이다. 일본은 가네포와 도쿄 올림픽 간 조율을 위해, 가장 우수한 선수는 도쿄 올림픽에, 차순위 선수는 가네포에 출전시키면서 IOC와 가네포의 갈등을 피하는 선택을 했다.

지금까지의 논의를 정리하면, 1960년대 일본의 자기확인은 중국에 대한 인식과 상호작용하며 다음과 같이 크게 네 가지로 나타났다. 첫째는 공산 중국과 대립하는 자유 진영 일본의 확인이다. 둘째는 아시아 중국과 이웃한 아시아 일본의 확인이다. 셋째는 경제도약국 중국과 경제선진국 일본의 확인이다. 넷째는 핵보유국 중국과 피폭국 일본의 자기확인이다.

이와 같은 전후 일본의 네 가지 국가정체성 및 자기 인식은 중화인민공화국의 권리 인정정책에 투사되어 나타난다.

우선, 기존에 탈아와 환아로 대립될 수 있었던 자유 진영 일본과 아시아 국가 일본이 혼성화되기 시작했다. 1960년대 접어들어 자유 진영의 일원으로서 일본의 국가정체성과 아시아 국가로서 일본의 정체성은 중국 인정정책이 대립 구도에서 차츰 병립 구도로 변화한 원인이 되었다. 여기서 매개로 기능한 것이 바로 경제선진국으로서 일본의 정체성이다. 이 시기에 일본은 경제선진국 일본이 아시아의 대표로서 아시아의 경제발전을 이끌어 나가야 한다는 자기 역할 규정을 분명히 했다. 동시에 1950년대 중후반과 1960년대 초반에는 중소관계의 변화 등으로 경제도약국으로서 중국의 외교적 의지가 표면화되었다. 경제적 이해관계 측면에서 일본과 중국 간 접점이 발견되었고, 양국은 정경분리를 통해 경제의 상보성을 찾을 필요성을 인식하기 시작했다.

1964년 일본은 유엔을 비롯한 국제기구에 적극 참가해 활발한 활동을 보였다. 1964년 도쿄 올림픽 개최, OECD 가입, 유엔에서 중국 대표권 문제에 대한 주요사항 결의안 제기 등 국제기구에서 적극적으로 역할을 수행했다. 특히 1964년 도쿄 올림픽을 개최하면서 국제적으로 경제선진국으로서 일본과 아시아 대표로서 일본이 조화될 수 있음을 보여 주려 했다. 비록 중국의 참가는 이루어지지 않았으나 1964년은 양국 이해관계의 잠재적 교차점과 미약하게나마 상호 인정의 중요성을 인식하는 계기가 되었다. 다른 한편, 피폭국으로서 일본의 정체성은 중화인민공화국의 핵실험으로 대립적 정체성 구도가 형성되는 원인이 되기도 했지만, 전후를 극복해 평화국가 일본으로 전환하는 인정투쟁의 의미가 강화되었다. 또한 역설적이게도 이 핵실험 때문에 중화인민공화국을 국제규범 내에서 통제하고 대응해야 한다는 접근이 중시되어, 중화인민공화국을 국제사회의 일원으로 인정하는 정책으로 수렴하게 되었다.

1964년 10월 24일, 제18회 도쿄 올림픽은 막을 내렸다. 아시아에서 처음 열린 세계 제전은 일본을 세계 속에 다시 한번 각인시키고, 일본 스스로도 국가정체성을 확인하는 계기를 마련했다. 1964년에 추진된 OECD 가입, IMF 총회 개최, 신칸센 개통, 첨단 과학기술에 기반한 올림픽 개최는 일본의 위상을 대외적으로 발신하는 계기가 되었다.[11]

> 지난 10월 개최된 올림픽 도쿄 대회는 우리 나라의 새로운 자세를 세계인들에게 나타내는 것 이상으로, 매우 큰 역할을 했습니다. 대회를 기회로 방일한 모든 사람은 질서 있는 대회 운영과 예의 바르고 친절한 우리 국민의 미풍을 접했고, 전 세계 신문은 이를 칭송하는 제목으로 가득합니다. 이는 전적으로 국민 각위의 협력에 의한 것이며, 외상으로

11 코로나19로 인해 2021년 개최된 제32회 도쿄 올림픽 역시 부흥과 재생, 환경보호 등의 가치를 담은 일본의 인정투쟁 모습을 담고 있다.

서 깊이 감사드립니다(1964.11.21., 제47회 임시국회에서 시이나 외상의 외교 연설, 外務省, 1965).

4. 외교 전략: 쌓아가기, 경계짓기

1964년 도쿄 올림픽 개최 과정에서 보여 준 일본의 중국 인정 문제에 대한 입장에서는 쌓아가기와 경계짓기의 외교 전략을 확인할 수 있다.

우선, 쌓아가기 기술은 일본이 경제 분야를 중심으로 중화인민공화국과의 관계를 발전시켜 나가는 과정에서 나타난다. 이 기술은 일본에서는 즈미아게, 중국에서는 인민외교, 그 외 민간외교, 경제외교 등으로 표현되는데, 양국 간 협력을 강조하고 과정을 중시하면서 규범적 성향을 표면화하는 자기정당화가 두드러졌다.

> 종래 중국 문제에 대해서는 국내에서도 자칫하면 문제의 복잡성을 충분히 고려하지 않고 막연히 주체성 없는 논의가 이루어져, 오히려 우리 국익에 반하는 결과를 발생시킬 위험이 있었지만, 정부로서는 이번 유엔 총회에서 처음으로 중국 대표권 문제에 대해 실질적 논의가 이루어진 것도 생각하며, 국외 여론이 향한 바를 주시하면서, 극동의 안정과 세계 평화에 공헌한다는 방침하에 이 문제를 구체적으로 검토해 나가고 싶다고 생각합니다. 또한 중국 대륙과의 무역 문제에서는 쌍방의 국민 경제에 필요한 물자 교류가 확대되기를 희망하는 것은 말할 것도 없습니다(제40회 국회에서 고사카 외상의 외교방침 연설).

일본의 중국 인정 문제에서 국제사회 여론을 고려하는 것에 대해 이노우에(井上正也)는 일본이 자유 진영과의 정책 협조를 도모하는 동시에 유엔에서 중국 대표권 문제의 주도권을 서구 제국의 손에 맡기려고 한 것이었다고 설명한다(井上正也, 2010). 이것은 또한 중국 인정 문제에 대한 소극적 태도를 국제사회의 책임으로 돌리려 한 것으로 해석될 수도 있다. 일본은 자신의 선택이 국제 여론을 고려한다면서도 이를 그대로 반영하기보다 자국의 정치적 고려를 정당화하기 위한 표상으로 이용했다. 국제규범형이 이념대립형과 조화될 수도 있고 지역협력형과 조화될 수도 있다는 것은, 국제규범이 상당히 주관적으로 인식될 수 있음을 보여 준다. 국제규범을 인식하고 결정하는 데는 결국 정치적 인식이 우선되며, 국제규범으로 내세우는 외교적 위선이 작용하고 있음을 보여 주는 것이다.

그리고 일본 외교의 경계짓기는 1960년대 일본의 대중 정경분리 정책으로 전개되었다. 물론 정치와 경제는 사실상 분리되지 않았다. 1964년 도쿄 올림픽 참가 문제에서도 볼 수 있듯이, 비정치적 영역에서도 정치성이 작용하고 있었다. 그럼에도 불구하고, 일본은 정치와 경제가 분리될 수 있다는 경계짓기 기술을 사용했다.

정경분리는 일본의 중국 인정정책의 맥락에서 나타난 것이다. 1960년대 일본은 자유 진영과 아시아의 매개자로서 일본, 경제선진국 일본으로서의 정체성을 확보하고 일본의 가치 확인 인정을 추구하기 시작했다. 따라서 중화민국의 권리 승인 인정을 부여하는 가운데, 중화인민공화국의 권리 확인 인정단계로 진전시켜 나갈 필요가 있었다.

그러나 일본의 중국 인정정책은 하나의 중국론과 충돌하는 것이었다. 일본은 이에 대해 하나의 중국론의 존재는 인정하면서도, 존재 수용은 부정하는 입장을 나타내었다. 일본이 하나의 중국론의 존재를 인정한 것은, 하나의 중국이 전후 탈식민주의와 민족국가 형성이라는 규범을 내세우고 있었기 때문이다. 중화인민공화국은 하나의 중국론에 대한 부정을 민족국가 형성과 내정간섭으로 규정했는데, 특히 가해국이자 패전국 일본으로서는 이를 부정하기 어려웠다. 동시에 일본은 1952년 중화민국을 인정한 외교적 선택을 부정할 수 없었다. 이 역시 일본이 주권국가로서 합법적 권리 행사를 부정할 수 없었기 때문이다.

하나의 중국론의 수용을 부정하면서도, 하나의 중국론이 가진 민족 분리의 도덕적 비난을 회피하기 위한 기술로, 정치와 경제의 분리가 제안되었다. 민족 분리가 아닌, 영역 분리인 셈이었다. 일본은 중국 인정 문제에서 나타나는 현실과 주장의 괴리를 쌓아가기와 경계짓기 기술로 극복해 나가고자 했다.

5. 소결: 도쿄, 1964

1964년 도쿄 올림픽을 전후로 일본은 경제선진국으로 인정받기 시작했다. 또한 피폭 경험을 바탕으로 평화국가 정체성을 발전시켜 나가기 시작했다. 경제발전의 자신감은 자유 진영과 아시아의 매개 국가로서 일본의 정체성을 형성했고, 1964년 도쿄 올림픽은 아시아의 대표로서 일본의 모습을 국제사회에 드러내는 계기가 되었다.

이러한 가치 확인을 향한 인정투쟁 과정에서 대중정책은 정경분리라는 독특한 아이디어가 반영되었고, 이것은 중화인민공화국의 권리 확인 인정, 중화민국의 권리 수용 인정으로 나타났다. 두 개의 중국 정부를 인정하려는 일본의 대중 인정정책이 지속되는 가운데, 일본은 하나의 중국론 수용을 인정하지 않았다.

국제규범형 중심의 자기정당화는 1960년대 지역협력을 강조하는 해석으로 나타났다. 지역협력과 국제규범이 맞물린 일본의 자기정당화는 자유 진영과 아시아 국가 일본의 혼성화된 정체성을 기반으로 했다. 여전히 하나의 중국론을 인정하지는 않았지만, 중화인민공화국과 중화

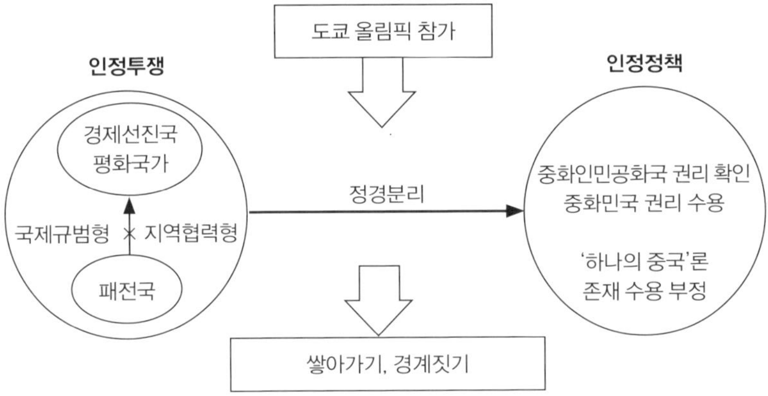

[그림 8] 1964년 일본의 인정투쟁과 중국 인정정책

민국에 대한 인정 심화가 나타났다. 일본의 자기 인정투쟁이 중국에 대한 인정과 조화될 수 있었기 때문이다. 그 결과, 1960년대 일본의 변화된 자기정당화 과정에서 쌓아가기와 경계짓기의 외교적 기술이 두드러지게 나타났다. 이상의 논의를 정리하면 [그림 8]과 같다.

제4장 중국의 유엔 대표권 문제

> 유엔에서 합법적인 중국의 대표는
> 오직 중화인민공화국 정부 대표임을 인정하며
> 유엔 및 관련 조직을 불법적으로 차지하고 있는
> 장제스 대표를 즉시 추방하기로 결정한다(유엔 총회 결의 2758호(XXVI).

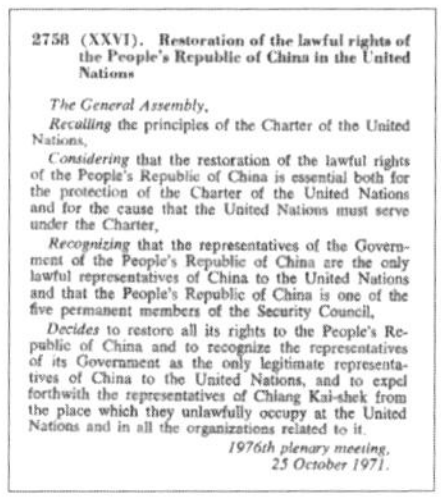

2758 (XXVI). Restoration of the lawful rights of the People's Republic of China in the United Nations

The General Assembly,

Recalling the principles of the Charter of the United Nations,

Considering that the restoration of the lawful rights of the People's Republic of China is essential both for the protection of the Charter of the United Nations and for the cause that the United Nations must serve under the Charter,

Recognizing that the representatives of the Government of the People's Republic of China are the only lawful representatives of China to the United Nations and that the People's Republic of China is one of the five permanent members of the Security Council,

Decides to restore all its rights to the People's Republic of China and to recognize the representatives of its Government as the only legitimate representatives of China to the United Nations, and to expel forthwith the representatives of Chiang Kai-shek from the place which they unlawfully occupy at the United Nations and in all the organizations related to it.

1976th plenary meeting,
25 October 1971.

[그림 9] 유엔 총회 결의 2758호(XXVI)

중화인민공화국은 1960년 중반, 핵보유국으로의 전환과 아시아와 아프리카 지역과의 협력 및 지지를 바탕으로 국제사회에서의 주요한 행위자로 부상했다. 그 결과, 1971년 국제사회 대표 기구인 유엔에 가입하면서 마침내 중화인민공화국이 중국 대표 정부로 인정받았다. 1949년 중화인민공화국 설립 이후 22년이 지나서야 유엔 회원국으로 인정받은 것이다(그림 9 참조).

일본 정부는 양자관계에서 중국 인정 문제와 함께 유엔에서 어느 정부를 중국 대표로 인정해야 하는가 판단을 내려야 했다. 중일 국교정상화와 유엔에서 중국 인정 문제는 별개 사안이지만, 선후관계를 염두에 두고 함께 고려하지 않을 수 없었다. 일본 내 중화인민공화국을 지지하는 입장에서는 중화인민공화국이 유엔에 가입하기 전 일본이 중화인민공화국과 국교정상화를 해야 한다고 주장했다. 1960년대 초 이케다 총리가 일본의 중국 인정 문제는 국제사회의 조류를 참고해 결정하겠다는 입장을 정립한 이후, 중일 국교정상화는 유엔에서 중국 인정 문제와 더욱 밀접하게 연계되었다.

중일 국교정상화가 가능했던 요인에 대해서는 다양한 논의가 존재한다. 일반적으로 대외변수로서는 핑퐁 외교와 닉슨 대통령의 베이징 방문 등 미중 화해가 주요한 요인으로 다루어져 왔다. 국내변수로서는 다나카 총리의 정치적 역량을 가장 중요한 요인으로 설명한다. 그런데 1950년대 이후 일본 외교의 국제규범형에 기반한 중국 인식을 고려한다면, 1971년 중화인민공화국의 유엔 가입은 중일 국교정상화의 주요한 변수가 될 수 있다. 이노우에도 중일 국교정상화 과정에서 중화인민공화국의 유엔 가입을 중요한 요인으로 설명한다(井上正也, 2010). 이는 기존에 중일관계를 설명할 때 미중관계 중심으로 설명하거나 국내 개인 행위자를 중심으로 설명했던 것과 달리, 전후 일본 외교의 연속선상에서 변화를 어떻게 접목시키는가에 대한 새로운 설명을 가능하게 한다.

유엔에서 중국 인정 문제는 중일 국교정상화 요구와 연계되는 국내정치적 중요성도 가질 뿐만 아니라, 유엔 안전보장이사회 5개 상임이사국 중 한 자리를 결정하는 것이기 때문에 일본 정부에는 중요하고 민감한 문제였다. 이 시기 중국 인정 문제에 대한 일본의 방침을 결정하는 가장 중요한 요인은 국제사회의 추이였다. 특히 유엔에서 중국 인정 문제는 일본에 가장 중요한 관심사였다. 이 장에서는 1949년 이후 전개되어 온 유엔 내 중국 인정 문제의 흐름에서 일본의 인식과 결정 변화 과정을 살펴본다.

1. 중화인민공화국의 유엔 가입 결의안에 찬성할 것인가?[12]

1971년 10월 26일 유엔은, 중화인민공화국을 중국을 대표하는 유일한 합법정부로 인정하면서, 중화인민공화국은 안전보장이사회의 상임이사국 지위를 획득하며 모든 권리를 '회복'하는 반면 '장제스 대표'의 중화민국은 불법으로 점거했던 유엔과 관련 기구 자리에서 추방하기로 결정했다(A/RES/2758(XXVI)). 1949년 10월 1일 중화인민공화국 성립 이후 20여 년간 유엔 내 중국 인정 문제의 역사적 흐름을 살펴보고, 1970년대 초반의 변화와 일본의 문제의식을 확인한다.

중국은 1949년 11월 18일 중화인민공화국을 중국 인민을 대표하는 유일한 정통정부로 인정하고, 동시에 중화민국 대표의 법적 지위를 박탈할 것을 유엔에 요구했다. 그리고 1949년 12월 8일, 제4차 유엔 총회에서 '극동 국제관계의 안정 증진(Promotion of the Stability of International Relations in the Far East)'이라는 제목의 결의안(A/RES/291(IV))이 채택되면서 유엔의 중국 인정 문제에 대한 기본 원칙이 수립되었다.

결의안은 유엔의 모든 국가가 (1) 중국의 정치적 독립을 존중하고 중국과의 관계에서 유엔의 원칙에 따르고, (2) 현재 그리고 앞으로 중국인들이 정치적 제도를 자유롭게 선택하고 외국의 지배로부터 독립적 정부를 유지할 수 있도록 중국 인민의 권리를 존중하고, (3) 중국과 관련된 기존 조약들을 존중하며, (4) 중국 영토 내에서 영향권을 획득하거나 외국이 지배하는 레짐을 창출하지 말 것, 중국 영토 내에서 특권을 추구하지 말 것을 요구했다.

12 중국의 유엔 가입 문제에 관해서는 오승희, 2017; 오승희·최은봉, 2014; 최은봉·오승희, 2019에 게재된 내용을 바탕으로 수정 및 재구성한 것임을 밝힌다.

이 결의안이 채택된 제4차 유엔 총회에서는 1945년 8월 14일 소련과 중화민국이 체결한 중소우호동맹조약에 대해서도 논의했다. 유엔은 같은 날 결의안 A/RES/292(IV)를 통해 소련이 중국의 정치적 독립과 영토의 통합, 그리고 극동의 평화에 위협이 된다고 비난했다.

중화인민공화국은 1950년 5월, 중화인민공화국 정부가 중국의 유일한 합법정부임을 주장했다. 이후 유엔에서는 '총회에서 중국 대표 문제(Question of the Representation of China in the General Assembly)'라는 제목으로 논의가 진행되었다. 이 논의에서는 중화인민공화국 정부에 중국 대표 자격이 부여되어야 한다는 결의안이 제출되었으나, 미국 등의 반대에 부딪혀 폐기되었다.

주목해야 할 결의안은 A/RES/396(V)으로, 여기서 유엔에 의한 회원국 대표 인정 문제에 관해 '하나 이상의 정부가 대표임을 주장할 때는 헌장과 상황에 따라 고려'할 것임을 명시했다. 이 구문은 이후 나타나는 중국 대표 문제 결의안에 기본 조항으로 원용된다. 총회에서는 중화인민공화국의 유엔 가입안에 상이한 의견들이 있음을 주지하고, 중국 대표권을 심의하기 위해 7개국으로 구성된 특별위원회[13]가 결정을 내릴 때까지 중화민국이 의석을 유지하는 것으로 결정되었다(A/PV.320).

제5차 총회에서는 1950년 한국전쟁 관련 논의를 위해 안보리에서 한국 관련 유엔 사령관의 특별 보고서 위원회가 열리는 동안 중화인민공화국이 참석할 수 있도록 초청하기도 했다(A/RES/490(V)).

그리고 1953년 제8차 총회부터 1960년 제15차 총회까지 중화민국을 배제하고 중화인민공화국 정부의 의석을 요구하는 제안은 정규

13 1950년 12월 12일 열린 제320회 총회에서 특별위원회의 7개국으로 캐나다, 에콰도르, 인도, 이라크, 멕시코, 필리핀, 폴란드가 임명되었다.

회기에서 고려하지 않기로 결정했다. 일본 정부를 이를 다나아게(棚上げ) 안이라고 표현했다.

1961년부터는 중국 인정 문제에 대한 본격적인 논의가 진행되었다. 그 배경에는 유엔의 새로운 주요 회원국으로 등장한 이른바 제3세계 국가들이 있었다. 이들이 중화인민공화국에 대해 우호적인 입장을 견지한 것이다. 1960년에는 카메룬, 토고, 마다가스카르, 소말리아, 콩고(leopoldville), 다호메이(현 베냉 남부), 니제르, 상부 볼타, 코트디부아르, 차드, 콩고(Brazzaville), 가봉, 중앙아프리카 공화국, 사이프러스, 세네갈, 말리, 나이지리아가, 1961년에는 시에라리온, 몽골, 모리타니, 탕가니카가 유엔에 신규 가입했다(UN, 2014). 이후 소련이 중화민국을 배제하고 중화인민공화국이 의석을 차지하도록 대표 파견을 권장하는 결의안을 제출했고, 이를 다소 완화해 캄보디아, 실론(현 스리랑카), 인도네시아가 중화인민공화국의 의석을 지지하는 내용을 포함한 결의안을 제출했다. 이에 대항해 미국과 일본 등 중화민국을 승인하고 있는 국가들은 결의안 A/RES/396(V)과 헌장 제18조에 근거한 중요사항 지정 방식을 원용하며 중국 대표 문제는 중요 문제이므로 3분의 2 이상의 찬성을 얻어야 한다는 내용의 결의안을 제출했고, 이것이 채택되었다.

이후 1963년부터 이른바 '알바니아 안'으로 불리는 '유엔에서 중화인민공화국의 법적 권리 회복(Restoration of the Lawful Rights of the People's Republic of China in the United Nations, agenda item 93)'이라는 제목의 결의안이 지속적으로 제기되고, 이에 대항해 미국과 일본 등이 공동제안한 '유엔의 중국 대표(Representation of China in the United Nations, agenda item 96)'라는 제목의 중요사항 지정 방식의 결의안이 대립했다.

1964년 중화인민공화국과 프랑스가 국교정상화를 맺고, 중화인민공화국이 핵실험에 성공하면서 중국 인정 문제가 전환점을 맞았다. 특히 중국은 유엔 상임이사국인 프랑스는 물론, 프랑스를 통한 아프리카 대륙과의 외교에 박차를 가할 수 있게 되었다. 1965년에 알바니아 안에 대한 찬성과 반대가 47표로 동수를 이루고, 1966년에는 두 개의 결의안에 더해 중국 대표권의 공평하고 실제적인 해결을 위한 위원회 창설을 권고하는 이탈리아 안과 이 위원회 안을 중요 사항으로 지정하려는 시리아 안이 제기되는 등 유엔 내에서 중국 인정 문제에 대한 활발한 논의가 진행되었다.

국제사회에서 중국 인정에 대한 변화가 나타난 시점을 살펴보면 다음과 같다. 우선 1964년은 중화인민공화국의 위치에 대해 중대한 의문이 제기된 때이다. 1964년 10월 중화인민공화국은 1차 핵실험을 실시했다. 그리고 곧이어 비동맹회의에서 중화인민공화국의 유엔 가입 지지를 권고했다. 1965년 유엔 총회에서 이를 원용한 알바니아 안 투표 결과 찬성국 수와 반대국 수가 동일하게 나타났다. 그러나 일본은 핵무기 실험을 강력히 비난하며 아시아에서 중국 인정 문제를 우려했다.

이후 문화대혁명이 전개되면서 중화인민공화국을 지지하는 의견이 다시 감소했다. 1968년 10월 유엔 총회에서 일본은 중국의 동향이 아시아 및 세계에 중대한 영향을 준다는 점을 강조하며 국제사회의 책임과 의무를 인식하고 세계 평화를 위해 건설적 역할을 하는 협조 가능한 중국을 희망한다고 견해를 밝혔다.

그런데 1969년 말 캐나다와 이탈리아에서 중화인민공화국을 승인하려는 움직임이 나타났다. 결국 캐나다는 1970년 10월 13일, 이탈리아는 1970년 10월 15일 중화인민공화국과 외교관계를 수립했다. 일본은 캐나다와 이탈리아의 중국정책에 주목했다. 특히 캐나다의 경우 미국의 정치적 제약 아래 있으면서도 중화인민공화국과 경제적 교류를 추진해 나갔다는 점에서 일본에 시사하는 바가 많았다(井上正也, 2010).

1970년에는 이러한 변화가 가시적으로 나타났다. 제25차 유엔 총회에서 알바니아 안이 중요 사항 지정안에 의해 부결되기는 했지만, 찬성표(51표)가 반대표(49표)를 처음으로 상회했다. 다음 해인 1971년 제26차 유엔 총회에서는 중화민국 추방 결의안을 중요 문제로 지정하는 내용의 결의안이 부결되고, '유엔에서 중화인민공화국의 법적 권리 회복' 결의안이 찬성 76표, 반대 35표로 58%의 득표를 얻어 마침내 통과되었다.

유엔의 결정은 국제사회에 큰 변화를 가져왔다. 무엇보다 중국과의 외교관계가 대폭적으로 재조정되었다. 중화인민공화국과 외교관계를 수립하는 국가가 급증했으며, 이와 동시에 이들 국가와 중화민국의 공식적 외교관계는 단절되었다.

가장 먼저 중화인민공화국을 인정한 것은 소련이었고(1949.10.3.), 대부분의 공산 진영 국가가 1949년 중화인민공화국 성립 이후 얼마 지나지 않아 베이징 정부와 국교를 맺었다. 자유 진영의 경우 영국이 중국 대륙과의 관계를 중시하며 1950년 1월 6일 중화인민공화국을 승인했으나, 실제 대사관 교환 등은 이루어지지 않았고, 1972년 3월 13일 중화인민공화국이 유엔에 정식 가입한 이후 실질적인 외교관계를 수립했다. 실질적으로 서방 국가 중 가장 먼저 중화인민공화국을 승인한 것은 스웨덴이었다(1950.5.9.). 프랑스(1964.1.27.)와 캐나다(1970.10.13.)는 유엔 가입 이전에 중화인민공화국을 인정했고, 유엔 가입(1971.10.25.) 이후 이를 인정하는 국가가 증가했다. 일본은 1972년 9월 28일 중화인민공화국과 공동성명을 발표했고, 미국은 1979년 1월 1일부터 중화인민공화국과 외교관계를 수립했다. 한국과 중화인민공화국 간 국교는 1992년 8월 24일 이루어졌고, 최근에는 남수단, 파나마, 도미니카 공화국, 솔로몬 제도 등이 중국과 수교를 맺었다. 2023년 기준, 중화인민공화국은 181개 국가 및 정부(팔레스타인 포함)와 수교를 맺고 있으며, 14개국만이 중화민국을 인정하고 있다(中华人民共和国外交部, 2023).

그러나 중화인민공화국이 유엔에 가입하는 과정에서 가장 큰 걸림돌이 된 것은 미국과 일본이었다. 미국과 일본은 유엔의 중국 인정 문제에 대해 다양한 방식으로 이의를 제기해 중화인민공화국의 가입을 무산시켜 왔다. 두 국가는 1971년 중화인민공화국의 유엔 가입이 이루어진 해에도 가입 결의안에 반대표를 행사했다.

유엔의 중국 인정 문제에 대한 역사를 살펴보면, 중화인민공화국의 가입이 이루어지기 1년 전인 1970년에, 유엔에서 중국 인정 문제에 대한 회원국들의 입장 변화가 두드러지게 나타났다(표 7). 중화인민공화국의 유엔 가입을 지지하는 의견이 반대하는 의견을 상회한 것이다. 만약 3분의 2 이상 찬성이 필요한 중요 문제 결의안이 채택되지 않았더라면, 중화인민공화국의 유엔 가입은 1970년에 이루어졌을 것이다. 문제는 그다음 해의 선택이다. 1971년 유엔 총회에서 각 국가들은 어떠한 선택을 해야 하는가? 기존 입장을 고수할 것인가, 아니면 중화인

[표 7] 주요국의 중국 대표권 문제 관련 유엔 총회 결의안 투표 결과(1965-1971)

연도	1965	1966	1967	1968	1969	1970	1971
총회 회기	20차	21차	22차	23차	24차	25차	26차
결의안	A/RES/ 2025	A/RES/ 2159	A/RES/ 2271	A/RES/ 2389	A/RES/ 2500	A/RES/ 2642	A/RES/ 2758
다수의견	Y (47.9%)	Y (54.5%)	Y (56.6%)	Y (57.9%)	Y (56.3%)	Y (52.2%)	Y (58.0%)
중국	Y	Y	Y	Y	Y	Y	-
미국	Y	Y	Y	Y	Y	Y	N
일본	Y	Y	Y	Y	Y	Y	N
소련	N	N	N	N	N	N	Y
프랑스	N	N	N	N	N	N	Y
영국	Y	Y	Y	Y	Y	Y	Y
캐나다	Y	Y	Y	Y	Y	Y	Y
이탈리아	Y	Y	Y	Y	Y	Y	Y

* 출처: The United Nations, 2013; 日本外務省, 『外交青書』 1966-1972년 참조, 필자 작성.

민공화국의 유엔 가입을 받아들일 것인가? 아니면 다른 대안을 제안할 것인가?

분명 국제사회에서 중국 인정 문제에 대한 흐름은 다변화되었다. 아래에서는 일본은 어떠한 타자 인식과 자기확인을 바탕으로 중화인민공화국의 유엔 가입 결정을 내렸는지 살펴본다.

2. 일본의 중국 인식

1970년대 초 중국 인정 문제에 대처하는 일본 정부의 일반론은 "국제정세 동향을 확인하면서, 국제 신의를 중시하고, 국익을 보호하며, 극동의 긴장 완화에 도움이 되는 관점"을 고려한다는 것이다(国会会議録, 1970).

일본은 '대만해협을 경계로 마주하고 있는 두 개의 중국 정부가 있다는 사실'을 강조하고, 두 정부 모두를 인정해야 한다고 주장했다. 중화민국 정부는 '높은 생활 수준을 향유하는 1,400만 이상의 인구를 실효적으로 지배'하고 있고, 중국 본토의 중화인민공화국은 '7억여 명의 인구를 실효적으로 지배'하고 있다. 1971년에 중화민국과 외교관계를 맺은 국가는 60개국, 중화인민공화국과 외교관계를 맺은 국가는 65개국으로, 중화인민공화국의 역전이 시작되었다. 그렇다면 1970년대 초, 일본은 중국과 일본을 어떻게 인식하고, 어떠한 결정을 했는지 살펴보자.

1964년 10월 중화인민공화국이 핵실험에 성공한 이후 중국에 대한 일본의 인식이 변화하기 시작했다. 게다가 1964년 10월 비동맹회의에서는 중화인민공화국의 유엔 가입 지지를 권고했다. 1965년 유엔 총회에서는 중화인민공화국을 지지하는 알바니아 안 투표 결과, 찬성국

수가 증가해 반대국 수와 동수를 이루었다. 이에 일본은 중화인민공화국의 핵무기 실험을 강력하게 비난하고, 아시아에서 중국 인정 문제를 우려하기 시작했다.

이후 문화대혁명이 전개되면서 중화인민공화국을 지지하는 의견은 다시 감소했다. 1968년 10월 유엔 총회에서 일본은 중국의 동향이 아시아 및 세계에 중대한 영향을 준다는 점을 강조하며 국제사회의 책임과 의무를 인식하고 세계 평화를 위해 건설적 역할을 하는 '협조 가능한 중국'을 희망한다는 견해를 밝혔다.

그러나 1969년 말, 캐나다와 이탈리아에서 중화인민공화국을 인정하려는 움직임이 나타났다. 결국 캐나다는 1970년 10월 13일, 이탈리아는 1970년 10월 15일 중화인민공화국과 외교관계를 수립했다. 일본은 캐나다와 이탈리아의 중국정책에 주목했다. 특히 캐나다의 경우 미국의 정치적 제약을 받으면서도 중화인민공화국과 경제적 교류를 추진해 나갔다는 점에서 일본에 시사하는 바가 많았다(井上正也, 2010). 그러나 이것이 중국정책의 직접적 변화로 이어지지는 않았다. 일본은 "중국과의 역사적 관계와 지리적 근접성으로 인해 단순명료한 중국정책을 취하는 것은 불가능"하다며 변화에 조심스러운 입장을 보였다(国会会議録, 1970).

1970년 11월 19일 제25회 유엔 총회에서 마침내 알바니아 안을 지지하는 표가 과반수를 넘었다. 일본 국내외에서 중국 대표로 중화인민공화국을 인정하지 않을 수 없다는 의견이 두드러지기 시작했다. 일본 정부 역시 이러한 추세를 중요한 변화로 인식했고, 제25회 유엔 총회 이후 국제사회의 변화에 대응책을 마련했다(国会会議録, 1970).

최근 아시아 국가들에서 경제발전도 국내 기반 강화 움직임을 봐야 하며, 또한 지역협력 추진 움직임에서도 서로 상호 연계 혹은 자조 세력의 고조가 눈에 띕니다. 하지만 전체로 보면, 아시아 정세는 금후 더욱 유동적 추이를 보일 것으로 예상되지만, 그중에서도 중국 문제는 아시아에서 가장 큰 문제입니다.

이전에 캐나다에 이어 이탈리아가 베이징 정부와 국교를 수립했습니다. 우리 나라로서는 이번 유엔 총회의 동향이나 금후 국제정세에 유의하면서, 국제신의를 중시하고, 국익을 지키며, 극동의 긴장 완화에 도움이 되는 관점에서 진중하게 이 문제에 대처해 가야 합니다(제64회 국회에서 사토 총리의 연설, 国会会議録, 1970).

1971년 7월 닉슨의 중국 방문 발표로 미중관계의 변화가 표면으로 드러나면서 중화인민공화국의 유엔 가입 실현 가능성이 높아졌다. 일본은 중국과의 관계에서 미국보다 앞서 있다고 생각해 왔기 때문에 이것을 더욱 충격적으로 받아들였다. 일본은 미국 정부가 중국에 대한 인식과 정책의 변화를 일본과 충분히 공유하지 않는다는 점에서 우려하고 있었다(보걸, 2021: 384). 결국 일본 정부는 이후의 유동적 국제정세에 따라 유연하게 대처할 것이라는 입장을 발표했다(国会会議録, 1971).

그리고 1971년 제26회 유엔 총회에서 결의안 표결을 앞두고, 일본은 중화인민공화국을 유엔 회원국 및 상임이사국으로 인정한다고 발언했다. 인용된 부분을 살펴보면, 일본은 중화인민공화국의 권리 수용에 대해 인정 부여 단계로 나아간 것으로 확인된다.

저희는 수년간 조성해 온 극동 정세의 현실을 반영하는 데 인색하지 않습니다. 우리는 지금이야말로 중화인민공화국 정부가 유엔에 참가하는 시기가 도래한 것을 확신하는 바입니다. 아시아 정세는 개선 방향으로 움직여 왔다는 것을 인정하며, 또한 이와 같은 정세의 일환으로서 중화인민공화국의 대외정세가 유연해진 것을 살펴 왔습니다. 게다가 국제사회에서는 중국 본토를 실효적으로 지배하고 있는 중화인민공화국 정부의 유엔 참가를 추구하는 소리가 점점 높아져, 우리도 이에 찬성하는 바입니다. 중화인민공화국으로서도 이 소리에 응할 열의를 가지고 있다고 생각됩니다. 우리는 관련 추이를 고려하며 중화인민공화국 정부의 유엔 참가를 환영하고, 이에 기대하는 바입니다. 이에 저는 우리 나라가 오랫동안 중화인민공화국과 호혜적 무역관계를 크게 발전시켜 온 것을 더하고자 합니다. 중국 본토와 우리 나라의 인적 교류도 발전하고 있으며, 우리 나라로서는 금후로도 이것이 확대, 강화되는 것을 기대하는 바입니다. 게다가 일중 간에는 보도관계자의 교류도 이루어지고 있습니다. 일본 정부로서는 중화인민공화국과 우호적 교류 확대를 충심으로 희망하고 있습니다. 우리는 이러한 이유에 근거해 중화인민공화국 정부의 유엔 대표권을 확인하고, 게다가 중화인민공화국이 국제 평화와 안전 유지에 중요한 역할을 다하는 것을 감안해, 안보리 상임이사국의 의석을 부여하는 것을 권고하는 결의안(A/L 633)의 공동 제안국으로 참가하고 있습니다. 우리가 목표하는 바는 분명히 중화인민공화국이 유엔 가맹국과 우호관계를 발전시키고, 유엔을 통한 평화 건설에 적극적으로 공헌하는 의도를 나타내는 것의 확인하에 중화인민공화국에 대한 공정하고 현실적인 처우를 행하려고 하는 것입니다. 우리는 또한 중화인민공화국 정부가 안보리 상임이사국으로서 책임을 충분히 인식하고, 대국에 걸맞은 태도로 다음 책무를 다해 간다는 점에도 확신을 가지고 있습니다. 중화인민공화국 정부에 대해 유엔 대표권을 완전한 형태로 부여하는 것과 함께, 안보리 상임이사국의 의석을 부여하는 것은, 중화인민공화국 정부로서 (마땅히) 그 지위에 맞는 것입니다. (1971.10.20., 제26회 유엔 총회에서 아이치 수석 대표의 연설, 外務省, 1972, 밑줄은 필자)

중국 인정 문제에 대한 변화 요구 앞에서 일본이 조심스러워한 것은 중화민국과의 평화조약 양립 문제 때문이다. 사토 에이사쿠 총리는 중국에 두 개의 정권이 존재하는 것을 독일, 베트남, 한국에서 나타나는 두 개의 정권과 마찬가지로 전후 체제의 상징으로 보았다(国会会議録 1970). 일본 정부는 1951년 샌프란시스코 강화조약 체결 과정에서부터 중국 문제를 고민해 왔고, 결국 1952년 중화민국과의 평화조약을 체결하며 중국과의 전후 처리가 일단락된 것으로 여겼다. 이후 중화인민공화국을 지지하는 국제 여론이 강화되면서 일본 내부에서 일화평화조약 파기에 대한 문제가 제기되기도 했으나 일본 정부는 이에 단호히 반대했다.

> 우리 나라와 중국의 관계는 역사적으로도 지리적으로도 밀접하게 연결되어 있고, 국익도 깊이 연관됨과 동시에, 장기적인 극동의 평화와 긴장 완화에 관한 중요한 문제인 만큼 특히 진중하게 대처해야 합니다. (중략) 중국 문제의 가장 곤란한 점은 타이베이의 중화민국 정부와, 베이징의 중화인민공화국 정부가 서로 전중국의 정통정부라고 주장한다는 것입니다. (중략) 우리 나라는 1952년 중화민국 정부와 일화평화조약을 체결하고, 그 후 친선우호관계를 두텁게 해오고 있습니다.
>
> 한편, 우리 나라로서는 중국 대륙과 교류를 적극적으로 행하고, 그 관계가 개선되길 염원합니다. 일중 우호관계를 안정시키기 위한 근본은, 무엇보다 일중 양 민족의 상호 이해입니다. 정부로서는 장기적 견지에서 우리 나라와 중국 대륙 사이 부자연스러운 상태를 해소하기 위해 중화인민공화국 정부와 정부 간 각종 접촉을 행할 용의가 있으며, 민간무역 확대나 기자 교환 원활화 등 교류 증대를 강하게 희망하고 있습니다. 동시에 중화인민공화국 정부 측에서도, 이에 호응하는 노력이 이루어지기를 기대하는 바입니다(1970.11.25., 제64회 국회에서 사토 총리 연설).

1970년까지만 해도, 중국 문제에 대한 일본 정부의 인식은 중화민국과의 관계도 중요하지만, 중화인민공화국과의 관계도 중요하다는 흐름으로 나타났다. 이는 중화인민공화국과 관계를 강화해 나가고자 하는 의지를 보여 주는 것이었다. 그런데 1971년 중화인민공화국의 유엔 가입을 인정하겠다고 입장이 바뀌면서, 일본 정부는 중화민국과 관계를 단절하지 않아야 하는 이유에 대해 논의한다.

> 중화민국은 1945년에 유엔 창설국의 주요한 일원이었습니다. 게다가 중화민국은 그 후 헌장의 의무와 책임을 충실히 준수하고 유엔의 권위를 존중해 왔습니다. 총회는 20년 넘게 중국의 대표권이 중화민국 정부에 의해 행사될 수 있다고 확인해 왔습니다. 이는 누구도 부정할 수 없는 주지의 사실입니다. 중화민국 정부는 25년 넘게 대만을 실효적으로 지배하고 건전한 경제발전을 계속해 왔습니다. 대만의 경제성장은 세계 유수의 것입니다. 일례를 들면, 최근 4개년에 걸친 경제성장률은 평균 약 10퍼센트이며, 1인당 국민소득도 아시아로서는 높은 편에 속합니다. 또한 중화민국 정부는 경제 및 기술직 중공업에 관한 개발도상국 원조를 매우 활발하게 행하고 있습니다. 따라서 중화민국 정부가 단순히 중화인민공화국에 의해 대체된다고 하는 것은 실정을 무시하는 것이며, 독자 체제에서 섬나라 영토를 실효적으로 지배해 온 가맹국의 추방과 마찬가지 효과를 가진다는 것입니다. 관련 사실에 비추어 생각하면 중화민국의 그 뜻에 반하는 추방 내지 제외는 매우 불공정하며, 보편성과 제국 간 조화 및 우호 정신에 위배될 뿐만 아니라, 유엔 헌장의 원칙과 목적에 부합하지 않는 것입니다(1971.10.20., 제26회 유엔 총회에서 아이치 수석 대표의 연설, 外務省, 1972, 밑줄은 필자).

일본으로서는 중화민국을 유엔에서 배제하지 않는 방안을 강구하는 것이 1971년의 주요 문제가 되었다. 일본은 이 과정에서 중화민국의 권리 존중 인정이 부여되어야 함을 주장했다. 중화인민공화국만이 아니라 중화민국에 대한 인정단계도 강화해 나간 것이다. 일본이 이전까지 중화민국을 인정한 것의 중요성을 강조하는데, 자기 결정에 대한 자기구속성을 어떻게 정당화할 것인가 하는 문제는 특히 일본의 자기 정체성 문제로 연결된다.

1) 일본의 자기정체성: 평화국가로서 가치 수용

국제정세의 변화 속에서 일본은 국제 평화와 안정, 특히 극동과 아시아의 긴장 완화와 안정을 강조했다. 이는 동아시아의 냉전적 상황 인식과 패전국가 일본이 평화국가 일본으로 거듭나기 위한 고려에서 비롯되었다.

(1) 오키나와 반환

1970년대 초반, 일본이 가장 중점으로 다루던 문제는 오키나와(沖縄) 문제였다. 오키나와 반환은 일본의 전후체제로부터 회복을 상징했고, 국민국가 형성 및 국가정체성과 관련된 문제였다. 오키나와 반환은 '일본 전후 처리 종료'로 여겨질 만큼, 일본의 주권 회복에 상징적 의미가 강한 의제였다.

> 오키나와 반환은 샌프란시스코 평화조약 제3조에 의해 미군의 시정권하에 있던 우리 나라의 영토 및 거기에 사는 일본 국민을 본래 바람직한 모습, 즉 일본국의 시정권하에 복귀시킨다고 하는 문제입니다. (중략) 정부로서는 이 협정의 승인 및 관련 법안의 성립이 이번 국회에서

실현되고, 내년 중 가능한 한 빠른 기회에 오키나와의 본토 복귀가 이루어져 평화롭고 풍요로운 오키나와현 건설에 하루라도 빨리 적극적으로 대처하고 싶다고 생각하고 있습니다(国会会議録, 1971, 밑줄은 필자).

우선 오키나와 문제에 대해 말씀드립니다. 오키나와 현민을 비롯한 전 국민의 오랜 바람이었던 오키나와의 조국 복귀 실현이 드디어 목전에 다다른 것을 국민 모두가 함께 깊이 기뻐하고 있다고 생각합니다. 지금까지 겨우 목표에 다다를 수 있었던 것은, 국민의 총력을 집결하는 것이 가능했기 때문이지만, 동시에 우리는 미국 정부 및 미국민의 역사적 결단에 마음속 깊이 경의를 표하는 바입니다. 오키나와가 핵 없이 본토에 반환되는 것은 아시아의 긴장을 완화할 뿐만 아니라, 일미수호 백년 역사에 더욱 빛나는 조항을 넣은 것입니다(제67회 국회에서 사토 총리의 발언, 外務省, 1972, 밑줄은 필자).

오키나와 반환과 관련한 공청회나 외교위원회, 국회 본회의에서 중국 인정 문제와 관련된 논의가 자주 등장하는 것은 지정학적·군사적 측면에서 대만과 오키나와를 연계해서 이해하는 시각이 반영되기 때문이었다. 1971년 7월 24일 개최된 참의원 오키나와 및 북방 문제에 관한 특별위원회에서는 미중관계 개선으로 오키나와의 전략적 가치 전환이 나타난다고 지적했다. 오키나와가 반환되면 중국 대륙 및 대만과 경계를 접하는데, 미중관계 개선으로 대만의 지위가 변화하면, 오키나와의 전략적 지위도 변화하기 때문에 자위대를 중심으로 한 군사적 준비가 필요할 수도 있다는 문제가 제기되었다. 또한 미중관계 개선이 아시아의 긴장 완화로 나타날지, 대만해협의 갈등으로 전개될지 불분명한 상태에서 미국과 오키나와 반환 협정을 재검토해야 한다는 주장도 제기되었다. 즉, 미중관계와 중국 인정 문제, 미일관계, 그리고 일본 국내 문제의 직접적 연계가 오키나와를 중심으로 구체화되었다.

게다가 오키나와 반환은 센카쿠/댜오위다오의 영유권 문제와도 연계되어 있었다. 당시 이 지역의 대륙붕 경계 설정 및 석유 추출과 관련한 지정학적·지경학적 가치가 부각되고 있었기 때문이다(国会会議録, 1971; Soeya, 2001).

1971년 시점에서 일본 정부의 주요 과제는 오키나와 반환, 중국 인정 문제, 그리고 국제 경제 문제로 인식되고 있었다(外務省, 1972). 그중에서도 오키나와 반환 문제는 다른 문제들보다 우선순위에 있었다. 그것은 미일 섬유교섭과 함께 미일 양국 정부 간 첨예한 논쟁과 긴밀한 협조가 필요한 문제였다.

사토 총리와 닉슨 대통령은 1969년 11월 21일 공동성명을 통해 오키나와 반환을 예고했다. 그리고 1971년 6월 17일 미국은 오키나와 반환 협정에 서명했고, 1972년 5월 15일 마침내 오키나와 반환이 실시되었다(外務省, 1972).

(2) 평화 투쟁

1970년, 일본은 유엔 25주년, 전후 25년을 맞이해 평화국가로서 정체성을 강조하고, 유엔 헌장 개정과 안보리 상임이사국 진출을 요구했다. 제25회 총회에서 아이치(愛知揆一) 외상의 일반 검토 연설과 사토 총리의 유엔 25주년 기념 연설을 살펴보면, 평화로의 투쟁(平和への戦い)을 내세우며 거의 대부분을 안보리 등 유엔 기구의 강화와 평화유지 활동 명문화, 구적국 조항 폐지 등을 호소하는 내용으로 구성되어 있었다. 또한 일본은 '비핵국가 일본', '평화국가 일본', '문화국가 일본'을 강조하며 국제사회의 공헌을 바탕으로 '상임이사국'으로서 자격이 있음을 주장했다(外務省, 1971).

> 우리 나라의 헌법은 파멸적인 참화를 가져온 제2차 세계 대전 후에, 이 같은 불행을 두 번 다시 반복하지 않고자 하는 결의하에 제정된 것이며, 유엔 헌장과 같은 시대 정신의 산출물입니다. 따라서 그 기조가 되고 있는 평화주의는 헌장 전문의 정신과 완전히 궤를 같이하고 있습니다. 즉, 헌장에 내세우는 항구 평화의 이상은 그대로 일본 국민의 소원이며, 그 목표하에서야말로 일본의 번영과 발전도 시작할 수 있다고 확신하는 바입니다. 이번 유엔 총회는 적절하게도 '평화, 정의, 진보'를 테마로 내걸고 있습니다. 그 의미에서 일본 국민은 유엔과 함께, 자유를 지키고, 평화에 철저하고, 국제 신의를 지켜 온 25년 세월의 무거움에 한층 더 감회를 느끼는 바입니다.
>
> 아시는 바대로, 올해 우리 나라는 '인류의 진보와 조화'라는 이상을 내걸고 세계 70개국으로부터 참가를 얻어 일본만국박람회를 개최했습니다. 전쟁에 의해 괴멸적 타결을 받아, 건국 이래 최대 역경에 선 일본이, 만국박람회라는 국제적으로도 의미 있는 제전을 독자적으로 주최할 정도로 국력을 충실히 얻은 것은 일본 국민의 노력도 당연하지만, 또한 25년간의 평화와 그간 국제적 이해와 노력의 보람입니다(유엔 25주년 기념 사토 총리의 연설, 外務省, 1972).

일본의 안보리 상임이사국 진출 시도는 일본 외교정책의 적극적인 측면을 드러낸다. 이는 기존 상임이사국들과 견해를 달리하는 의제다. 일본이 패전국으로서 국가정체성을 벗고 국제사회 중심 국가로서 역할을 하고자 하는 의지를 공식적으로 요구하기 시작한 것이라고 볼 수 있다.

일본 내부에서는 중화인민공화국의 유엔 가입과 안전보장이사회 상임이사국 의석 획득이 국제사회의 구조에 변화를 가져올 것이라는 우려 목소리도 있었다. 그러나 이에 대해 사토 총리는 경제력을 바탕으로 유럽과 함께 다극화된 사회를 만들어 가겠다는 청사진을 제시했다(国会会議録, 1971).

헌장 개정과 상임이사국으로 도전에는 상임이사국의 동의가 필요했다. 소련과 프랑스가 명백한 반대를 표시하는 가운데, 일본은 중국의 동의를 확보할 필요가 있었기 때문에, 중국 인정 문제는 일본에 더욱 중요했다. 이후 1972년 중일 국교정상화, 1978년 평화우호조약 협상 과정에서도 일본은 유엔 헌장 개정과 일본의 안보리 상임이사국 진출에 관한 중국의 동의를 구하고자 했다. 일본은 중화인민공화국과의 관계개선이 유엔에서 지위 향상에 도움이 되기를 희망했다. 그러나 일본의 바람과 달리 중화인민공화국은 유엔 상임이사국에 대한 일본의 인정 요구를 수용하지 않았다.

> 국제정세는 오늘날 하나의 전환기가 되어, 국력 비중이 증가하는 우리나라의 국제적 책임이 점점 무게를 더하고 있습니다. 이때 우리는 '세계 속 일본'의 지위를 명확하게 인식하고, 냉정하고 유연한 태도를 취해 '평화로의 투쟁'을 위한 적극적인 외교를 진행해 나가기를 바라고 있습니다. 국민 모두의 이해와 지지를 바랍니다(제65회 국회에서 아이치 외상의 연설, 国会会議録, 1971, 밑줄은 필자).

2) 자기정당화: 국제규범형

1970년 초 국제정세 변화는 일본 정부의 중국 인식을 변화시키고 있었다. 중국 문제는 일본 국내정치, 경제와 매우 밀접하게 연결되어 있었기 때문에, 중국 문제에 대한 정책 결정과 변화는 민감하고 어려운 문제였다. 따라서 외교정책 결정자들의 자기정당화가 대외적으로도 국내적으로도 매우 중요했다. 이 과정에서 국내의 다양한 요구에 대한 자기정당화는 '국제규범형'의 강조로 나타났다.

국제규범형이 강화되어 나타난 것은, 일본이 당시 오키나와 반환을 위해 미국과 협력을 중시하고 '평화로의 투쟁'을 내세우며 국제사회에서 지위 향상을 제고한 자기정체성 확인이 나타나고 있었기 때문이다. 타자에 대한 인식 변화가 직접적으로 일본의 중국 인정 문제에 대한 인식에 영향을 미친 것이 아니라, 이 문제를 대면한 일본이 당시 자기 정체성과 주권 투쟁 방식으로 재구성한 것이다.

또한 중국 접근을 둘러싼 국내의 다양한 입장도 분명하게 나타나기 시작했다. 국내 여론의 분화와 대립은 외교정책 결정자의 자기정당화에 대한 중요성을 더욱 강화한다. 이는 중화인민공화국에 치중한 역사문화적 유형과 이념대립형에 기반해 중화민국만을 인정하기보다는, 국제사회의 흐름과 협력을 강조하면서 경과적인 변화 단계를 추진하겠다는 결정으로 나타났다.

중국 인정 문제에 대한 국내 여론과 외교정책 결정자 간 괴리를 좁히기 위한 자기정당화 과정, 즉 자기정당화 발생 원인의 제I기제에 대해 살펴보자.[14]

중국 문제를 담당하는 일본 외교정책 결정 집단으로는 총리, 외상, 외무사무차관, 외무심의관, 아시아국장, 아시아국 중국과장, 중화민국 대사, 홍콩총영사가 있다. 1970년과 1971년 담당자를 살펴보면, 총리로 사토, 외상으로 아이치, 후쿠다 다케오(福田赳夫), 외무사무차관으로 모리 나오키(森治樹), 외무심사관으로 호겐 신사쿠(法眼晋作), 아시아국장으로 스노베 료조(須之部量三), 하시모토 히로시(橋本恕), 홍콩총영사로 오카다 아키라(岡田晃), 국제자료부 과장으로 오카자키 히사히코(岡崎久

14 자기정당화 발생 원인 유형에 대해서는 제1장 참조.

彦), 가토 요시야(加藤吉弥) 등이 있었다.

중국 문제를 둘러싼 국내외 움직임이 커지자 1970년 10월 외무성에서도 중국정책 재검토가 개시되었다. 당초 과제는 유엔 중국 대표권 문제의 방침 정책이었지만, 이후 수년간 중국정책의 방향성을 논의하는 계기가 되었다.

당시 일본은 강한 국내 압력으로 중일 대사급 협의를 포함한 양국 정부 간 협의를 타진하고 있었다. 1970년 10월 20일 〈우리 나라의 중국정책에 관한 선택과 문제점〉이라는 외무성 내부 문건에 따르면 이후 중국정책에 대해 현상 유지, 대만과의 정치관계 단교와 중국 승인, 두 개의 중국이나 하나의 중국/하나의 대만, 국공합작이라는 네 가지 정책안이 제시되었다(井上正也, 2010: 407).

일본 정부의 중국정책 수정을 가장 강력히 주장한 것은 아시아국의 중국과였다. 중국과의 구상은 중화인민공화국의 유엔 가입까지는 현상 유지를 지속하고, 유엔 가입 후 캐나다 방식을 거쳐 최종적으로 중국을 인정하는 것이었다(アジア局中国課, 1970). 중국과는 두 개의 중국을 부정하고, 대만과 정치 단교를 전제로 하는 캐나다 방식과 같이 중국과 국교 수립을 주장하고 있었다. 중국과 과장 하시모토는 중화인민공화국과 대만 모두 하나의 중국을 주장한다는 점을 강조하며 미국과 일본이 두 개의 중국을 강요하는 것은 내정간섭이라고 주장했다. 그는 중국과 국교정상화를 위해서는 하나의 중국을 전제로 해야 한다고 생각하고 있었다(井上正也, 2010). 즉, 중국과는 사토의 중국정책과 상이한 견해를 보이면서 미중정책을 경계하고 있었다.

아시아국 중국과의 의견에 가장 크게 반발한 것은 국제자료부(国際資料部)였다. 국제자료부는 1963년 4월에 설립된, 국제정부 분석을 전문으로 하는 부서였다. 국제자료부는 중소 대립을 계기로 공산권의 정보를 수집 및 분석하고, 종합적 외교정책을 구축하는 정책기획조직으로서 역할을 담당하기 위해 설립되었다. 국제자료부는 '하나의 중국, 하나의 대만'을 주장했는데, 아시아에서 '하나의 중국, 하나의 대만' 방식의 합의를 얻어 중화인민공화국의 도전적 자세를 시인할 수 없다는 국제 여론 조성이 필요하다고 강조했다.

국제자료부는 중국 본토로부터 중화민국의 법적 분단화를 주장하기도 했다. 그들은 미국의 대만 방위가 영속적인 것이 아님을 지적하며, 중화인민공화국이 대만을 영유하면 결국 대만 상실로 연결된다는 점을 우려했다. 또한 동남아시아 화교의 권익 보호를 명목으로 중화인민공화국의 동남아 제국에 대한 간섭정책 확장 가능성도 부인할 수 없다고 했다(国際資料部調査, 2003). 그리고 대만에 대한 중국의 영향력이 커지면 일본의 안전보장에도 영향을 미치며 대만 군사 기지 설치와 오키나와를 포함한 지역에 중화인민공화국의 잠재적 위협이 커질 것을 경고했다(国際資料部調査, 2003). 게다가 대만 동해안 동쪽 통상로의 잠수함 기지 건설 가능성이 있었기 때문에, 국제자료부는 일본의 안전보장을 위해 대만과 관계를 유지하는 것이 중요하다고 보았다(国際資料部調査, 2003).

오키나와 반환 이후 아시아의 안전보장을 위해 일본과 중국의 균형정책은 반드시 필요했다. 따라서 국제자료부는 중국의 거대한 영토와 핵무기에 대해 일본은 미일동맹 강화와 경제 및 기술 우위를 통해 대중 전략을 강화해 나가야 한다고 주장했다.

12월 14일 외무성 내 의견 조정을 위해 홍콩에서 중국정책을 위한 회의가 개최되었다. 그러나 그 회의에서 대다수가 중국과 협의를 서두를 필요가 없음을 강조하고, 중화인민공화국의 유엔 가입 이후로 연기해도 좋다는 의견을 제시하면서 결국 현상 유지로 귀결되었다.

당시 일본 내부에서는 '친중국파'와 '친대만파'가 형성되어 있어 일본과 중화인민공화국의 관계를 둘러싸고 의견이 분분한 상황이었다

(井上正也, 2010).

대표적 친중국파는 '일중국교회복촉진의원연맹(日中国交回復促進議員連盟)'과 '일본중국우호협회(日本中国友好協会)'이다. '일본중국우호협회'는 1950년 10월 설립되어 일본과 중국 쌍방 국민의 우호관계를 촉진하기 위한 목적으로 활동하는 단체였으나, 1966년 중국의 문화대혁명 평가를 둘러싸고 의견이 나뉘어 두 개의 단체로 분리되었다. 당시 문화대혁명을 지지했던 주류 단체가 일중우호 7단체인 일본중국우호협회(日本中国友好協会), 일중우호의원연맹(日中友好議員連盟), 일중경제협회(日中経済協会), 일중협회(日中協会), 일본국제무역촉진협회(日本国際貿易促進協会), 일본중국문화교류협회(日本中国文化交流協会), 일중우호회관(日中友好会館)을 구성했는데, 이들은 일중공동성명과 일중평화우호조약에서 언급한 정신을 준수하고 일본과 중화인민공화국 국민의 상호 이해와 상호 신뢰를 심화하고, 우호관계를 중시하며, 일본과 아시아 및 세계평화 발전에 기여하는 것을 목표로 한다.

그 외 1972년 11월에 설립된 '일중경제협회(日中経済協会)'는 랴오청즈와 다카사키가 주축이 되었다. 이들은 일중 경제관계 등에 관한 정보 수집, 분석 및 종합화와 보급 등의 정보 서비스, 경제와 기술·인재교류 촉진 등 일중 경제관계의 원활화 도모를 목적으로 했다. '일중우호의원연맹(日中友好議員連盟)'은 중화인민공화국과 우호관계 촉진을 주요 목적으로 한 의원 연맹이다. 자유민주당, 민주당, 일본유신회, 일본공산당의 4개 당 소속 국회의원으로 구성되었다. 1975년 9월 29일 설립된 '일중협회(日中協会)'는 중일 우호협력관계를 발전시키기 위해 활동했다.

야당인 사회당은 1970년 10월 제5차 방중단을 파견해 1971년 1월 '일중국교회복국민의회'를 결성했다. 그리고 공명당은 다케이리 요시카쓰(竹入義勝) 위원장의 지도하에 1970년 12월 외곽 단체인 '일중국교정상화국민협의회'를 발족했다. 이후 1970년 12월 9일, '일중무역촉진의원연맹'이 해산되고, '일중국교회복촉진의원연맹'이 결성되었다(井上正也, 2010: 406). 후지야마 아이이치로(藤山愛一郎)가 회장을 맡고 자민당과 공산당 국회의원까지 포함해 초당파 379명이 참가했다.

사회당은 하나의 중국이라는 입장을 분명하게 내세웠고, 공명당은 일본-대만조약 파기를 강력하게 주장하기 시작했다. '일중국교회복촉진의원연맹'에서는 자민당을 포함한 설립 선언에서 중화민국 정부를 유일한 중국의 합법정부로 하는 정부의 입장은 국민의 현재와 장래 이익에 반한다면서, 대만 문제에 대한 사토의 자세는 시대착오적이라고 비판했다(井上正也, 2010).

한편 친대만파의 활동은 '일화협력위원회(日華協力委員會)'를 중심으로 전개되었다. '일화협력위원회'는 1957년 3월 11일 일본과 대만의 지식인들이 정기적으로 협의하고 정치·경제·문화 교류 협력관계를 추진하기 위해 결성되었는데, 중화인민공화국과 국교정상화를 추진하는 친중국파에 반대하는 견해를 제기했다. 이들은 1970년 7월 8일 제15차 일화협력위원회 총회에서 공산주의 중국을 견제하기 위해 일본, 대만, 한국의 3자협력을 강조했다. 친대만파의 주요 주장은 반공주의에 기반하고 있으며, 미국을 비롯한 자유세계와 협력을 강조했다. 이들은 중화인민공화국의 유엔 가입 반대, 대만과 외교관계 유지, 대만의 안보리 상임이사국 지위 유지를 주장했다. 1971년 '일중국교회복촉진의원연맹'이 미국과의 이중대표제 결의안 공동제안을 반대하자 친대만파와 크게 격돌했다. 이상을 정리하면 [표 8]과 같다.

제26회 유엔 총회를 앞둔 1971년 10월 19일, 사토 총리는 국회 본회의에서 일본 정부의 중국정책 변화를 선언했고, 경과적 이중대표제를 제시했다(国会会議録, 1971). 경과적 이중대표제의 자기정당화는 '국제 신의와 우호'를 강조하는 국제규범형으로 나타났다.

[표 8] 1970년대 일본 내 대중 접근에 대한 두 가지 입장과 소속 단체

대중 접근 추진(친중파)	대중 접근 신중(친대만파)
자민당 친중파 의원, 사회당, 공명당, 민사당, 일중국교회복촉진의원연맹, 일중문제연구회, 아시아-아프리카연구회(AA연), 세이쿠카이(青空会), 일본국제무역촉진협의회, 일중경제협회, 일중우호협회, 일중협회 등	일화관계의원간담회 소속의원 애국파, 아시아문제연구회(A연), 자유정치평의회, 세이란카이(青嵐会) 등

*출처: 서승원, 2012: 101-116; 오승희 · 최은봉, 2014; 2019; 李恩民, 2005: 66-69; Lee, 1979: 432-433 참조.

1971년 일본의 시점에서 국제규범형은 두 가지로 나누어 살펴볼 수 있다. 하나는 유엔의 보편성과 공평 원칙을 강조하는 것이다. 이 원칙에 따라 중요 사항 지정 방식 결의안에서 하나 이상의 정부가 대표를 주장하는 경우 유엔 헌장과 상황에 따라 고려한다는 총회 결의안 A/RES/396(V)을 원용하며, 일본은 유엔의 이념을 20여 년 넘게 준수해 온 회원국을 의지에 반해 배제해서는 안 된다고 항변한다(外務省, 1971).

또 하나는 '미국을 비롯한 우호국가'와 협의를 통해 진중하게 검토한다는 것이다(国会会議録, 1971). 미국은 1970년 초반 중화인민공화국과 접근을 추진하며 중국정책에 변화를 모색하고 있었다. 닉슨 대통령은 1971년 2월 25일 제출된 외교정책 보고서에서 중화인민공화국의 유엔 가입을 통해 미국을 포함한 국제사회와 중화인민공화국 사이 국교정상화가 가능하며, 그 역할을 기대한다고 보았다(Nixon, 1972). 그러나 닉슨 대통령이 중국에서 요구하는 하나의 중국 원칙을 완전히 수용하는 것은 아니었다. 미국 역시 중화민국 추방안에 여전히 반대했다. 미국은 중화인민공화국이 유엔에 중화민국과 동등한 자격으로 가입한 다음 중화민국이 유엔에 머물러 있도록 설득하려는 시나리오를 갖고 있었다(Nixon, 1978).

이러한 고려사항을 바탕으로 일본은 제26회 유엔 총회에서 22개국과 함께 중화민국 배제를 방지할 두 개의 결의안을 공동제안했다. 당시 일본은 국제정세의 변화를 검토하면서 중국정책 전환을 모색했다. 그러나 그 과정은 단절적이고 급진적이라기보다 단계적이고 점진적이었다. 일본은 국제 동향 변화를 즉각 반영하기보다 타국의 사례들을 검토하고 참고하는 한편, 중국이 제시한 하나의 중국 원칙에 제한적 수정을 가하고 경과적 조치를 마련했다. 중국 인정 문제에 대한 분화된 의견을 국가 행위로 수렴하는 과정에서 일본의 자기정당화는 양자관계보다 국제관계로, 특수성보다 보편성을 추구하는 방식으로 나타났고, 그 결과 국제규범이 강화된 것이 1971년의 특징이다.

3. 일본의 중국 인정: 중화인민공화국의 권리 수용, 중화민국 권리 존중

1971년 사토 총리는 중화인민공화국 정부라는 정식 명칭을 사용하기 시작했다(張紹鐸, 2007: 237). 중화인민공화국의 유엔에서 권리 수용을 인정했고, 중화민국에 대해서는 권리가 보장되어야 한다는 점을 강조하면서 권리 존중을 인정했다. 사실상 '두 개의 중국' 정책을 유지해 나가면서, 하나의 중국을 '확인'하기는 하지만 '수용'에 이르지는 않았던 것이다.

1971년 일본은 미국과 함께 중화인민공화국의 유엔 가입을 환영하지만, 중화민국을 유엔에서 배제해서는 안 된다는 내용의 '이중대표제 결의안(draft resolution A/L. 633 and Add. 1 and 2)'과 중화민국 추방은 중요 문제임을 강조한 '추방 반대 중요 문제 결의안(draft resolution A/L. 632 and Add. 1 and 2)'을 공동제안했다.

1971년 유엔 총회에서 일본 대표는 일본 정부의 중화민국 추방 반대 이유에 대해 다음과 같이 설명했다. 첫째, 중화민국이 유엔 헌장의 의무와 책임을 충실히 준수하고 유엔의 권위를 존중해 왔으며, 20년 이상 총회에서 중국의 대표권이 중화민국 정부에 의해 행사되었다. 둘째, 중화민국 정부는 25년 이상 대만을 실효적으로 지배하고 건전한 경제 발전을 계속해 왔다. 셋째, 가맹국의 뜻에 반하는 추방 내지 제외는 매우 불공정하며, 보편성과 제국 간 조화와 우호 정신에 위배될 뿐만 아니라, 유엔 헌장 원칙과 목적에 부합하지 않는다.

그러나 미국과 일본이 제기한 추방 반대 중요 문제 결의안은, 선결권을 획득해 표결에 부친 결과, 찬성 55, 반대 59, 기권 15, 결석 2로 부결되었다. 반면 중화인민공화국의 법적 권리 회복을 지향하는 알바니아 안(draft resolution A/L. 630 and Add. 1 and 2)은 찬성 76, 반대 35, 기권 17, 결석 3으로 채택되었다(UN A/RES/2758(XXVI)). 이 결과에 따라 이중대표제 결의안을 표결에 부치지 않아 중화민국의 유엔에서 의석 보존 시도는 결국 성사되지 못했다(그림 10, 표 9 참조).

미국과 함께 제안한 이중대표제 결의안과 추방 반대 중요 문제 결의안을 일본에서는 복합적 이중대표제 결의안 혹은 경과적 이중대표제로 불렀다. 보다 점진적 접근을 희망하는 일본 정부의 견해가 반영된 명칭이라고 할 수 있다.

> 중국을 둘러싼 정세 현실을 있는 그대로 직시하고 중화인민공화국, 중화민국 쌍방에 정당한 대표권을 주는 것입니다. 이들은, 중국을 두 개의 국가로 분할하지 않는다는 의미에서 두 개의 중국을 만들어 내는 것을 주도면밀하게 피하고 있습니다. <u>우리의 방식은 매우 복잡하고 미묘한 문제를 점진적 단계를 거쳐 해결하지 않으면 안 된다는 의미에서 현실적이며, 또한 경과적인 것입니다</u>. 이 두 결의안은 양 당사자의 대립

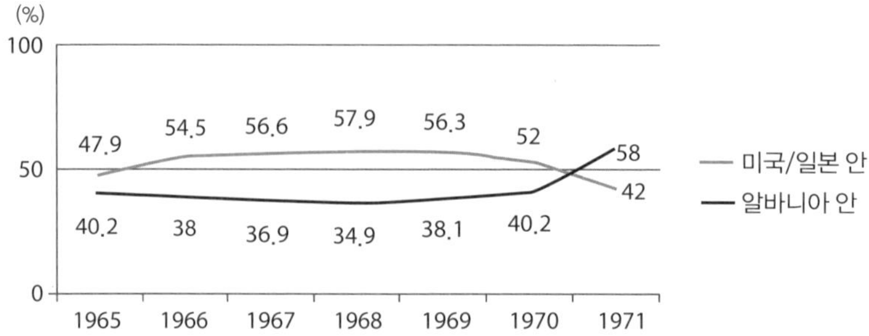

[그림 10] 미국/일본 안과 알바니아 안의 투표 결과(1965-1971)

* 출처: The United Nations, 2013; 日本外務省, 『外交青書』 1966-1972년 참조, 필자 작성.

[표 9] 미국/일본 안과 알바니아 안의 투표 결과-찬반 상세(1965-1971)

	1965		1966		1967		1968		1969		1970		1971	
	찬	반	찬	반	찬	반	찬	반	찬	반	찬	반	찬	반
미국/일본 안	47.9	41.9	54.5	39.7	56.6	39.3	57.9	37.3	56.3	38.1	52.0	40.9	42	45
알바니아 안	40.2	40.2	38.0	47.1	36.9	47.5	34.9	46.0	38.1	44.4	40.2	38.6	58.0	26.7

* 출처: The United Nations, 2013; 日本外務省, 『外交青書』 1966-1972년 참조, 필자 작성.

> 하는 주장의 어느 것도 손상시키지 않고, 또한 이들 주장의 최종적 결의도 해치지 않습니다. 이 결의안을 채택함으로써 유엔은 화해와 평화적 대화로 길을 열고, 아시아에서 평화와 안정을 촉진하리라 믿습니다(外務省, 1972, 밑줄은 필자).

일본이 사용하는 '경과적'이라는 단어는 일본의 중국 인정 문제에 대한 기본적 태도와 입장을 대변하는 표현이다. 일본의 경과적 이중대표제는 하나의 중국을 향해 나아가는 경과적인 것이며 기존의 중화민국과 관계를 유지할 수 있다는 점에서 안정적이었다. 일본은 경과적 이

중대표제가 어려운 문제를 점진적으로 해결해 나가는 현실적 대안이라고 주장하면서 중화인민공화국과 중화민국 양측의 견해를 모두 반영한 주도면밀한 전략이라고 강조했다. 다시 말해, 경과적 한시성의 시효를 중국이 스스로 해결할 때까지로 설정하면서 하나의 중국과 두 개의 중국 사이 애매모호함을 의도한 것이다.

4. 외교 전략: 미뤄두기, 경계짓기, 다중해석

일본은 1956년 12월 18일 유엔에 가입한 이래 중국 문제에 많은 관심을 가지고 고민해 왔다. 일본은 중국 인정 문제에 대해 기본적으로 두 정부가 평화적으로 해결해야 한다고 보았으며, 중국 문제를 아시아 지역의 안정과 연계하여 복잡하고 미묘한 어려운 문제라는 태도를 기본 방침으로 삼았다(国会会議録, 1970). 그러는 한편으로 하나의 중국을 거부하는 입장이 아니라고 하면서도, 두 정부와 관계를 모색해 왔다. 이러한 일본 정부의 중국 인정 문제 대응 방식은 국제사회적으로도, 중일 양자관계에서도 일시적 미해결로 두는 미뤄두기로 대표되어 왔다.

1970년, 중화인민공화국의 유엔 가입과 중화민국의 배제를 주요 내용으로 하는 알바니아 안이 과반수를 넘기자, 일본은 절차적 회피에서 중화인민공화국의 가입은 인정하지만, 중화민국의 배제는 인정할 수 없으며, 중국 스스로 이 문제를 해결할 때까지 경과적 조치로서 중화인민공화국과 중화민국 모두를 인정할 수 있다는 잠정적 미뤄두기를 사용했다. 중국이 스스로 이 문제를 해결할 때까지 하나의 중국 수용을 미뤄두지만, 중국의 선택을 존중할 것이라는 점에서 잠정적 미뤄두기에는 하나의 중국론에 대한 존재 인정과 권리 부정이 함께 담겨 있다.

1971년 일본이 제안한 경과적 이중대표제는 미뤄두기의 연속이지만, 경계짓기와 다중해석의 특징도 찾아볼 수 있다. 1960년대의 중국 문제를 다루지 않는다는 미뤄두기 방식에서, 중국 문제는 중요 문제이므로 3분의 2 이상의 찬성이 필요하다는 절차적 요건을 제시한 '중요 사항 지정안'으로 나아갔지만, 이것 역시 문제 해결을 회피하려는 미뤄두기 전략이었다. 여기에 1971년 '역중요 사항 지정안'을 중화인민공화국이 아닌 중화민국에 적용해 중화민국의 탈퇴는 중요 사항이므로 회원국 3분의 2 이상 찬성이 필요하다는 근거를 제시했다. 역중요 사항 지정안 역시 현상 유지를 시도한다는 점에서 미뤄두기 속성을 지니면서도, 일본의 의도에 맞게 논리를 재단해 주장하는 경계짓기 기술이 특화된 것이다.

또 다른 일본의 외교 전략으로 유엔의 보편성 원칙에 대한 다중해석을 들 수 있다. 보편성 원칙이란, '유엔은 모든 국가를 포괄할 수 있는 보편성을 가져야 한다'는 기본 원칙[15]이다. 일본은 중화인민공화국의 권리 수용과 함께, 중화민국의 권리 존중을 강조했다. 보편성 원칙은 유엔 총회에서 중화인민공화국을 지지하는 입장에서도, 중화민국의 입장을 지지하는 입장에서도 주요 근거로 원용되었다.

국제규범형 자기정당화가 강조될 때 일본의 외교적 위선은 더욱 두드러진다. 국제규범을 주장하는 입장에서는 매우 정당하며 보편타당한 원칙으로 여겨진다. 그러나 사실 국제규범에 대한 해석 과정을 보면, 주장하는 자의 이해관계와 정치적 고려가 반영되어 있다. 일본은 중화민국의 보편성 원칙 적용을 주장하고, 국제사회의 신의와 협력을 주장했지만, 그 이면에는 인정투쟁을 위한 정치적 고려에서 중화민국

15 원문은 "the United Nations ought to be universal in the sense of including all States"이다.

과 인정관계가 유지되어야 하기 때문이라는 일본의 외교적 위선이 나타나 있다.

일본의 외교적 위선은 1971년 일본의 결정이 국제사회 결정과 차이를 보인 것에 대한 자기정당화 과정에서도 찾아볼 수 있다. 1971년 10월 26일 중화인민공화국의 유엔 가입이 확정된 이후 개최된 중의원 본회의에서 사토 총리는 두 개의 결의안 부결에 대한 정치적 책임과 향후 중국정책에 대한 일본의 입장 표명을 요구받았다. 이에 사토 총리는 결의안 부결은 중화민국의 추방을 막기 위한 것이었으며, 중화인민공화국의 가입을 저지하려는 것이 아니었다고 주장하며 정치적 책임 문제에 답했다.

사토 총리는 이어 일본 정부는 '유엔 결의를 존중하고, 중화인민공화국의 유엔 가입을 환영'한다고 분명히 밝히고, 비록 '정부의 조치는 유엔에서 부결되었지만, 결과적으로 일본의 장기적 국익에 합치할 것이라 확신'한다고 부언했다(国会会議録, 1971). 후쿠다 외상 역시 결의안에는 패했지만, 일본은 국제사회와 끝까지 신의를 지켰으며 입장을 끝까지 유지했다는 점에 대해서는 일본 국민이 자부심을 갖기 바란다는 생각을 표명했다(国会会議録, 1971).

중국 대표로서 중화인민공화국의 유엔 가입이 바로 중화인민공화국을 묵시적으로 승인하는 것이 아니냐는 질문에 대해서는, 먼저 양국간 관계 정상화 절차가 필요하며, 중화민국과의 조약이 단순히 파기되는 것은 아니라는 점, 그렇지만 일본은 중화인민공화국 정부를 인정하고 있다는 점을 밝혔다. 또한 사토 총리는 향후 중국 문제에 대해 '주체적으로 광범위한 국민적 합의의 기초 위에 성립'하며 '일중 쌍방에 의해 수락될 수 있는' 원칙을 마련해 나가겠다고 밝혔다(国会会議録, 1971).

일본의 향후 중국정책에 관해서는 중화인민공화국과 국교정상화를 적극적으로 추진할 것이라고 표명했다. 사토 총리는 "유엔의 결정에 입각해 이를 계기로 중국과 국교정상화 교섭을 더욱 적극적으로 추진할 생각"임을 밝혔다. 그리고 후쿠다 외상은 "유엔의 결의가 있는 이상, 생각을 새롭게 해 이 결의를 발판으로 국교정상화의 길로 매진"하겠으며, 중일 국교정상화는 "역사의 흐름"이라고 표현했다(国会会議録, 1971).

1971년 사토 내각의 중국 인정 문제에 대한 결의안은 국제사회에서 채택되지 않았다. 결의안 통과 여부로 판단한다면, 사토 내각의 중국 인정 문제에 대한 판단은 실패라고 평가할 수 있을지도 모른다. 그러나 사토 내각이 중국 인정 문제를 판단하는 과정에서 중요한 것은 결의안 통과 여부가 아니라, 일본의 인정투쟁이 어떻게 발현될 수 있는가 하는 것이었다. 오키나와의 조국 반환 과정에서 나타난 미일 협조와 중화민국 수호를 위한 전략적 고려는 유효한 것으로 평가할 수 있을 것이다. 반면, 국제사회에서의 지위 향상 면에서는 자유 진영과 협력을 제고하기는 했지만, 평화국가 일본을 위한 전략이 유엔 안보리 상임이사국 진출 시도를 중심으로 전개되면서, 아시아 국가들과의 협력은 우선순위에서 밀리고, 일본이 제안한 경과적 이중대표제는 국제사회에서 인정받지 못했다는 점에서 부정적으로 평가할 수 있을 것이다.

5. 소결: 뉴욕, 1971

1971년 중화인민공화국의 유엔 가입 문제가 논의될 때 일본은 평화국가 일본의 자기정체성을 확보해 나가고, 평화국가 일본의 정체성을 바탕으로 유엔 안보리 상임이사국으로 인정받고 국제사회 선진국으로서 자리매김하고자 했다. 일본이 평화국가 일본의 자기정체성을 강조하는 과정에서는 다른 유형보다 국제규범형의 자기정당화가 특별히 강조되었다.

일본의 유엔 헌장 개정과 안보리 상임이사국 진출에는 상임이사국인 중국의 동의가 필요했다. 결국 일본으로선 중화민국과 중화인민공화국 중 어느 정부가 중국 대표가 되더라도 일본을 인정해 줄 수 있도록 하는 것이 중요했다. 결국 두 정부 모두 인정하는 것이 일본에는 더 도움이 되었다. 따라서 일본은 중화인민공화국의 유엔 안보리 상임이사국 지위를 인정하면서, 동시에 중화민국의 권리도 인정하고자 했다.

자유국가들과의 우호와 보편성 원칙을 강조하며 국제규범형에 기반을 둔 일본의 자기정당화는 경과적 이중대표제 제안으로 나타났지만, 유엔에서는 인정받지 못했다. 두 개의 중국 정부를 인정하려는 일본의 대중 인정정책은 지속되었지만, '경과적 이중대표제'를 제안하며 하나의 중국론 권리 수용은 부정했다. 1970년대 일본의 대중 인정정책의 경과적 한시성은 미뤄두기로 나타났고, 중화민국에 대한 인정 유지를 위해 경계짓기, 국제규범의 다중해석이라는 외교적 기술이 두드러졌다. 이상의 논의를 정리하면 [그림 11]과 같다.

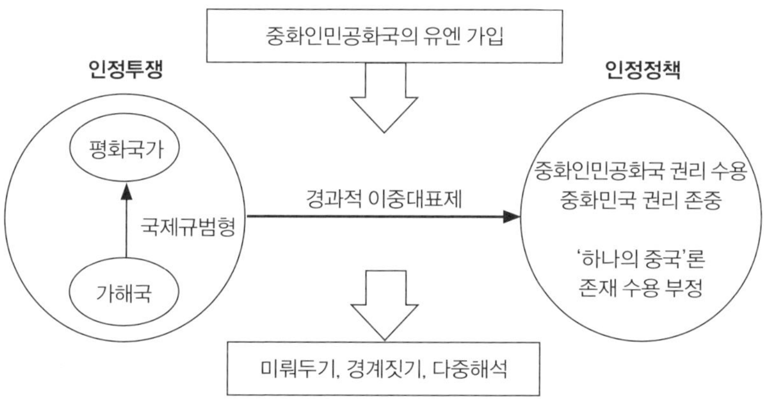

[그림 11] 1971년 일본의 인정투쟁과 중국 인정정책

第5장 중일 국교정상화와 '하나의 중국'

> 일본국 정부는 중화인민공화국 정부가 중국의 유일한 합법정부임을 승인한다.
>
> (중일공동성명 2조)

1972년 일본 정부는 중화인민공화국을 중국의 유일한 합법정부로 인정한다. 1952년 일화평화조약으로 중화민국과 외교관계를 수립해 온 일본은 1972년 중일공동성명을 통해 중화인민공화국과 외교관계를 수립하고 중화민국과 공식적 외교관계를 단절했다. 이 장에서는 중일 국교정상화 교섭 과정을 추적해 일본의 중국 인정 문제와 과거사 문제 처리가 다루어지는 과정을 살펴본다.

1. 일화평화조약과 중일공동성명의 충돌을 어떻게 해결할 것인가?[16]

1971년 10월 중화인민공화국이 유엔에 가입했다. 이후 일본 정부는 중화인민공화국과 국교정상화를 적극적으로 추진하겠다는 의사를 표명했다. 그러나 사토의 추진 의사와 달리, 사토의 임기 내에는 양국 간 교섭이 개시되지 않았다. 중국 측에서 사토 총리를 신뢰할 수 없다고 밝혔기 때문이다. 사토 총리가 1971년 10월 결정에서 펼친 친중화민국정책과 중화인민공화국의 유엔 가입 이후에도 여전히 중화민국과 관계를 유지하고자 한 점, 일본이 일화평화조약 파기를 약속하지 않은 점이 중국이 제시한 국교 회복 3원칙과 부합하지 않았던 것이다(国会会議録, 1972).

중국이 제시한 국교 회복 3원칙은 다음과 같았다. 첫째, 중국은 오직 하나이며, 중화인민공화국은 중국 인민을 대표하는 유일한 합법정부다. 둘째, 대만은 중국의 하나의 성이며 중국 영토의 불가분의 일부이고, 대만 문제는 중국의 내정 문제다. 셋째, 일화평화조약(중문에서는 일장조약)은 불법이며 파기되어야 한다.

1972년 7월 7일 다나카 가쿠에이(田中角榮) 총리가 취임하면서 중일 국교정상화가 본격적으로 추진되었다. 그는 사토 내각과 차별화를 내세우며 중일 국교정상화를 추진하겠다는 공약을 전면에 내세웠다. 다나카는 중국이 제시하는 국교 회복 3원칙을 이해한다고 표명했는데, 이 국교 회복 3원칙은 모두 중국 인정 문제와 관련되어 있었다. 이에 중국 지도부는 다나카의 당선을 공개적으로 지지했다.

다나카는 중일 국교정상화를 목표로 하는 중일정상회담을 추진하기 위해 공명당 총재 다케이리 요시카쓰(竹入義勝)를 중국에 파견했다. 다케이리는 1972년 7월 27일부터 7월 29일까지 중국을 방문해 저우언라이와 회담을 가졌다. 그 결과 일본은 중화인민공화국의 국교 회복 3원칙을 인정하고, 중화인민공화국은 일본에 대한 배상을 포기한다는

16 중일 국교정상화 과정에 관해서는 오승희, 2017; 최은봉·오승희, 2010; 2012a; 2012b; 2013; 2019에 게재된 내용을 바탕으로 수정 및 재구성한 것임을 밝힌다.

사전 협의에 도달했다.

비록 다케이리의 사전 교섭 과정에서 일본이 중화인민공화국의 국교 회복 3원칙을 인정할 것을 염두에 두고 있었지만, 이후 중일 국교정상화 교섭 과정에서 양국 간 일화평화조약에 대한 인식이 상이해 관련 부분을 조정하는 데 시간이 많이 걸렸다.

일본 정부에 가장 중요한 과제는 샌프란시스코 체제와 일중 국교정상화의 정합성 문제 해결이었다(国分良成 外, 2013; 中江要介, 2008). 일본과 중화민국의 평화조약이 중일 국교정상화와 양립할 수 있는가는 일본 정부에 매우 중요한 문제였다. 무엇보다 일화평화조약은 일본에 중국 인정 문제 그 자체이기도 했다. 중화인민공화국을 승인하면 이전에 중국을 대표해 체결한 일화평화조약은 무효인가 아니면 그대로 효력을 갖는가를 둘러싸고 논란이 발생할 여지가 있기 때문이었다. 특히 일화평화조약에서 중화민국은 일본에 대한 배상청구권을 포기했기 때문에 일본의 전후 처리 과정에서도 매우 민감한 문제였다. 또한 일본이 지금까지 중화민국을 중국 대표로 선택하고 형성해 온 외교관계를 스스로 부정할 수도 없는 노릇이었다.

만약 일화평화조약이 유효하다면 그 조약에서 다룬 배상 등을 포함한 전후 처리는 중화인민공화국이 승계해야 하는가? 앞서 체결된 일화평화조약과 다른 내용을 중화인민공화국과 합의하면, 일화평화조약에 대한 의문이 생길 수밖에 없었다.

중화인민공화국의 저우언라이 총리는 다나카 총리와 가진 제2차 회담에서 '전쟁의 손해는 대륙이 받은 것'임을 강조하며 샌프란시스코 강화조약과 일화평화조약에 근거한 배상 청구 포기는 중국을 구속하지 않는다고 강조하면서, 장제스가 포기했기 때문에 중국이 배상 청구를 포기해야 된다는 주장은 중국에 '모욕'이라고 강하게 표명했다(石井明 外, 2003: 56-57).

결국 일화평화조약은 무효라고 주장하는 중화인민공화국과, 일화평화조약은 국가 행위로서 적법하며 유효하다는 일본의 입장을 모두 고려한 문안을 작성하기 위한 절충안이 모색되었다.

1972년 시점에서, 일본 정부의 중화인민공화국에 대한 권리 수용 인정 의지는 분명해졌다. 이제는 중화민국의 권리 수용 인정을 어떻게 부정 상태로 전환할 것인가가 문제의 핵심이 되었다. 이제부터 일본이 이 문제를 어떻게 인식하고 결정해 나가는지 살펴보도록 한다.

2. 일본의 중국 인식

1972년 일본은 중화인민공화국의 국제적 지위가 비약적으로 높아졌으며, 국제사회가 새로운 국면을 맞이했음을 인식하고 있었다. 중화인민공화국은 캐나다, 이탈리아 등과 국교를 수립했고, 1972년 2월 닉슨 대통령의 베이징 방문과 상하이 공동성명 발표로 미중 양국은 종래의 '대결' 색채를 띤 관계에서 '대화'를 포함하는 공존관계로 들어가고 있었다(外務省, 1972). 일본이 바라본 국제정치는 미소 양 대국의 길항 시대에서 미-중-소 3국 간 경쟁과 공존, 대립과 대화 관계를 축으로 움직이는 시대로 이행하고 있었다(外務省, 1972).

일본은 "1971년은 중화인민공화국의 외교에서 획기적인 해였다"고 평가한다(外務省, 1972). 핑퐁 외교에서 시작된 중화인민공화국의 대미 유연 노선은 닉슨의 베이징 방문 발표로 결실을 맺었다. 닉슨 대통령은 1971년 7월 15일 중화인민공화국 방문 계획을 발표하고, 1972년 2월 21일부터 1주일에 걸쳐 베이징, 상하이(上海), 항저우(杭州)를 방문했다. 이때 마오쩌둥, 저우언라이와 회담을 갖고, 2월 27일 상하이 커뮤니케(Shanghai Communiqué)가 발표되었다. 중화인민공화국은 1971년에만 15개국과 새로이 국교를 맺고, 유엔에 가입하면서 숙원이었던 유엔에서 중화민국 추방을 실현했다(外務省, 1972).

또한 일본은 중화인민공화국이 중소국 외교에서도 성과를 보이고 있다고 평가했다. 특히 반패권을 핵심 내용으로 하는 평화 공존 5원칙과 피억압 인민, 민족의 해방투쟁 지원을 통해 세계 인민의 반미투쟁 강화, 일본 군국주의에 반대하는 아시아 인민의 투쟁 및 아시아, 아프리카, 중남미 제국과 함께 북아일랜드의 민족 해방투쟁 지원을 호소하고 있음에 주목했다. 또한 중화인민공화국이 북한 및 인도차이나 3국 좌파 세력과 연대 강화를 도모한 것에 집중했다(外務省, 1972).

그러나 동시에 비동맹 그룹을 중핵으로 하는 이른바 중소 제국의 단결은 점점 한계에 다다랐다. 특히 중화인민공화국이 주장하는 형태의 '초(강)대국으로의 도전'에 대한 저항이 예상된다고 전망했다(外務省, 1972).

사토 내각은 1971년 중화인민공화국의 유엔 가입 직후 중일 국교정상화는 '역사의 흐름'이라고 공언했다. 이후 일본은 중화인민공화국에 대해 정부 간 대화를 시작할 의사를 표명했다. 1972년 외교청서에는 "중화인민공화국은 우리 나라와 인접한 최대 이웃 국가의 하나이며, 일중 양국관계를 정상화하는 것은 금후 우리 외교에 가장 중요한 문제다"라고 보았으며, "일중 양국 간 국교가 지금 정상화되지 않고 있는 것은 부자연스러운 것"이라고 서술되어 있다(外務省, 1972).

1972년 1월 국회에 참석한 사토 총리는 "중국은 하나라는 인식하에 중일 국교정상화를 위한 정부 간 대화를 시작하는 것이 급선무"라고 말하며, 일중 간 문제들이 교섭 과정에서 자연스럽게 해결될 수 있을 것이라고 해, 하나의 중국 원칙 수용과 중화민국과의 관계 문제에 대해 협상이 가능하다는 견해를 밝혔다. 다만, 일본의 진의에 대한 중국 측의 '오해나 불신감'을 우려하면서, 일본 정부로서는 여러 가지 노력을 해 이를 해소하고자 하며, "하루라도 빨리 일중 간에 선린우호관계를 수립하고, 서로 협력해 아시아의 평화와 번영에 기여하는 날이 오기를 바란다"고 했다(国会会議録, 1972).

그러나 이런 기대와 달리 중화인민공화국 정부는 사토 내각에 불만을 가져, 사토 이후 일본을 기다리고 있었다. 결국 1972년 7월 다나카 내각이 등장한 뒤에야 교섭이 개시되었는데, 여기서 중화인민공화국은 다음과 같은 묵약 사항을 제시했다.

1. 대만은 중화인민공화국의 영토이며, 대만을 해방하는 것은 중국의 내정 문제다.
2. 공동성명이 발표된 후, 일본 정부는 대만에서 그 대사관, 영사관을 철거하고 또한 효과적인 조치를 강구해 장제스 집단(대만도 좋음)의 대사관, 영사관을 철거한다.
3. 전후, 대만에서 일본의 단체와 개인의 투자 및 기업은 대만이 해방될 때 적당한 배려가 지불된다(물론 중국 측이 적당한 배려를 지불한다는 의미다).

중일공동성명 초안 작성 과정에서 일본 정부가 제안한 대만 문제에 대한 최종 입장은 일본이 중국은 하나라는 중국의 일관된 입장을 전면적으로 존중하고, 대만 독립을 지지하려는 의도가 전혀 없다는 것이었다. "대만이 현재 중화인민공화국 정부와 별개의 정권 지배하에 있는 것에서 생겨나는 문제는 중국 인민의 손으로 해결해야 하는 문제, 즉 중국의 국내 문제"라는 것이다. 또한 일본은 제3국과의 관계에 대해서도, "우리 나라는 대만에 존재하는 국민정부와 외교관계를 유지하는 여러 나라의 정책을 부인하는 입장이며, 또한 미중 간 군사적 대결은 피하지 않으면 안 된다는 것이 모든 일본 국민의 염원인 이상, 대만 문제는 어디까지나 평화적으로 해결해야 한다는 것이 일본 측의 기초적 견지다"라고 언급했다. 세 번째 요강에 대해서는 "우리 나라와 대만의 대사관, 영사관 상호 철거 및 전후 대만에 대한 일본의 투자에 대한 장래 중국 측의 배려는 일중 국교정상화의 필연적 귀결이라고 인식하며, 타당한 기간 내에 당연히 실현될 것"이라고 주장했다.

중일 국교정상화는 이제 당연한 것이 되었고, 지리적·역사적 관계로서 양자관계의 특수성이 두드러지게 강조되었다. 다른 정치적 상황도 시대의 흐름이자 당연하게 여겨지는 중일 국교정상화를 위해 충분히 조정될 수 있는 것으로 인식되기 시작했다.

> 일의대수 사이에 있고 역사적으로도 깊은 관계에 있는 일중 양국(一衣帯水の間にあり歴史的にも深い関係にある日中両国)이 정상적 국교를 갖는 것은 말하자면 당연합니다. 그리고 이것은 우리 나라와 미국과 다른 제국과 긴밀한 우호관계를 갖는 것과 양립해야 하며, 또한 양립시킬 수 있다고 믿는 바입니다(外務省, 1972).

흥미로운 것은, 대만 문제에 대한 도입 부분에서 전쟁기 일본과 대만의 관계를 언급했다는 점이다. 일본이 샌프란시스코 강화조약에 의거해 대만에 대한 모든 권리를 포기했기 때문에 일본은 대만의 현재 법적 지위에 관해 독자적으로 인정을 내릴 수 있는 입장이 아니며, "대만을 다시 일본의 영토로 하려고 한다든지 대만 독립을 지지하려고 한 의도는 전혀 없다"고 말했다. 중화민국에 대한 명칭은 이미 대만으로 변경되었다. 그리고 이 부분을 통해 중화민국과 일본의 관계는 중화인민공화국과 상이하다는 점을 의도적으로 나타내었다. 이러한 인식은 일본의 국가정체성 확인에도 반영되어 있다.

1) 일본의 자기정체성 확인: 우호국가로서 가치 존중

1972년 초, 일본은 세계가 '다극화' 추세로 접어들었다고 보았다. 변화하는 국제정세의 흐름 속에서 일본은 유연하고 현실적인 태도를 가지고, 기본적 국익에 대해 확고한 신념과 장기적 전망을 가지고 나아가는 것이 필요하다고 판단했다(外務省, 1972).

일본이 인식한 국제정세의 변화는 닉슨의 중화인민공화국 방문, 중화인민공화국의 유엔 가입, 통화 충격이라는 세 가지 사건으로 요약될 수 있다.

우선, 닉슨의 베이징 방문으로 나타난 미중관계 변화에 일본은 미일관계의 강한 연대 확인으로 대처했다. 닉슨 대통령과 사토 총리는 샌클레멘테(San Clemente)에서 회담을 갖고 미일 협력을 강조했다. 일본은 1972년 5월 15일 오키나와를 비롯한 류큐 제도와 다이토섬 반환은 영토 문제를 평화적으로 해결한 유례없는 사건임을 강조했고, 앞으로도 미국과 일본이 '고도 선진 공업국가'로서 '공통성' 위에 새로운 각도에서 깊은 연계를 유지해 갈 것임을 강조했다(国会会議録, 1972).

1971년까지만 해도 일본은 미국에 대해 직접적으로 언급하기보다 '자유세계'라는 표현에 미국을 포함시켜 표현했으나, 1972년부터는 '미국'에 대한 직접적 언급이 두드러진다. 다극화되고 복잡해지는 시대에 일본의 국력 증대를 위해서는 미국과 일본 간 밀접한 협력이 중요하다는 점을 강조하기 시작한 것이다. 그리고 미일 간 협력이 일본의 국익증대와 세계평화에 기여할 수 있다는 믿음이 형성되었다. 특히 1972년 5월 15일 오키나와의 평화적 반환은 전후 일본의 주권 회복과 미일 협력의 결실로 구체화되었다.

후쿠다 외상: 지난 1월 6-7 양일, 미국 샌클레멘테에서 이루어진 일미

수뇌회담에 우리는 이와 같은 인식을 가지고 출석한 것입니다. 이 수뇌회담에서는 국민이 오랫동안 한결같이 염원해 온 오키나와 반환 기일이, 본년 5월 15일로 확정되었습니다. 동시에 반환 시 오키나와가 핵 없이(核ぬき)라는 뜻을 확인하는 것, 반환 후 미군의 시설과 구역을 가능한 한 정리, 축소할 수 있도록 충분한 고려가 이루어지는 것 등의 문제도 함께 합의되었습니다. (중략) 전쟁에 의해 잃어버린 영토가 평화적인 대화로 반환된다는 것은, 역사상 대부분 전례가 없는 일입니다. 대화에 의해 오키나와의 시정권 반환이라는 이 역사적 결과를 가능하게 한 것은, 오키나와 현민을 비롯해 일본 국민 전체의 오랜 노력의 보람임과 동시에, 오늘까지 일미 우호관계가 가져온 위대한 성과라고 생각합니다(国会会議録, 1972).

둘째, 국제사회에서 중화인민공화국의 위상 변화에 대해서는 "중국은 우리 나라에 있어 최대 이웃 국가일 뿐만 아니라, 일중 간에는 2,000년에 걸친 교류 역사가 있음"을 강조하고, 일본은 중화민국과 평화조약을 통해, 중국 대륙과 민간무역 교류를 통해 관계를 밀접하게 유지해 왔다고 확인했다. 특히 중국 대륙과의 관계는 민간무역을 중심으로 하고 있으며, 연간 9억 달러 이상의 일중무역 총액이 양국관계를 뒷받침해 왔다고 평가했다. 사토 총리는 "일중 양국의 관계가 장기적으로 안정되는 것은 아시아의 평화는 물론, 원래부터 세계 평화 유지에도 중요한 의의를 갖는 것"이라고 의미를 부여했다(国会会議録, 1972).

세 번째 변화는 통화 문제인데, 일본은 엔화를 1달러에 308엔으로 절상하는 것으로 대처했다. 일본은 선진국 통화 중 최대 절상폭을 단행해 국제 통화 위기를 타개하는 데 중요한 공헌을 하고, 조기에 통화위기를 극복해 경제발전을 이룰 것이라고 주장했다. 후쿠다 외상은 선진제국 간 국제협조를 통해, 현재 "안정과 균형을 회복하고 있으며, 새로운 국제 연대로 향해 가고 있다"고 보았다(国会会議録, 1972).

1971년 국제사회 변화에 대한 일본의 대처에서 나타나는 공통점은 경제선진국으로서 현실적 자아를 확인하고 주변 국가들과 관계 강화를 통해 평화국가를 지향하는 일본의 미래상으로 정리한다는 것이다.

> 중국을 둘러싼 이와 같은 변동과 함께, 우리 나라의 국제적 지위 향상도 점점 명확해졌다. 과거 수년간 지속되어 온 국제 통화 문제는 세계 중요 문제의 하나였지만, 1971년 말 다각적 통화 조정을 통해 우리 나라는 이 과제 해결에 어느 정도 중요한 역할을 다하고, 세계 경제에 큰 영향력을 가지고 있는 것이 실증되었다. 경제력을 중심으로 증대되고 있는 우리 나라의 국력은 점차 세계의 관심과 주목을 집중시키고 있다. 이 사실을 배경으로 해 우리 나라는 국제정치 면에서도 영향력을 높여 가고 있다고 말할 수 있다(外務省, 1972).

> 우리 나라는 군사적으로는 미중소 3국에 비교될 힘이 없지만, 경제적으로는 미국, 서구에 비견될 세계 경제의 지도적 입장에 있어 또한 나름의 큰 영향력과 국제적 책임을 가지고 있다(外務省, 1972).

일본의 경제선진국으로서 국가정체성은 군사력의 자발적 제한을 갖는 평화국가로 국가정체성과 연계되어 있다. 그리고 일본은 군사적 제약과 평화로운 세계가 일본 경제발전의 토대가 된다는 점을 분명하게 인식하고 있다.

> 후쿠다 외상: 우리 나라는 세계에 자랑할 만한, 평화가 풍요한 사회 건설을 지향합니다. 인구가 조밀하고 자원이 궁핍하고, 해외 제국과 교류와 교역이 필요한 우리 나라는, 이와 같은 풍요로운 사회를 건설하기

위해 무엇보다 우선 평화로운 가운데 번영하는 세계가 되어야 합니다. (중략) 우리 나라는 여러 국민의 신의와 신뢰로 그 안전과 생존을 확보할 수 있다는 이상을 내세우고, 경제적으로 그럴 수 있는 힘을 가지면서도, 군사 대국으로 길은 선택하지 않는 것을 결의하고 있습니다. 이는 역사상 유례없는 실험으로의 도전입니다. 이 실험의 앞길에는 여전히 수많은 곤란이 있습니다. 하지만 우리는 전후 황폐 속에서 일어서고, 금일의 우리 나라를 쌓아 올린 우리 일본 국민의 영지와 노력을 가진다면, 이와 같은 곤란을 반드시 극복할 수 있다고 확신하는 바입니다. 우리 나라가 그 난관을 넘어 평화롭고 풍요로운 문화국가로서, 세계 속에서 명예로운 지위를 점하도록, 그 길을 열어 가야 하는 것이야말로 일본 외교의 사명이라고 믿습니다(国会会議録, 1972).

패전국가였던 일본은 전후 20여 년간 평화국가를 지향하고, 경제대국으로서 가치 확인을 인정받게 되었다. 변화하는 국제사회의 흐름에서 일본은 1972년 시점에 경제대국으로서 국제사회의 책임을 다해야 한다는 역할을 인식하고 있었다. 이러한 일본의 기본 인식은 다나카 내각에서도 일관되게 나타났다. 1972년 10월 28일, 국회에서 오히라 외상은 중일 국교정상화의 의의에 대해 다음과 같이 말했다.

오히라 외상: 우리 나라는 우리 나라 존립의 주체적·객관적 조건들에 입각해, 어디까지나 평화에 철저한 나라로서, 안으로는 이에 걸맞게 스스로 내정을 정비하고, 대외로는 국제적 신용을 높이는 여러 외국과 교류를 진전시켜, 세계의 평화와 번영에 공헌해야 한다고 믿고 있습니다. 우리는 우리 나라의 국력에 충실히 따라, 금일 세계에서 우리 나라가 가진 책임과 역할이 매년 증대하고 있는 것을 통감하는 바입니다. 따라서 국내외에 걸친 책임을 다해야 우리 나라의 안전이 보장되고, 그 국

익이 유지될 것이라고 확신합니다(国会会議録, 1972).

다극화되는 세계 속에서 일본의 역할과 책임을 증대하려는 움직임은 일본의 적극적인 외교정책으로 나타났다. 중화인민공화국과의 관계 개선은 물론, 1972년 2월 몽골과 국교정상화를 맺고 소련과도 관계 개선 움직임을 보였다. 또 북베트남과의 관계 개선을 타진하면서 동남아시아 외교도 보다 본격화되기 시작했다. 이러한 일본의 외교적 지평 확대(五百旗頭真, 2014)는 중화인민공화국에 '군국주의 부활'이라는 위기감을 조성하기도 했다. 1971년 7월 키신저의 극비 방중 당시 회담에서, 저우언라이는 "일본은 확장주의적 경향이 있다"고 했다. 이에 키신저는 일본이 군사력과 핵무기를 가지면 그 우려가 실현될 수 있다고 동의하고, 일미 안보관계가 일본 군국주의화를 방어하고 있다는 이른바 '병마개론'을 공유하게 되었다(国分良成 外, 2013; 毛里和子, 2006; 손열, 2013; 添谷芳秀, 2003). 1972년 2월 닉슨이 방중했을 때도 키신저는 "중국은 전통적으로 세계적 시야를 가지고 있지만, 일본의 시야는 부족하다"고 오히려 중국에 대한 신뢰에 무게를 두었고, 닉슨도 일본의 군국주의가 과거의 것이 되었는지 "확증은 가지고 있지 않다"고 말했다(国分良成外, 2013; 毛里和子, 2006; 添谷芳秀, 2003).

1972년 5월 사토 내각이 주력했던 오키나와 반환이 실현되었다. 이후 이른바 '가쿠후쿠 전쟁'으로 불리는 후쿠다 다케오와 다나카 가쿠에이의 후계 전쟁이 본격화되었다. 사토가 지지하는 후쿠다는 중화민국과의 단교에 보다 소극적이었기 때문에 중화인민공화국으로의 접근에 보다 적극적이었던 다나카가 오히라 마사요시(大平正芳), 미키 다케오, 나카소네 야스히로(中曾根康弘)의 지지를 얻을 수 있었다. 7월 5일 자민당 총재 선거를 이틀 앞둔 회담에서 다나카, 오히라, 미키는 일중 국교정상화를 향한 교섭에 합의한 정책 협정을 결정했다. 그러나 후쿠다를 포함한 4인으로 이루어진 총재 선거는 제1회 투표에서 결판나지 않았고, 결선 투표로 282표를 획득한 다나카가 190표를 획득한 후쿠다에 승리했다(国分良成外, 2013).

1972년 7월 5일, 자민당 총재 선거 후 기자회견에서, 다나카는 "일중 국교정상화 시기가 되었다고 생각한다"고 밝히고, 7월 7일 제1차 다나카 내각 성립 후, 총리로서 중화인민공화국과 국교정상화를 서둘러 추진하겠다는 담화를 발표했다(外務省, 1973). 다나카 총리는 중일 국교정상화에 대해 다음과 같이 설명한다.

> 1970년대 정치에는 강력한 리더십이 요구되고 있습니다. 새로운 시대에는 새로운 정치가 필요합니다. 정치가는 국민에 테마를 제시하고 구체적인 목표를 분명히 하며, 기한을 제시해 정책 실현에 전력을 기울여야 합니다. 우리가 일중 국교정상화에 진력하고 또 일본열도 개조를 제창한 것도 시대의 흐름, 시대의 요청을 통절히 느꼈기 때문입니다.
>
> 일중 양국은 이번 공동성명에서 주권 및 영토 보전 상호존중, 내정에 대한 상호불간섭을 시작으로 하는 여러 원칙의 기초 위에, 평화와 우호관계 확립을 내외에 분명히 했습니다. 일중 국교정상화에서 우리 나라의 외교는 세계적 범위를 갖게 되었지만, 이는 동시에 국제사회에서 우리 나라의 책임이 일단으로 더해, 인류의 평화와 번영에 더욱 공헌해야 할 의무를 갖는 것을 의미합니다(外務省, 1973, 밑줄은 필자).

다나카 총리는 중일 국교정상화와 일본열도 개조가 새로운 시대의 흐름과 시대의 요청을 반영한 것이며, 이를 달성하기 위해서는 정치적 리더십이 중요함을 강조했다. 중일 국교정상화에서 다나카 총리의 정치적 리더십을 가장 중요한 요인으로 보는 시각도 이러한 다나카 총리의 발언에서 근거를 찾을 수 있다. 그러나 1971년 중화인민공화국의 유엔 가입 이후 사토 총리와 오히라 외상의 중국 인식이 분명히 변화했다는 점을 주지할 필요가 있다. 사토 내각에서는 중일 국교정상화가 오키나와 반환과 연계되어 다루어진 반면, 다나카 총리는 중일 국교정상화를 일본열도 개조론과 연결했다. 중일 국교정상화 의제가 국내 정치적 맥락에 활용된 것은 중국 인정 문제에 대한 일본 정부의 자기인식 중심적 시각을 보여 준다.

2) 자기정당화: 국제규범형 X 역사문화형

1972년 중일 국교정상화 전후로 나타난 일본 외교정책 결정 집단의 자기정당화 서술을 살펴보면 국제규범형과 역사문화형의 조화가 두드러진다. 특히 중일 간 역사적 특수성에 기반한 양국 간 협력을 강조하고, 나아가 국제규범에 기반을 둔 양자관계의 발전을 지향한다는 서술이 두드러지게 나타난다. 중일관계의 기반은 유엔의 기초 위에 있다는 점을 확인함으로써, 중일관계와 유엔 중심 외교를 조합한 것이다. 중국이 주장해 온 평화 공존 5원칙과 유엔 헌장의 원칙이 국제규범을 구성한다.

> 오히라 외상: 공동성명은 이후 일중관계에 적용되어야 할 원칙들을 명시하고 있습니다. 즉, 주권, 영토 보전의 상호존중, 상호불가침, 내정불간섭, 평등 호혜 및 평화 공존의 5원칙이 그러합니다. 게다가 양국은 이러한 원칙 및 유엔 헌장의 원칙에 따라, 분쟁의 평화적 해결과 무력 불행사를 서로 확인했습니다. 공동성명에서 그 체결 교섭을 약속하는 평화우호조약은 이와 같은 지침에 입각하면서, 장래 일중 간 선린우호관계를 확고히 하는 것을 목적으로 하고 있습니다(国会会議録, 1972).

그런데 역사문화적 특수성은 중일 양자 간 특수성은 물론 미국과 일본 양자관계의 특수성도 함께 나타났다. 즉, 미국과의 관계 재확인은 중국과의 관계를 독자적으로 수행하기 위해서도 중요하다. 이전까지 일본은 자신들의 중국정책이 미국과 다른 방식으로 전개되어 왔음을 주장해 왔다. 일본 외교의 미국 추수성에 대한 지적에 대응하기 위해서였다. 그러나 '가장 중요한 이웃 국가'인 중화인민공화국과의 관계 정상화는 시간문제로 나타났고, 결국 일본에서는 중일 간 협력이 아시아와 국제사회의 안정과 질서에도 도움이 된다는 표현이 일반화되기 시작했다. 이전 미국과의 외교가 일본의 자립성에 대한 논의와 연계되었던 것과 달리, 오키나와 반환 이후 일본의 대미정책은 미일 양국 간 협력을 보다 동등한 수준에서 이끌어 나가겠다는 자신감이 담겨 있었다.

일본 정부가 미국과의 관계 강화를 보다 직접적으로 내세우기 시작한 까닭은 중일 국교정상화 반대 세력의 설득에 도움을 줄 수 있기 때문이다. 공동성명이라는 형식을 채택한 것도, 일본 국회의 비준 없이 국교정상화를 우선적으로 실현하기 위해서였다. 이후 국회 비준을 얻는 데 상당한 시일이 걸린 평화우호조약 체결 과정을 생각해 보면, 일본 내에서 지지를 획득하기가 쉽지 않았을 것이다.

> 다나카 총리: 우리는 이전에 하와이에서 닉슨 대통령과 회담하고, 일미 양국이 당면한 여러 문제에 대해 솔직한 의견을 교환하고, 상호 이해를 심화했습니다. 일본과 미국은 정치, 경제, 사회, 문화 각 분야에서 깊은 관계를 가져 왔지만, 새로운 단계에 들어선 일미 양국의 금후 우호협력 관계 유지, 증진은 일미 양국에 멈추지 않는 아시아·태평양 전역의 안전과 번영에 없어서는 안 되는 것입니다(国会会議録, 1972).

> 후쿠다 외상: 지난번 일미 수뇌회담에서도 관련 관점에서 미국 정부 수뇌에 대해 일중 국교정상화에 대해 우리 나라의 입장과 생각을 솔직하

게 전한 바 있습니다. 또한 우리 나라와 긴밀한 관계를 가지는 그 외 각국에 대해서도, 가능한 한 광범위한 이해를 구해 왔습니다. 게다가 우리는 최근 호주, 뉴질랜드, 미국 및 소련을 방문해 관계국 수뇌에 대해 일중 국교정상화 교섭 취지를 전달해, 그 이해를 심화시켜 왔습니다. 또한 정부가 한국 및 동남아시아 제국에 대해 각자 특파대사를 파견한 것도, 마찬가지로 배려에 근거한 것입니다(国会会議録, 1972).

중일 양자 간 특수성이 국제사회의 보편적 가치와 조화를 이루어 나타나는 것은 일본의 지역 인식이 패전국가 일본에서 자유국가 일본으로, 아시아 선진국으로, 그리고 아시아·태평양 지역 국가로 변화하는 것으로 나타난다. 일본은 대미정책과 대아시아정책의 교차점을 아시아·태평양 지역을 기반으로 형성해 나가기 시작했다.

후쿠다 외상: 일중 국교정상화는 일중 간 역사에 새로운 막을 여는 것입니다. 하지만 이는 지금까지 없었던 길이 열린다는 데 지나지 않습니다. 문제는 금후 우리가 어떻게 이 길을 확대시키고 발전시킬 것인가입니다. 양국관계의 장래, 한층 더 나아가 아시아·태평양 지역의 평화와 안정은 양국의 이제까지 노력에 크게 걸려 있다고 생각합니다(国会会議録, 1972).

3. 일본의 중국 인정: 중화민국 권리 확인

1972년 9월 28일 중화인민공화국과 일본 간 '비정상적인 상태'가 종료되고, 일본은 중화인민공화국이 중국의 유일한 합법정부임을 인정했다. 중일 간 권리 수용 인정 단계로 나아간 것이다. 사실 1972년 초에 이미 중화인민공화국과 국교정상화 추진은 시간문제로 보였다. 하지만 하나의 중국을 받아들이는 형식이 달라질 수 있다고 보았다. 그리고 결국 일본은 중화민국과의 외교관계를 단절했다. 그러나 민간 분야에서의 관계는 유지함으로써 권리 확인 인정 단계로 조정되었다.

중일 국교정상화 교섭 기록은 30년이 지난 2002년 이후 공개되어 당시 교섭 상황을 자세히 살펴볼 수 있게 되었다. 이시이 외의 연구(石井明 外, 2003)는 이 공개 자료를 제공하는 귀중한 사료다. 이제부터 이시이의 자료집과 외교청서, 국회의사록 기록을 바탕으로 1972년 중일 국교정상화 교섭 과정에서 일본 정부가 하나의 중국 원칙을 수용하는 과정을 보다 구체적으로 확인해 본다.

1972년 7월 5일 일본에 다나카 가쿠에이 정권이 등장하면서 중일공동성명에 관한 본격적인 논의가 시작되었다. 다케이리 공명당 총재와 저우언라이 총리의 세 차례 회담, 다나카 총리와 오히라 마사요시 외상의 방중 이후 네 차례 정상회담과 세 차례 외상회담을 거쳐 관련 논의들이 정리되었다(표 10 참조). 일본 측에서는 다나카 총리, 오히라 외상, 니카이도 스스무 관방장관, 하시모토 히로시(橋本恕) 중국과장이 참석했다. 중국 측에서는 저우언라이 총리, 지펑페이 외교부장, 랴오청즈 외교부 고문, 장샹산(张香山) 외교부 고문, 한니엔롱(韩念龙) 외교부 부부장이 참석했다.

양국은 공동성명 내용이 단순하게 국교정상화 한 문제를 지칭하는 것이 아니라, 그 이상 폭넓은 문제를 포함하고 있음을 강조하며 '중일공동성명'이라는 표제를 선택했다(石井明 外, 2003). 공동성명 전문에서는 전쟁 상태 종료, 일본의 반성과 책임, 중국 정부 승인, 평화우호관계 내용으로 구성되며, 본문은 다시 1조에서 '전쟁 상태의 종료'를 선언하고, 2조부터 4조까지는 중국 정부 승인 내용을 구체화했다. 그 후 5조에서 중화인민공화국은 배상 청구 포기를 선언했다. 6조부터는 일

[표 10] 중일공동성명 관련 주요 회의(1972)

회의	일시	장소
다케이리·저우언라이 1차	7.27. 16:00 – 19:00	
다케이리·저우언라이 2차	7.28. 19:00 – 20:45	
다케이리·저우언라이 3차	7.29. 19:30 – 21:30	
제1차 정상회담	9.25. 14:55 – 16:50	인민대회당(安徽厅)
환영만찬(저우언라이 주최)	18:00 –	인민대회당(安会厅)
제1차 외상회담	9.26. 10:20 – 11:40	인민대회당
제2차 정상회담	14:00 – 16:30	영빈관
제2차 외상회담	17:10 – 18:20	영빈관
제3차 정상회담	9.27. 16:10 – 약 18:40	인민대회당(福建厅)
다나카·마오쩌둥 회담	20:30 – 21:30	마오쩌둥 저택 서재
비공식 외상회담		만리장성 왕복 차 안
제3차 외상회담	22:10 – 0:30	영빈관
제4차 정상회담	9.28. 15:00 – 16:50	영빈관
답례만찬(다나카 주최)	18:30 –	인민대회당(安会厅)

* 출처: 国分良成 外, 2013; 毛里和子, 2006; 石井明 外, 2003 참조, 필자 작성.

본과 중국, 그리고 세계의 평화우호관계를 표명하는 4단계 내용으로 구성되어 있다(표 11 참조).

일본에는 일화평화조약과 일중 국교정상화의 정합성을 가능하게 하는 것이 가장 큰 교섭 과제였다. 그러나 크게 세 가지 문제에서 일화평화조약과 일중 국교정상화가 충돌할 가능성이 있었다. 첫 번째는 전쟁 상태 종료 시점 문제, 두 번째는 일화평화조약 종료 및 무효 문제, 세 번째는 국교정상화 이후 중화민국과의 관계 문제였다.

우선 전쟁 상태 종료 시점에 대해 살펴보자. 전문의 "일중 양국은 일의대수(一衣帶水)의 이웃 국가이며 오랜 전통적 우호 역사를 갖고 있다. 양국 국민은 양국 간에 이제까지 존재해 온 비정상적인 상태에 종

[표 11] 중화인민공화국과 일본의 공동성명(중일공동성명)

일본 내각총리대신 다나카 가쿠에이는 중화인민공화국 국무원 총리 저우언라이의 초청에 따라 1972년 9월 25일부터 9월 30일까지 중화인민공화국을 방문했다. 다나카 총리대신과 오히라 마사요시 외무대신, 니카이도 스스무 내각관방장관 및 그 밖의 정부 직원이 수행했다.

마오쩌둥 주석은 9월 27일 다나카 가쿠에이 총리대신과 회견했다. 양측은 진지하고 우호적인 대화를 나눴다.

다나카 총리대신 및 오히라 외무대신과 저우언라이 총리 및 지펑페이 외교부장은 중일 양국 간 국교정상화 문제를 비롯한 양국 간 제반 문제 및 쌍방이 관심을 갖고 있는 기타 제반 문제에 대해 시종 우호적인 분위기에서 진지하고 솔직하게 의견을 교환하고 다음 양국 정부의 공동성명을 발표하기로 합의했다.

일중 양국은 일의대수의 이웃 국가이며 오랜 전통적 우호 역사를 갖고 있다. 양국 국민은 양국 간에 이제까지 존재해 온 비정상적인 상태(不正常な狀態/不正常狀态)에 종지부를 찍기를 희망한다. 전쟁 상태 종결과 일중 국교정상화라는 양국 국민의 바람 실현은 양국관계의 역사에 새로운 페이지를 열게 될 것이다.

일본 측은 과거에 일본국이 전쟁을 통해 중국 국민에 중대한 손해를 입힌 것에 책임을 통감하고, 깊이 반성한다. 또한 일본 측은 중화인민공화국 정부가 제기한 '복교 3원칙'을 충분히 이해하는 입장에서 국교정상화 실현을 이룬다는 견해를 재확인한다. 중국 측은 이를 환영하는 바이다.

일중 양국 간 사회제도의 차이에도 불구하고, 양국은 평화우호관계를 수립해야 하며 또한 수립하는 것이 가능하다. 양국 간 국교를 정상화하고, 상호 선린우호관계를 발전시키는 것은 양국 국민의 이익에 합치되는 것이며, 또한 아시아의 긴장 완화와 세계평화에 공헌하는 것이다.

1. 일본국과 중화인민공화국 간의 이제까지 비정상적인 상태는 이 공동성명이 발표되는 날 종료된다.
2. 일본국 정부는 중화인민공화국 정부가 중국의 유일한 합법정부임을 승인한다.
3. 중화인민공화국 정부는 대만이 중화인민공화국 영토의 불가분의 일부인 것을 거듭 표명한다. 일본국 정부는 이 중화인민공화국 정부의 입장을 충분히 이해하고 존중하며, 포츠담 선언 제8항에 근거하는 입장을 견지한다.
4. 일본국 정부 및 중화인민공화국 정부는 1972년 9월 29일부터 외교관계를 수립하기로 결정했다. 양국 정부는 국제법 및 국제관행에 따라 각자의 수도 및 지방에 대사관을 설치하고 임무 수행을 위해 필요한 모든 조치를 취하며, 또한 가능한 한 신속하게 대사를 교환하기로 결정했다.
5. 중화인민공화국 정부는 중일 양국 국민의 우호를 위해, 일본에 대한 전쟁 배상 청구를 포기하기로 선언한다.

6. 일본국 정부 및 중화인민공화국 정부는 주권 및 영토 보전의 상호존중, 상호불가침, 내정에 대한 상호불간섭, 평등 및 호혜 그리고 평화공존 원칙의 기초위에 양국 간 항구적 평화우호관계를 확립하기로 합의한다.
양국 정부는 우측(이상)의 원칙 및 유엔 헌장의 원칙에 근거해, 일본국 및 중화인민공화국이 상호 관계에 있어 모든 분쟁을 평화적 수단으로 해결하고, 무력 및 무력에 의한 위압에 호소하지 않는 것을 확인한다.
7. 일중 양국 간 국교정상화는 제3국에 관한 것이 아니다. 양국 어느 쪽도 아시아·태평양 지역에서 패권을 추구해서는 안 되며, 이러한 패권을 확립하려고 하는 다른 어떠한 국가 또는 국가집단에 의한 시도에도 반대한다.
8. 일본국 정부 및 중화인민공화국 정부는 양국 간 평화우호관계를 강고히 하고 발전시키기 위해 평화우호조약 체결을 목적으로 교섭하기로 합의했다.
9. 일본국 정부 및 중화인민공화국 정부는 양국 간 관계를 한층 발전시켜 인적 왕래를 확대하기 위해, 필요에 따라 또한 기존의 민간계약을 고려하면서, 무역, 해운, 항공, 어업 등의 사항에 관한 협정 체결을 목적으로 교섭을 하기로 합의했다.

1972년 9월 29일 베이징
일본국 내각총리대신 다나카 가쿠에이(田中角栄)
일본국 외무대신 오히라 마사요시(大平正芳)
중화인민공화국 국무원총리 저우언라이(周恩來)
중국인민공화국 외교부장 지펑페이(姬鵬飛)

* 위 조약문은 일문과 중문으로 작성되었으며, 자료는 일문을 기본으로 중문본은 참고해 번역했다. 이에 중국과 일본의 표시가 '일중'으로 되어 있는 본문을 그대로 표기한다.

지부를 찍기를 희망하고 있다. 전쟁 상태 종결과 일중 국교정상화라는 양국 국민의 소망 실현은 양국관계 역사에 새로운 페이지를 여는 것이 될 것이다"라는 부분과 제1항의 "1. 일본국과 중화인민공화국 간의 이제까지 비정상적인 상태는 이 공동성명이 발표되는 날 종료된다"는 부분에서 이를 다룬다.

다케이리는 7월 25일 중국을 방문해 저우언라이와 회담을 가지고, 이후 중일 국교정상화 가능성에 대해 논의했다. 그리고 7월 29일 중국측 공동성명안을 받는다. 처음 받은 문구의 표현은 "전쟁 상태는 이 성명이 공표되는 날 종료된다"였다. 이후 일본 측이 제시한 초안은 "전쟁 상태가 종결된 것을 확인한다"였는데, 이 두 초안에 제시된 표현은 전쟁 종결 문제와 관련된 양국의 입장 차이를 반영하고 있다.

우선, 중국의 초안은 공동성명 공표일을 전쟁 종료일로 인정하려는 의도를 담고 있었다. 그러나 일본 측 초안에서는 전쟁 상태는 이미 종결되었고, 공동성명에서는 그 종결됨을 확인하고자 했다. 일본은 이미 1952년 일화평화조약을 통해 "일본국과 중화민국의 사이 전쟁 상태는 이 조약이 효력을 발하는 날에 종료한다"고 선언했다. 따라서 일본에는 1972년 성명으로 다시 전쟁 종료를 선언할 경우 양립할 수 없는 모순이 발생한다는 문제가 있었다. 그러나 중국은 1952년 일화평화조약이 무효임을 강조해 양국 간 입장 충돌이 불가피했다.

중국과 일본이 전쟁이 아닌 전쟁 '상태'라는 단어를 사용하는 것도 주목할 필요가 있다. 일본 측은 전쟁 자체는 이미 끝난 것으로 보고 강화조약이 체결되는 시점을 전쟁 상태 종료로 규정하고자 했다. 그러나 중국은 1972년 이전까지 중일 간 상황을 전쟁 상태 부재로 볼 수 없다고 주장했다(石井明 外, 2003: 55). 이는 샌프란시스코 강화조약에 대한 입장 차이에서 비롯된다. 일본은 샌프란시스코 강화조약으로 전쟁 상태가 종료된 것으로 생각했지만, 중화인민공화국은 샌프란시스코 강화조약에 참가하지 않았기 때문에 전쟁 상태를 종료한 바 없다는 것이었다.

이러한 입장 차이는 외상회담이 시작될 때까지 지속되었다. 1차 외상회담에서 중국 측은 "중화인민공화국과 일본국 간 전쟁 상태는 이 성명이 공표되는 날에 종료한다"는 표현을 제시했다. 한편 일본 측은 '여기에'라는 표현을 추가해 1972년 성명의 의미를 좀 더 부각시키는 것으로 '이 성명이 공표되는 날'에 대한 의견을 반영해 "일본국 정부 및 중화인민공화국 정부는 일본국과 중국 간 전쟁 상태 종료를 여기에 확인한다"고 제시했다. 여전히 시점에 대해서는 불분명한 입장을 고수한 것이다. 이에 대해 지펑페이 외교부장은 중국 인민을 납득시키기 위해서는 전쟁 상태가 언제 종료되었는지 확실히 해야 한다고 강조했다(石井明 外, 2003: 85). 결국 일본은 다음 두 가지 안을 제시한다.

> 제1안은 "중화인민공화국 정부는 중국과 일본국 사이 전쟁 상태 종료를 여기에서 선언한다"고 하는 것으로, 주어가 중화인민공화국이 되는 점이 특징입니다. 이와 같이 전승국만이 일방적으로 전쟁 상태 종료를 선언한 예는 과거 연합국과 독일의 전쟁 상태 종료에서 채택된 바 있습니다.
>
> 제2안은 "일본국 정부와 중화인민공화국 정부는 일본국과 중국 사이에 금후 전면적 평화관계가 존재하는 것을 여기에 선언한다"는 것으로, 언제 전쟁이 종료했는지 명확히 하지 않는 것입니다. 이 문제에 대해서는 쌍방에 입장 차이가 있으므로 장래를 향해 전향적인 태도로 처리하는 것을 제안하는 것입니다(石井明 外, 2003: 87).

첫 번째 안에서는 "전승국"이라는 표현을 사용했다는 점과 전쟁 상태 종료를 "여기에서" 선언한다는 점이 주목할 만하다. 주어에서 일본국 정부가 제외된 것과, 전쟁 상태가 1972년 성명으로 "확인한다"에서 "선언한다"로 표현을 바꾸면서 전쟁 상태 종료 시점이 더 불분명해졌다. 두 번째 안에서는 전쟁 상태 종료를 분명히 하지 않기 위한 목적이 더욱 두드러진다. "평화관계 존재"라는 표현으로 전쟁이라는 단어를 사용하지 않았다. 그리고 "장래를 향해 전향적인 태도로 처리하는" 방식을 제안한다.

중국은 일본 측 입장을 고려해 크게 세 가지 방안을 마련했다. 첫째는 전쟁 상태 종료를 전문으로 넣는 것, 둘째는 본문에 전쟁 대신 '극히 비정상적인 상태가 종료된다'라는 표현을 사용하는 것, 셋째는 양국이 상이한 입장을 적용할 수 있게 하는 것이었다. 이것에 대해 중국은 "상술과 같은 방법을 채택하는 것으로 전쟁 상태 종결은 시간상 제한을 받지 않게 되고, 중일 쌍방과도 그 문제에 대해서 각자 상이한 해석을 할 여지가 발생한다"고 설명한다(石井明 外, 2003: 98).

이에 대해 오히라 외상은 '극히'라는 표현에 주목했다. "극히 비정상적 상태가 종료된다"는 것이 극히 비정상적인 상태만 종결되고 여전히 문제가 남을 수 있는 경우인가 우려한 것이다. 일본 측은 이번 공동성명으로 전후 처리와 관련된 문제들을 남기지 않기를 원했는데, 그러한 의도에서 비롯된 우려인 것으로 보인다. 이에 일본은 '모든 비정상적인 상태' 혹은 '일체의 비정상적인 상태의 종료'라는 표현을 제안했고, 결국 '이제까지의 비정상적인 상태'로 수정되어 "일본국과 중화인민공화국 사이 이제까지의 비정상적인 상태는 이 공동성명이 발표되는 날 종료한다"로 귀결되었다. [그림 12]는 이러한 교섭 과정을 정리한 것이다.

여전히 의문이 남는 것은 '비정상적인 상태'가 무엇인지 정확히 논의되지 않았다는 점이다. 처음에는 '부자연'과 '비정상'이 번갈아 사용되다가 나중에는 '비정상'으로 일관되게 표현되었다. 교섭 과정에서 중국 측이 제시한 것으로 나타나 있지만, 이 단어는 다나카 총리의 연설에서도 찾아볼 수 있으며 국교정상화 논의에서도 지속적으로 나타난다는 점에서, 이 표현이 중국만의 생각이었다고 단정하기는 어렵다. 다만, 정상과 비정상의 규정 문제는 쟁점으로 삼지 않기로 중국 측과 일본 측의 암묵적 합의가 존재했다는 점은 분명하다.

결국 비정상 상태 종료는 중국이 주장하는 전쟁 종료를 의미할 수도 있고, 일본이 제기한 이미 끝난 전쟁과 전쟁 상태, 즉 그 이후 비정상적인 상태 종료 의미로 해석할 수도 있다. 전쟁이 정상성을 파괴하는

일본		중국
9월 9일 후루이 요시미츠. (1) 양국 정부는 전쟁 상태가 종결된 것을 확인한다.	←	1. 중화인민공화국과 일본국 간 전쟁 상태는 이 성명이 공표되는 날 종료한다.
1. 일본국 정부 및 중화인민공화국 정부는, 일본국과 중국 간 전쟁 상태 종료를 여기에 확인한다.	→	
'중화인민공화국 정부는 중국과 일본국 사이 전쟁 상태 종료를 여기에서 선언한다.' '일본국 정부와 중화인민공화국 정부는 일본국과 중국 사이에 금후 전면적인 평화관계가 존재하는 것을 여기에 선언한다.'	→	전문은 명사형인 '전쟁 상태 종결은…', 본문 제1항은 '본 성명이 공표된 날에 중국과 일본과의 사이에 극히 비정상적인 상태는 종료한다.'
'극히(極めて)'라는 표현을 '이제까지의', '일체의(一切の)', '모든(全て)'으로 수정 제시	←	
제1항. 일본국과 중화인민공화국 사이 이제까지의 비정상적인 상태는 이 공동성명이 발표되는 날 종료한다.		

[그림 12] '전쟁 상태 종료'에서 '비정상적인 상태 종료'로 표현 조정 과정(1972)

* 출처: 石井明 外, 2003; 田中明彦, 1996 기록편 참조, 필자 작성. 최은봉 · 오승희, 2013 재인용. 화살표는 교섭에서 상호 제안 순서 및 협상 방향을 의미함.

행위라면, 전쟁의 책임에 대한 논의는 전쟁으로 인해 발생한 비정상성의 범위와 그것의 회복을 따지는 일이다. 그러나 공동성명의 교섭은 이 문제를 애매하게 다룬 채, 비정상 상태 해결 과정 없이 양국 정부가 비정상 상태 종결을 합의해 공표한 것이다. 당시 교섭이 우선 국교를 정상화하는 것이 주요 목적이었음을 보여 주는 대목이다.

중국 측과 일본 측이 제시한 초안의 제목은 강화조약과 국교정상화의 관계에 대한 양측의 입장을 반영하고 있다. 중국이 제시한 초안의 제목은 '중화인민공화국 정부, 일본국 정부 공동성명(초안)'이다. 한편 일본이 제시한 초안의 제목은 '일본국과 중화인민공화국 간 국교정상화에 관한 일본국 정부와 중화인민공화국 정부의 공동성명안'이다. 일본의 제목에 따르면 공동성명의 핵심이 국교정상화에 관한 것이다. 이에 대해 중국 측은 공동성명에 국교정상화 이외의 문제들도 다루고 있으므로 '중일공동성명'이 적합하다는 의견을 표명했다. 공동성명의 목적은 중일 국교정상화이더라도 그 외 논의들이 배제되어서는 안 된다는 의지를 담은 것이다.

다케이리와 저우언라이의 회담이 진행되던 중 일본의 『도쿄신문(東京新聞)』이 다나카 총리의 중국 방문 목적은 전쟁 상태 종결에 한정된다는 내용의 기사를 보도했다. 이에 저우언라이는 전쟁 종결 문제와 국교정상화 문제가 분리될 수도 있다는 점에 대해 우려를 표명했다. 다케이리는 전쟁 종결은 물론 국교정상화에 대한 다나카 총리와 오히라 외상의 의지를 분명히 하며 저우언라이 총리를 안심시키고자 했다(石井明 外, 2003: 19).

주요 안건 차원에서는 분리해서 다뤘지만, 전쟁 종결과 국교정상화를 연계해서 서술해 맞교환하는 것 같은 인상을 주었다. 중일공동성명의 중국 측 초안은 과거 역사를 언급하며 대만과의 단교를 전제로 한 '중일 복교 3원칙'을 강조했다.

> 전쟁 종결의 문제입니다. 저희로서는 이러한 표현으로 가고 싶다고 생각합니다만, 어떻습니까? '중화인민공화국과 일본국 사이 전쟁 상태는 이 성명이 공표되는 날로 종료된다.' 여기서 말하는 '이 성명이 공표되는 날'이라는 것은 공동성명 혹은 공동선언이 발표되는 날입니다. 그리고 국교의 문제입니다. 이는 이러한 표현으로 가고 싶습니다. '일본 정부는 중화인민공화국 정부가 제출한 중일 국교 회복 3원칙을 충분히 이해하고, 중화인민공화국이 중국을 대표하는 유일한 합법정부임을 승인한다. 이에 기초해 양국 정부는 외교관계를 수립하고, 대사를 교환한다'(石井明 外, 2003: 29-30).

한편 일본은 사과의 표현과 '동시에' 중국의 복교 3원칙을 이해하고 '이 입장에 서서' 중일관계 정상화의 실현을 도모한다는 초안을 작성했다(石井明 外, 2003: 110).

전쟁 종결과 국교정상화의 연계는 공동성명 효력 발생 시기와 관련해서도 찾아볼 수 있다. 중국 측은 전쟁 상태가 종료되는 시기 문제는 일본이 중화인민공화국을 중국의 유일 합법정부로 인정하는 것과 함께 고려되어야 한다고 강조했다(石井明 外, 2003: 90).

두 번째로는, 전문의 복교 3원칙과 본문의 2항, 3항, 4항 내용에 관한 교섭 과정을 살펴본다. 전문에서 일본은 복교 3원칙을 '이해'하고, 제2항에서 중화인민공화국 정부가 '중국의 유일한 합법정부임을 승인'한다. 제3항에서 '대만이 중화인민공화국 영토의 불가분의 일부인 것'을 표명하는 것은 중화인민공화국 정부이며, 일본국 정부는 이러한 입장을 '충분히 이해하고 존중하며', '포츠담 선언 제8항에 근거해 입장을 견지한다'는 표현을 사용해 직접적으로 중화민국의 위치를 언급하지 않았다.

제3항은 특히 자세히 살펴볼 필요가 있다. 우선, 국교 회복 3원칙에 대해서 중국 측은 "일본 측은 일본 정부가, 중화인민공화국 정부가 제기한 국교 회복 3원칙을 충분히 이해하는 입장에 서서 국교정상화를 실현하려는 견해를 확인한다. 중국 측은 이를 환영한다"는 문장을 제안했다. 일본 측은 내용에 대해서는 일본국 정부가 두 번 반복되기 때문에, '일본국 정부가'라는 표현을 삭제할 것을 요청했다. 중국은 이 경우 중국어에서 보면 문장의 주어가 없어지게 된다고 우려했는데, 일본은 '일본 측'이라는 말이 주어라고 했다. 결국 중국은 '일본 측은 재확인한다'는 어구로 교체했다.

제4항은 중화인민공화국과의 외교관계 수립을 결정하며 '국제법 및 국제관행에 따라' 필요한 조치를 취하기로 했다.

중국이 제안한 초안을 살펴보면, "2. 일본국 정부는, 중화인민공화국 정부가 제출한 중일 국교 회복 3원칙을 충분히 이해하고, 중화인민공화국 정부가 중국을 대표하는 유일 합법정부라는 것을 승인한다"라고 했다. 즉, 주체와 대상의 관계를 직접적으로 언급했다. 일본 측 초안을 살펴보면, "중화인민공화국 정부가 제기한 국교 회복 3원칙을 충분히 이해하는 것을 표명하고, 이 입장에 서서 중일관계 정상화의 실현을 이룬다. 중국 정부는 이를 환영하는 바이다"로 전문을 구성하고, 본문은 "2. (일본국 정부는, 중화인민공화국 정부가 중국을 대표하는 유일한 합법정부인 것을 승인한다.) 중화인민공화국 정부는 대만이 중화인민공화국 영토의 불가분의 일부인 것을 재차 표명한다. 그리고 (일본국 정부는 카이로 선언에 근거해 중국 정부의 이 입장에 찬성한다)"로 제안했다. 일본은 주의가 필요한 부분은 특히 괄호 안에 제시해 신중하고자 했는데, 결과적으로는 일본 측 초안 내용이 거의 그대로 반영된 것을 볼 수 있다.

"포츠담 선언 제8항에 근거한 입장을 견지한다"는 문구는 중화민국이 중국에 반환되어야 한다는 의미다. 포츠담 선언 제8항은 카이로 선언을 가리키는데, 일본은 전후 일본이 수용한 포츠담 선언임을 명시했다. 1945년 8월 공표된 포츠담 선언 제8항은 "카이로 선언의 조건들이 이행되어야 하며 또한 일본 주권은 혼슈, 홋카이도, 규슈 및 시코쿠 및 우리가 결정하는 작은 섬들로 한정된다"는 것이다. 1943년 11월 27일 공표된 카이로 선언에는 '만주, 대만 및 펑후 제도와 같은 일본국이 청국인으로부터 빼앗은 모든 지역을 중화민국에 반환하는' 내용이 규정되어 있다. 일본은 직접 중화민국이 중화인민공화국의 일부라는 표현을 쓰지 않고, 포츠담 선언이라는 우회적이면서도 국제사회의 합의를 언급하는 기술을 사용했다.

제3항의 의미에 대해서는 여러 가지 해석이 존재하는데, 일본 국제법 학자들의 의견은 크게 두 가지로 나뉜다. 한 가지 해석은, 제2항

은 일본의 중화인민공화국에 대한 법률적 승인 조항이고, 제3항은 대만 지역이 중화인민공화국에 포함된다는 것을 의미하는 영토 조항이라는 것이다(多喜寬, 2014). 이 경우 중화민국이 중화인민공화국의 불가분의 일부라는 주장을 일본이 인정한 것이라고 해석된다.

다른 한 가지 해석은, 일본이 제2항에서 중화인민공화국을 승인하기는 했지만, 제3항을 부연해 일본이 국교 회복 3원칙을 '이해'할 뿐 '인정'하는 것은 아니라는 것이다. 일본은 국교 회복 3원칙에 대한 구체적 행위자가 되는 것을 회피하려고 했다. 따라서 전문에서도 중화인민공화국의 국교 회복 3원칙을 이해하고 존중한다고만 표현한 것이라고 본다. 또한 제3항에서 굳이 대만 영토가 중국에 반환된다는 내용을 직접 언급하지 않고, 국제적 합의였던 '포츠담 선언'을 언급한 것도 일본 정부가 중화민국에 대한 직접적 언급을 피하기 위한 것이었다고 해석한다(多喜寬, 2014). 이러한 견해는 특히 당시 교섭 참가자들의 의견을 반영해 해석한 것이다(多喜寬, 2014: 236). 이에 따르면, 제3항은 일본이 하나의 중국 원칙을 인정하지 않으려는 의도를 담은 것이다. 즉, 제3항을 통해 일본은 중화인민공화국을 인정하고, 중화민국에 대해서도 인정할 여지가 생기는 것이다.

세 번째로는, 중일공동성명에서는 '일화평화조약'이나 '샌프란시스코 강화조약'을 언급하지 않았다. 일화평화조약에서 샌프란시스코 강화조약을 여러 번 언급한 것과 상이한 점이다. 이 부분은 중국이 제2차 정상회담에서 요구한 것이다. 중국은 일본이 국교 회복 3원칙을 이해한다는 표현으로 이 문제를 직접 언급하지 않도록 했다. 결국 교섭 과정에서 무효냐 종료냐 논란이 일었던 일본과 중화민국 간 평화조약은 직접적 조항으로 남기지 않고, 공동성명 발표로 '종료'되는 것이라고 해석할 여지를 남기는 정도로 협상이 종료되었다.

중국이 무효라고 주장하는 일화평화조약에 대해, 공동성명 조인이 끝난 후 기자회견에서 오히라는 '일중관계 정상화의 결과로서 일화평화조약은 존속의 의미를 잃고 종료되었다고 인정된다는 것이 일본 정부의 견해'라고 표명했다. 중국이 말하는 전쟁 배상권 포기에 대해서는 일화평화조약에서 이미 다루었다는 일본 측 입장을 받아들여 중국이 '권'을 삭제한 "전쟁 배상 청구를 포기한다"는 표현을 제시해 타결되었다(国分良成 外, 2013: 123; 최은봉·오승희, 2011).

한편, 중일 국교정상화가 발표된 1972년 9월 29일 밤, 중화민국은 일방적으로 일본과 국교 단절을 선언했다. 대만 정부는 외교부장의 단교 선언에서, 단교의 책임은 완전히 일본 정부에 있다고 비난했다. 그러나 동시에 일본의 모든 반공 민주인사에 대해 우리 정부는 우의를 유지해 간다고 선언함으로써 민간 차원의 교류는 지속될 수 있게 되었다(国分良成 外, 2013: 125; 中江要介, 2008; 川島眞, 2011).

일본은 '하나의 중국' 원칙을 수용했지만, 대만과 공식적 외교관계 단절에도 불구하고 민간 차원에서는 관계가 지속될 수 있었다. 일본의 정경분리 원칙이 중화민국과의 관계에 적용되었다. 일본의 인정 방식은 여전히 유지되었다는 점에서 중일 국교정상화 교섭을 일본 외교의 승리로 평가하기도 한다(平川幸子, 2012).

일본은 중화민국과 '이별의 외교(別れの外交)'도 진행했다(川島眞, 2011). 시이나 전 외상은 1972년 9월 17일 대만을 방문해 다나카 총리의 친서를 장제스에게 전달하고, 장징궈(蔣經國) 행정원장과의 회담에서 금후 일본과 대만 사이 외교를 포함한 '종래의 관계'가 유지될 수 있다는 견해를 표명하기도 했다(国分良成 外, 2013: 125; 中江要介, 2008).

일본의 중화민국 인정은 여전히 유지되었다. 비록 공식적 외교관계는 단절되었지만, 중화민국의 권리 확인 인정은 유지되었다. 공동성명에서 일본과 중화민국 간 관계는 직접적으로 표기되지 않았고, 일화평화조약의 유효성 문제와 같이 중일 간 입장이 다른 부분은 해석의 차이를 용인하는 것으로 남겨 두었다. 중일 양측의 상반된 견해는 일본 정부가 중시했던 것처럼 일화평화조약과 중일 국교정상화가 양립할 수 있게 조정되었다.

4. 외교 전략: 다중해석, 미뤄두기

중일공동성명 교섭에서 가장 부각된 외교 전략은 다중해석이다. 양국 간 국교정상화 내용 측면에서 보면, 일본 정부가 중화인민공화국의 권리 수용을 인정하고, 양국의 협력을 가능하게 했다는 점에서는 양측이 의견 일치를 보았다. 그러나 전쟁 상태 종료 시점, 비정상 상태라는 표현 등 교섭 과정에서 논란이 있었던 표현들은 직접 언급하지 않고, 중의적 해석이 가능하도록 남겨 두었다. 오늘날 문제가 되는 것은 바로 이러한 중일공동성명이 갖는 불충분함에서 기인한다. 전쟁 종료, 배상 문제의 경우 중화인민공화국의 인정 획득 대가로 다루어진 부분이 존재하며, 사과와 반성 그리고 책임 문제 등은 의견 일치를 이루지 못한 채 각자 해석이 가능한 중의적 표현으로 절충되었기 때문이다.

공동성명이라는 형식은 우선 지도자들 간 합의 형식으로 국교를 정상화하겠다는 의도를 반영한 것이다. 사회적 합의는 사후 문제로 남겨졌다. 1972년 공동성명이 결국 양국 간 화해로 나아가지 못한 것에 대한 비판의 목소리도 중일공동성명에서 다루어진 내용과 합의 과정, 그리고 결과의 한계에서 비롯된다. 소에야는 공동성명에 대해 일본이 일본 국내 정치적 관점 및 일화평화조약과의 관련에 치중해 국제법적 관점에서 임했다는 점을 지적했다(添谷芳秀, 1995). 모리 역시 일본의 국내 정치를 우선시한 점과 전쟁의 사후 처리를 단 한 장의 외교문서로 끝낸다는 외교 감각을 언급하며, 중일공동성명에서 강화조약 내용을 제대로 다루지 못한 것이 오늘날 중일 간 갈등으로 나타나고 있다고 지적했다(毛里和子, 2006). 중국 인정 문제에 치중된 중일 국교정상화 교섭의 대가였다(井上正也, 2010: 542).

많은 연구자가 지적하고 있듯이 1972년 중일공동성명은 중국 인정 문제 귀결로 다루어졌다. 분명히 일중 국교정상화 시기에 대만과 외교관계를 존속할 수 없었던 점은 일본 외교의 좌절로 볼 수 있지만, 일본이 실질적으로 잃은 것은 의외로 적었다(井上正也, 2010: 542). 단교 후에도 중화민국과 경제무역관계는 유지되었고, 1970년대 말부터 1980년대에 걸쳐 중화민국은 신흥 공업경제지역의 일원으로서 고도의 경제성장을 이루고, 일본과의 무역도 비약적으로 증가했기 때문이다. 또한 일본이 염려했던 대만 내 미군 철수로 인한 대만 상실 사태도 발생하지 않았다.

1972년 중일공동성명 협상 과정에서 두드러지게 나타난 일본 정부의 입장은 중화민국과의 관계에 대해 최대한 애매모호한 해석이 가능하게 하는 것이었다. 중일공동성명 각종 의제에서 나타난 중일 간 입장 차이는 결국 '각자의 해석이 가능하게' 하는 다중해석 기술로 남겨두었다.

다중해석을 가능하게 하는 방법으로, 문제가 되는 부분은 의도적으로 언급하지 않고, 동의할 수 있는 부분을 중심으로 문제를 해결해 나가는 미뤄두기 기술이 접목되었다. 중국에서는 '치유통춘이(求同存異)' 전략으로 표현되었고, 일본에서는 '다나아게'로 표현되었다(최은봉·오승희, 2012b).

외교적 위선으로 인한 중일공동성명의 불완전함을 연구자들은 다양하게 표현하고 있다. 이노우에(2010)의 경우는 '부동의의 동의'로, 최은봉·오승희(2012b)는 '비합의의 합의', 모리(2014)는 '불완전'한 공동성명의 '허구성'으로 표현한다. 특히 모리의 지적은 주목할 만하다. 모리는 중국 문제에서 나타나는 '이중의 허구'가 중일 국교정상화의 불완전성을 가져왔다고 설명한다(毛里和子, 2014). 첫 번째 허구는 중국을 바라보는 일본의 타자 인식의 왜곡에서 비롯된 것으로, 1952년 일화평화조약 체결 이후 일본이 부정할 수 없는 대만이 중국의 정통정부라는 것이다. 두 번째 허구는 중국이 일본을 바라보는 인식에서 비롯된 것으로, 전쟁의 책임을 일부 군국주의자로 한정해 선량한 일반 일본인과는 우호를 위한 국교정상화가 가능하다고 정당화한 것이다(毛里和子, 2014). 이러한 '이중의 허구'는 중국과 일본의 상호 정체성 인식 과정에서 나타나는 왜곡을 보여 준다.

1972년 중일공동성명에서는 중일 양국의 정치적 고려에 기반한 다중해석과 미뤄두기 전략이 사용되었다. 중일공동성명의 적절성 논리로 평화 공존 5원칙과 유엔 헌장, 그리고 포츠담 선언 등을 제시했는데, 이는 국제법과 국제규범을 강조하는 국제규범형의 특성이 나타나는 것으로 평가할 수 있다. 평화 공존 5원칙은 '주권 및 영토 보전의 상호존중, 상호불가침, 내정에 대한 상호불간섭, 평등 및 호혜, 평화공존'을 포함하는데, 1955년 반둥회의와 1964년 가네포 등을 통해 중국이 주장해 오는 규범이었다. 그러나 1970년대 평화 공존 원칙은 반패권으로 압축되어 나타나고, 소련에 대항하기 위한 중국 중심의 세력 형성으로 이해되기 시작했다. 유엔 헌장은 일본이 유엔 중심 외교를 지향해 온 것을 반영하고, 포츠담 선언은 일본이 대만 문제에 대한 직접적 언급 없이 대만이 중국으로 반환되었음을 나타내기 위해 사용되었다. 일본은 이를 통해 간접적으로 대만이 중국의 일부임을 확인한 것이다.

중국의 대표로 인정받기 위한 중화인민공화국의 일본에 대한 인정투쟁은 1972년 중일 국교정상화로 일단락되었다. 여기에 중국과 모든 전후 처리를 매듭짓고자 했던 주권투쟁 과정에서 일본의 이익이 상호교차되면서 중국 인정 문제는 중일 국교정상화의 우선순위이자 가장 중요한 쟁점으로 다루어졌다.

5. 소결: 베이징, 1972

1972년 일본과 중화인민공화국의 국교정상화에서 가장 중요한 것은 중국 인정 문제였다. 중일공동성명이 가진 전후 처리의 성격은 그 중요성에도 불구하고 중국의 인정투쟁을 위해 양보하지 않을 수 없었다. 그리하여 전후 처리 문제는 1952년 일화평화조약과 중일공동성명의 관계 설정에 따라 새롭게 처리되는 것이면서, 이전의 조약과 상충하지 않도록 애매하게 조정되었다.

일본은 자신의 합리적 행위를 부정하지 않으면서도, 중화인민공화국과 관계를 개선하기 위한 다중해석과 미뤄두기를 통한 합의에 도달했다. 외교적 위선에 바탕을 둔 중일공동성명으로, 일본은 중화인민공화국과 비정상적 관계를 종료하고, 중화인민공화국의 권리 수용을 인정했다. 이 과정에서 일본은 중화민국의 권리 수용에서 권리 확인으로 조정하고, 중화인민공화국의 하나의 중국론의 존재를 이해하고 존중하는 정도로 인정했다. 그러나 중화민국의 권리 확인 인정 역시 가능하도록 조정했다는 점에서 하나의 중국론을 이해하기는 하지만, 제한적 수용이 이루어졌다고 볼 수 있다.

1972년 시점에서 일본은 군국주의 국가라는 의심을 받고 있었다. 따라서 평화국가 일본으로 거듭나기 위한 인정투쟁 속에서 일본은 교전국/비정상적 관계였던 이웃 국가 중화인민공화국을 인정했다. 그리고 1972년 중일 국교정상화를 시작으로 중일 우호 협력을 위한 제도적 기반을 확립해 나가기 시작한다(그림 13 참조).

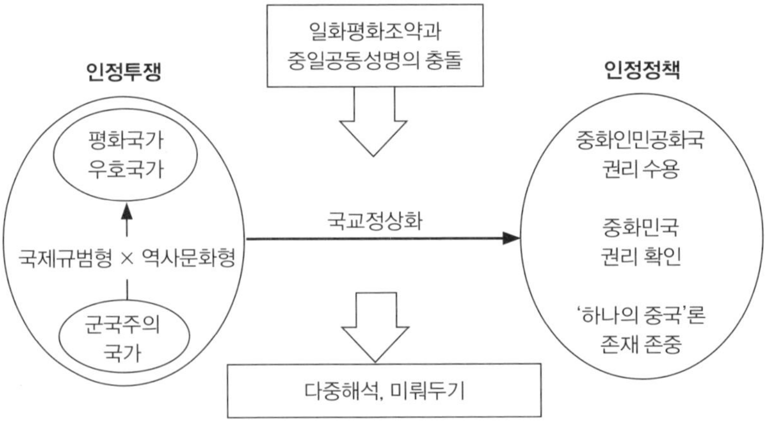

[그림 13] 1972년 일본의 인정투쟁과 중국 인정정책

제2부

일본의 전후 처리와 인정 문제

제6장 국교정상화에서 인정 문제[17]

제1부에서는 전후 일본의 중국 인정 문제를 중심으로 중일 국교정상화 체결 과정을 살펴보았다. 제2부에서는 제1부에서 논의된 내용들을 바탕으로 한일관계와 중일관계의 비교 분석을 시도한다. 제6장에서는 1965년 한일 국교정상화와 1972년 중일 국교정상화 과정을 비교 분석해 과거 문제들이 미해결로 남겨진 근본 요인과 과거사 문제에 대한 처리 방식의 유사점과 차이점을 확인한다. 냉전기 분단국가와의 국교정상화라는 구조적 특징에 주목하면 일본 정부가 한국과 중국을 유일 합법정부로 인정하는 과정에서 중국은 배상을 포기했고 한국은 경제협력에 집중했음을 확인할 수 있다. 또한 국교정상화 타결을 위해 국가 간 갈등의 원인들이 미뤄두기, 쌓아가기, 경계짓기, 다중해석 방식으로 처리되는 과정을 살펴본다. 마지막으로, 한일 국교정상화와 중일 국교정상화를 연계해 비교 분석함으로써 냉전 초기 동아시아 전후 레짐이 구축되는 과정을 되짚어 본다.

17 이 장의 내용은 오승희, 2021a를 수정한 것임을 밝힌다.

1. 한중일은 왜 아직도 화해하지 못하는가?

1965년 한일기본조약과 1972년 중일공동성명은 한일 간 그리고 중일 간 전후 양국관계의 기본틀을 구축하며 이른바 1965년 체제와 1972년 체제를 형성했다. 일본 정부의 전후 동아시아 국제관계의 '정상화' 과정은 연합국과의 샌프란시스코 강화조약, 1965년 한일기본조약, 그리고 1972년 중일공동성명이 근간을 이룬다. 그러나 샌프란시스코 강화조약, 한일기본조약, 중일공동성명으로는 해결하지 못한 채 남은 과거 문제들이 여전히 존재한다.

6장에서는 과거 문제들이 미해결로 남은 근본 요인과 방식을 확인하기 위해 한일 국교정상화와 중일 국교정상화를 비교 분석한다. 샌프란시스코 강화조약에서부터 시간 순으로 1952년 일본과 중화민국 간 평화조약(일화평화조약), 1965년 대한민국과 일본 간 기본관계에 관한 조약(한일기본조약), 1972년 중일공동성명에 이르는 과정을 살펴보고, 이 과정에서 나타나는 특징을 유형화해 분석한다. 1965년 한일 국교정상화와 1972년 중일 국교정상화 과정을 함께 살펴보면, 한중일 정책 결정자들이 외교관계를 정상화하기 위한 협상 과정에서 활용한 각각의 외교 전략을 알 수 있다. 이러한 외교 전략들은 당면 과제인 국교정상화를 합의에 이르게 했다는 점에서는 효과적이지만, 갈등 요인들을 미래에 미뤄두었다는 점에서 과거사 문제 해결을 지연시킨 요인이기도 하다.

1965년 체결된 한일기본조약과 부속 협정들에 관해서는 수많은 연구가 활발히 진행되어 왔으며 관련 자료, 문서 해제, 의제별 분석 등이 축적되어 왔다(吉澤文寿, 2005; 남기정, 2015; 박진희, 2008; 오오타 오사무, 2008; 이동준·장박진, 2013; 이원덕, 1996 등). 또한 중일 국교정상화에 대해서도 1952년 대만과의 공동성명, 1972년 중일 국교정상화, 1978년 중일평화우호조약과 관련된 중요한 연구 성과들이 발간되어 왔다(毛里和子, 2006; 福田円, 2014; 서승원, 2011; 石井明 外, 2003; 손기섭, 2004; 井上正也, 2010; 添谷芳秀, 1995; 최은봉·오승희, 2019 등). 기존 연구들은 한일 국교정상화와 중일 국교정상화 과정에서 논의된 주요 의제 및 쟁점들[18]과 국내외 요인들에 대한 분석[19] 중심으로 논의되어 왔다. 그렇게 오랫동안 축적되어 온 다수의 연구를 바탕으로, 한일 국교정상화와 중일 국교정상화를 연계해 비교 분석할 토대가 마련되었다. 따라서 이 책에서는 기존 연구들을 바탕으로 전후 동아시아 질서 재편 차원에서 구조적 특징과 쟁점별 외교 전략에 주목해 한일 국교정상화와 중일 국교정상화를 비교 분석한다.

1965년 한일 국교정상화를 위해서는 한일기본조약과 청구권 문제, 어업협정, 재일한국인 법적 지위 문제, 문화재 반환 문제 등을 논의해야 했다. 한일기본조약은 전문에서 역사적 배경과 선린관계, 주권 상

18 샌프란시스코 강화조약과의 관계(김숭배, 2017; 2020; 정병준, 2020), 청구권 문제(오오타 오사무, 2008; 유의상, 2016), 유일합법성조항(이원덕, 2010), 구조항 무효 문제(장박진, 2008), 재일한국인조항(최영호, 2000), 영토 문제(우준희, 2019; 정병준, 2010; 최장근, 2016), 어업협정(조윤수, 2015), 문화재 반환(류미나, 2014; 2019; 엄태봉, 2019), 배상 문제(이기태, 2014; 殷燕軍, 1996; 朱建栄, 1992), 하나의 중국 문제(福田円, 2014; 井上正也, 2010; 平川幸子, 2012) 등 특정 조항 및 문제와 관련해 역사적 접근 방식을 기반으로 주요 사료들을 해제하는 가장 기본적이자 핵심적 내용을 파악하는 연구다.

19 국내외 요인들을 살펴보면, 국제적 요인인 미국 요인(정병준, 2006; 毛里和子, 2006; 井上正也, 2010), 안보와 외교의 역할(박영준, 2017; 최희식, 2008), 집단적 요인인 총리 및 관료들의 역할(服部龍二, 2011), 경제계의 역할과 정경분리(서승원, 2011; 손기섭, 2004) 등에 주목한 연구들이 있다. 개인적 요인인 사토 에이사쿠(佐藤榮作), 다나카 가쿠에이(田中角栄), 이승만, 박정희, 저우언라이(周恩來), 마오쩌둥(毛澤東), 덩샤오핑(鄧小平) 등 특정 인물과 정권, 네트워크에 주목한 연구도 있다(류상영, 2011; 박철희, 2015; 윤석정, 2019; 服部龍二, 2011 등).

호존중, 샌프란시스코 강화조약, 유엔 총회 결의에 기반해 한일관계 정상화의 의미를 확인하고, 제1조 외교 및 영사관계 수립, 제2조 1910년 이전 조약 '이미 무효', 제3조 대한민국 정부의 유일 합법정부 확인, 제4조 유엔 헌장 원칙 준수, 제5조 무역, 해운, 통상 관련 조약 및 협정 교섭 시작, 제6조 민간항공 운수 협정 교섭 시작, 제7조 비준에 관한 내용을 다루고 있다.

1972년 중일공동성명은 전문에 전쟁 상태 종결과 사과 및 반성, 책임에 관한 문구가 등장한다. 그리고 제1항을 통해 '비정상적인 상태'를 종료하고, 제2항과 제3항을 통해 중화인민공화국을 유일 합법정부로 인정하고, 제4항에서는 외교관계 수립을 결정하고 대사를 교환하며, 제5항에서는 중국이 배상 청구를 포기하고, 제6항에서는 주권 존중, 상호존중과 불가침, 평화우호관계 확립, 분쟁의 평화적 해결, 제7항에서는 제3국 조항 및 패권 반대, 제8항에서는 평화우호조약 체결 교섭, 제9항에서는 인적 왕래 확대, 민간 교류, 무역, 항공, 어업 등에 관한 교섭 시행을 다룬다.

위와 같이 다양한 논점들 중에서 주목하고자 하는 것은 일본 정부와 교섭하는 한국과 중국 모두에서 유일 합법정부로 인정받는 문제가 존재했다는 점이다. 일본 정부 입장에서는 협상 상대이자 교섭 국가인 한국과 중국에 각각 두 개의 정부가 존재하는데, 이 중 어느 정부와 국교를 수립할 것인지, 한 정부와의 국교 수립이 다른 정부와의 국교 수립에 어떠한 영향을 미치는지 등을 고려해야 했다. 교섭 상대방인 한국 정부와 중국 정부는 일본과 국교 수립을 통해 유일 합법정부로 승인받음으로써 국제사회에서 대표성을 강화하고, 국가의 위상을 높일 수 있다. 한국과 중국 모두 분단으로 인해 유일 합법정부로 인정받는 것이 중요했다는 것은 일본과의 관계 정상화 과정에서 한국과 중국이 유사한 구조적 위치에 직면하게 되었음을 의미한다.

일본이 과거사 문제들을 해결하고 관계를 정상화하는 과정에서 교섭 상대방을 인정하는 권한을 부여받음으로써, 결과적으로 과거사 인식과 책임에 대한 문제들이 한국과 중국에 불리한 방향으로 나아간다. 또한 한국과 중국은 가능한 한 유일 합법정부로서 인정받고 다른 정부를 인정하지 않도록 일본을 설득하며 관련 조항들의 해석을 제한하고자 했다. 이 장에서는 외교 사료와 기존 연구들을 바탕으로 한일 국교정상화와 중일 국교정상화에서 인정 문제가 공통적으로 존재했으며, 한중일 모두 자국의 이익을 최대화하기 위해 다양한 외교 전략들을 사용했고, 그로 인해 주요 과거사 문제들이 미해결로 남겨진 과정을 구체적으로 확인한다. 왜 지금까지 한중일 간 과거사 문제가 지속되고 있는지 이해하고, 현재 남은 문제들을 미래로 넘기지 않기 위한 방법을 모색하는 데 도움이 되기를 기대한다.

2. 유일 합법정부 인정 문제와 외교 전략

한일 국교정상화와 중일 국교정상화는 별개의 사건이 아니라 일본 정부의 전후 처리와 과거사 문제 완결을 향해 나아가는 흐름 속에서 상호 영향을 주고받으며 전개되어 왔다. 무엇보다 1960년대 후반 국제정세에서 한국과의 관계 강화는 중국과의 관계 강화 측면에서 보면 부정적인 신호였다. 사토 총리는 임기 초부터 대만과 관계를 유지하면서 중국 대륙과도 관계를 진전시켜 왔다. 일본 국내에서는 친대만파와 친중국파를 중심으로 두 정부 모두와 관계를 발전시켜 나가려는 움직임이 있어, 자연스럽게 중일 국교정상화에 대한 기대가 높아지고 있었다. 그래서 한일회담 진행 과정에서 중국과의 관계 정상화가 왜 진전되지 않느냐는 불만이 제기되기도 했다(国会会議録, 1965).

특히 중국우호협회를 포함해 일본 내 중일관계 단체들은 한일회담을 반대해 왔다. 조선민주주의인민공화국 정부는 6월 23일 성명을 발표해, "미국 제국주의와 일본, 박 반동파의 범죄 행위"를 엄격하게 비난했다. 그리고 중화인민공화국 정부는 1965년 6월 26일 성명을 통해 "박정희 일당과 일본 정부가 이번 한일회담에서 조인한 조약과 협정은 전혀 무효"라는 점을 강조하고, "조선민주주의인민공화국 정부와 전 조선 인민은 일본 인민을 포함한 아시아와 전 세계의 평화를 사랑하는 인민과 함께 침략적 군사 집단을 쳐들어 아시아에서 새로운 침략 전쟁을 일으키려는 미일 제국주의의 음모에 반대해 단호히 싸울 것이고, 중국 정부와 중국 인민은 조선민주주의인민공화국 정부의 이 엄정한 입장을 어디까지나 지지"한다고 밝혔다(日中貿易促進議員連盟, 1967).

또한 중국 정부는 "미국 제국주의는 장기간에 걸쳐 계속 일본 군국주의 세력을 적극적으로 육성해 일본과 남조선 반동파를 연결시키려 열심히 책동하고, 일본을 중심으로 남조선 괴뢰 일당과 장제스의 잔당을 포함한 '동북아시아 군사동맹'과 결부시키고, 그것을 '동남아시아 조약기구'와 연결시켜 통일된 침략적 군사체제에 아시아의 모든 하인을 포함시켜 아시아의 사회주의 국가와 기타 평화 애호 국가에 정면으로 대립하게 해 아시아인을 아시아인과 싸우게 한다"고 지적했다. 그리고 중화인민공화국 정부는 '한일조약 체결에 대한 중국 정부 성명'을 통해 한일기본조약과 관련 협정에 반대한다는 뜻을 표명했다(日中貿易促進議員連盟, 1967).

1965년 한일 국교정상화는 자유 진영의 결속 강화로 해석되어 '미국 제국주의', '남조선 괴뢰파'와 '박 반동파' 그리고 '장제스 잔당'에 반발하는 북한과 중국을 자극한다. 게다가 이 시기에는 일본 내 친대만파의 대만 접속 강화가 나타났다. 또 1966년 6월에는 한국 박정희 대통령의 제창으로 개최된 제1회 아시아태평양협의회(ASPAC) 각료회의가 서울에서 개최되었으며, 일본도 참가했다(井上正也, 2010; 조양현, 2008). 한일조약은 1960년대 이후 한미 간 협력이 강조되는 과정에서 이뤄졌다. 중국 베이징 정부는 이것을 반공주의적 성격 강화로 받아들였다. 특히 비준을 둘러싼 갈등과 한일 국민의 비준 반대 운동은 중일 국교정상화에 대한 중국 인민의 반대를 걱정한 중일 지도자가 국회 비준이 필요하지 않은 공동성명을 먼저 발표하고 나서 조약을 체결하는 단계적 접근에 동의하는 것으로 나타났다.

일본 정부는 국제 환경과 함께 일본 내부의 정치적 맥락을 적극 이용했다. 결과적으로 일화평화조약과 한일기본조약은 미국을 위시한 자유 진영과의 협력 강화 성격을 보다 명확하게 한 상징적 사건이 되었다. 사토 정권은 정권 초기부터 중일 국교정상화와 한일 국교정상화를 정책 목표로 내세웠지만, 당시에는 무엇보다 미국과의 전후 처리에 해당하는 오키나와 반환이 우선 과제로 다뤄졌다. 자유 진영의 협력 강화를 통해 미국과의 전후 처리와 한일 국교정상화는 사토 임기 내 달성할 수 있었다. 그러나 한일 국교정상화로 중일 국교정상화는 사토 재임 중에 어려웠다(服部龍二, 2011). 중국 정부는 사토 총리와의 회담을 거부하고, 중일 국교정상화는 사토 이후 내각에서 다룰 문제라고 단언했으며, 일본의 총재 선거 과정에서 중일 국교정상화를 주요 공약으로 내세운 다나카 가쿠에이의 당선을 공개적으로 지지했다. 그리고 다나카 총리가 취임한 지 약 3개월 만에 중일공동성명이 발표되었다. 이로써 일본은 중화인민공화국을 승인했고, 중화민국과 외교관계는 단절되었지만 경제관계는 유지될 수 있게 했다. 우리는 한중일 비교 연구를 통해 국제관계 맥락에서 일본의 전후 처리 외교를 살펴봄으로써 다양한 요인을 보다 복합적으로 읽어 낼 수 있다.

한일 국교정상화와 중일 국교정상화는 냉전이라는 국제 환경과 한국과 중국의 분단이라는 구조적 상황에서 이루어졌으며, 전후 일본의 관계 정상화 과정에서 연계해 살펴봐야 할 부분이 상당하다. 이러한 문제 의식을 갖고, 이 책에서는 한일 국교정상화와 중일 국교정상화를 시대적 흐름에서 연계해 살펴보고, 이를 크게 구조적 측면과 내용적 측면으로 나누어 비교 분석한다.

먼저 한일 국교정상화와 중일 국교정상화에서 나타나는 유사한 특징을 확인하기 위해 도입한 분석틀을 살펴보자. 우선, 구조적 차원에서는 일본과 국제관계, 일본과 중국, 일본과 한국의 협상이 진행되었으며 각각 샌프란시스코 강화조약, 중일 국교정상화(일화평화조약 및 중일공동성명), 한일 국교정상화로 다루어진다. 여기에 일본은 국제사회의 원칙으로서 유엔을 강조하며, 핵심 쟁점에 대해서는 유엔의 원칙에 따르겠다고 밝힌다. 그리고 교섭의 중심에는 일본 정부가 교섭하는 한국과 중국 정부를 유일 합법정부로 인정하고, 일본에 이를 인정받는 문제가 존재했다(그림 14 참조).

한국, 중국, 일본 정부의 합의하에 발표된 주요 공식 문서들을 살펴보면 비슷한 유형의 협상 기술들이 나타나는데, 앞서 1장에서 살펴본 '미뤄두기', '쌓아가기', '경계짓기', '다중해석'의 네 가지 외교 전략으로 유형화해 분석한다. 각각의 특징을 살펴보면, 규범적 표현을 강조하는가, 이익을 중시하는가, 관련 문제를 제한적/소극적으로 해석하는가, 포괄적/적극적으로 해석하는가에 따라 분류하고 분석할 수 있다(표 12 참조).

마지막으로, 본 분석틀을 적용해 구조적 차원과 내용적 차원에서 나타나는 외교 전략을 분석한다. 한중일 세 정부 모두 이러한 전략을 자국의 필요에 따라 사용했지만, 특히 일본 정부가 중국과 한국 정부를 인정하는 위치에서 외교 전략을 잘 활용했다. 본 분석틀을 통해 왜 과거사 문제가 아직까지 남아 있는지 이해하고, 1965년 한일 국교정상화와 1972년 중일 국교정상화로 해결하지 못한 역사 문제들을 바라보며,

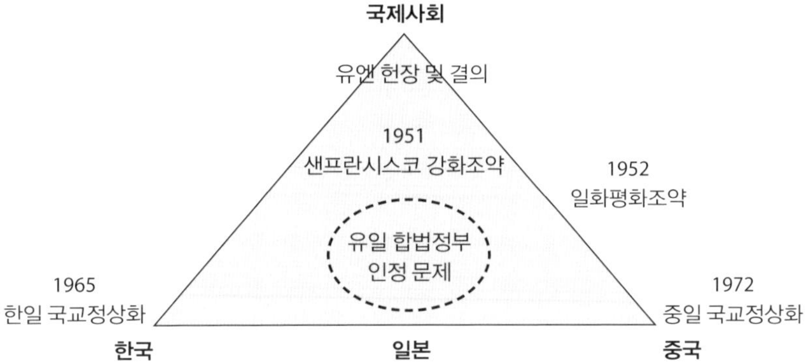

[그림 14] 국교정상화의 교섭 구조 분석틀

[표 12] 국교정상화에 나타난 외교 전략

외교 전략	규범 강조	이익 중시
제한적/소극적 해석	미뤄두기(다나아게)	경계짓기 (기리하나시/무스비츠케)
포괄적/적극적 해석	쌓아가기(즈미아게)	다중해석(다마무시이로)

해결방안을 모색하는 데 도움이 되기를 기대한다.

3. 냉전기 분단국가와의 국교정상화

한국과 중국은 샌프란시스코 강화조약에 참가하지 못했다. 전후 일본의 국제사회 복귀를 선언한 샌프란시스코 강화조약을 일본 정부는 매우 중시하는 반면, 한국과 중국은 이 회의에 참석조차 하지 못한 것이다. 이는 과거사 문제 해결 시작점부터 한중일이 다른 위치와 입장에 있었음을 의미한다. 패전국 일본과의 강화조약은 미국을 비롯한 승전국과의 평화조약이 되었고, 한국과 중국은 회의에 참가할 것을 주장했지만 각각 상이한 이유로 결국 참가하지 못하게 되었다. 그러나 회의 결과에는 한국과 중국에 관한 내용이 포함되어 있어, 한국과 중국은 그 조항을 받아들여야 하는 입장에 놓였다.

> 이 조약의 제25조 규정에 관계없이, 중국은 제10조 및 제14조 (a) 2의 이익을 받을 권리를 보유하고, 조선은 이 조약의 제2조, 제4조, 제9조 및 제12조의 이익을 받을 권리를 갖는다(샌프란시스코 강화조약 제21조).

미국과 영국 주도의 전후 처리 과정에서 일본은 패전국 입장이었고, 중국과 한국은 참가하지 못했기 때문에, 주도적으로 논의할 기회가 제한되거나 아예 제외되었다. 또한 전후 한반도와 중국은 공산주의와 자유주의 정부가 각각 수립되어 냉전이라는 국제 환경에서 정부 승인 문제와 관할권 문제도 다뤄야 했다.

아래에서는 한국과 중국이 냉전과 분단으로 인해 유일 합법정부 문제에 직면하고 샌프란시스코 강화조약에 배제되는 과정을 구조적 차원에서 살펴본다. 또한 연합국으로서 지위를 인정받은 중국과 연합국으로서 지위를 인정받지 못한 한국의 공통점과 차이점을 확인한다.

1) 배제된 연합국 중국

1951년 샌프란시스코 강화회의에 중국의 참석 문제를 두고 연합국 간 의견이 일치하지 않았다. 특히 영국과 미국의 의견이 달랐다. 영국은 중화인민공화국 정부를, 미국은 중화민국 정부의 참석을 주장했다. 영국이 중화인민공화국 정부를 지지한 이유는 홍콩에 대한 이권 유지와 동남아시아 시장에 대한 이해관계가 걸려 있었기 때문이다. 영국은 동남아시아 시장에서 잠재적 경쟁자인 일본이 중화민국이 아닌 중화인민공화국과 강화조약을 맺으면 중국 시장에 집중함으로써 상대적으로 동남아시아 시장에 관심을 덜 가질 것이라고 생각했다(Hosoya, 1984). 반면, 미국은 반공주의자였던 국무장관 덜레스 개인의 성향과 제1차 세계 대전의 강화조약인 베르사유 조약이 미국 상원 비준을 얻지 못했던 경험을 바탕으로 샌프란시스코 강화조약의 비준 문제에 큰 부담감을 가지고 있었던 것이 영향을 미쳤다(Hosoya, 1984). 두 나라의 의견차는 쉽게 조율되지 않았고, 결국 이것을 일본의 추후 선택으로 미뤄두었다.

그러나 미국과 영국은 덜레스-모리슨 합의를 통해 중국의 두 정부 모두 샌프란시스코 강화회의에 초청하지 않기로 하고, 일본과 중국의 관계는 '일본이 주권을 회복했을 때' 일본이 독자적으로 결정하는 것으로 합의했다(최은봉·오승희, 2019). 미국과 영국 모두 자국의 이익에 기반해 주장하다가 표면상으로는 일본의 결정에 따르겠다고 '미뤄두기'를 시전했지만, 결국은 미영 합의를 통해 두 정부 모두 초청하지 않기로 결정한 것이다.

1951년 7월 12일, 마침내 미국 정부는 대일평화조약 안을 발표했다. 7월 20일, 미국은 중국 대표를 제외한 관계 각국에 샌프란시스코 강화회의 정식 초청장을 발송했다. 일본 정부는 24일 수락한다고 회답했다. 그러나 중국의 두 정부는 모두 샌프란시스코 강화회의에 참석하지 못했다. 1952년 4월 28일, 샌프란시스코 강화조약이 발효되는 날 일본은 중화민국과 평화조약을 체결했다.

일본의 중국 정부 선택 문제에 대한 기본 원칙은 미뤄두기였다. 가능한 한 선택을 회피하려는 소극적인 성격의 미뤄두기 전략을 택한 것이다. 미국과의 충돌과 중국과의 충돌을 미뤄두기라는 외교적 기술로 조정하면서 일본은 자국의 이익을 확보해 나갔다.

또한 조약 체결 시점과 조약 적용범위에 대한 다중해석도 나타났다. 일본은 중국 선택 문제를 가능한 한 연기하려고 했으며, 중화민국과의 조약 체결을 약속하는 한편 중화인민공화국과의 관계를 전면적으로 차단하지 않았다. 또한 이 문제를 국제사회가 결정한 다음에 일본이 선택하겠다는 입장을 반복함으로써 가능한 한 중국을 대표하는 어느 한 정권만 선택하는 결정을 미루고자 했다. 1952년 샌프란시스코 강화조약 발표일에 맞춰 체결한 일화평화조약에 대해서도 요시다 시게루 총리는 일본이 중화민국을 유일한 합법정부로 최종 선택한 것이 아님을 재차 강조했다.

중화민국과 중화인민공화국 모두 샌프란시스코 강화회의에 참가하지 못했으나 연합국의 지위를 획득했다. 그리고 샌프란시스코 체제에 합류하기 위해 서둘러 진행되었던 일화평화조약에서 다음과 같이 샌프란시스코 강화조약을 여러 차례 언급함으로써 샌프란시스코 강화조약과 일화평화조약을 적용받았다.

> 일본국은 1951년 9월 8일 미합중국의 샌프란시스코시에서 서명된 일본과의 평화조약(이하 '샌프란시스코 조약'이라 한다) 제2조에 의거해 대만과 평후 제도와 난사 군도와 시사 군도에 대한 모든 권리, 권원 및 청구권을 포기한 것이 승인된다(일화평화조약 제2조).

20년이 지난 1972년, 일본 정부는 중화인민공화국 정부와 국교정상화 논의를 시작하면서 샌프란시스코 강화조약과 일화평화조약의 정합성 문제를 해결할 방법을 모색한다. 이미 일화평화조약에서 중화민국이 배상 포기를 선언했기 때문에 중화인민공화국이 배상을 청구할 수 없다는 것이 일본의 주요 주장이었다. 이에 반해 중화인민공화국은 배상 문제보다 교섭 이전부터 중화인민공화국을 중국의 유일 합법정부로 승인하는 하나의 중국 원칙을 수용하는 것이 중일 국교정상화의 전제 조건임을 강조한다. 이러한 교섭이 가능했던 것은 냉전 초기 샌프란시스코 강화조약과 자유 진영의 중화민국과의 평화조약이 중일관계의 초기 조건을 형성했고, 중화인민공화국은 비록 직접 참여하지 못했지만 그 초기 조건의 적용으로부터 자유로울 수 없는 상황이었기 때문이다.

2) 배제된 독립국 한국

한국 역시 샌프란시스코 강화조약에 참가하지 못했다. 한국은 샌프란시스코 강화조약 참가, 협상, 서명에 참여하지 못했고, 연합국의 지위 역시 얻지 못했다. 한국은 교전국의 지위가 아니라는 일본의 주장이 있었기 때문이다. 한국이 교전국 및 연합국의 지위를 인정받지 못한 것은 중국과의 교섭과 근본적인 차이를 가져온다. 교전국 및 연합국 지위는 전후 처리 자격 조건 및 대우에 상당한 영향을 미친다. 일본 정부는 중국을 교전국 관계로 인정하고 교섭을 진행했으나, 한국은 교전국이 아니라고 주장했기 때문에 한국과 일본은 특별조항으로 설정된 관계에서 출발한다.

> 본 조약의 적용상, <u>연합국이란 일본국과 전쟁하고 있던 국가 또는 이전에 제23조에 열거된 국가의 영역 일부를 이루고 있었던 나라를 말한다</u>. 다만, 각 경우에 해당국이 이 조약에 서명하고 이를 비준한 것을 조건으로 한다. 제21조에 규정을 유보하고, 이 조약은 여기에 의정된 연합국의 일국이 아닌 어떠한 국가에 대해서도, 어떠한 권리, 권원 및 이익을 주는 것이 아니다. 또한 일본국이 어떠한 권리, 권원 및 이익도, 이 조약의 어떠한 규정에 의해서도 앞에서 정의된 연합국이 아닌 국가를 위해 이익이 제한되거나 손해를 받는 것으로 보아서는 안 된다(샌프란

시스코 강화조약 제25조, 밑줄은 필자).

처음부터 한국의 참가 자격이 배제된 것은 아니다. 미국은 샌프란시스코 강화회의 준비 초반인 1949년 12월 이래 한국을 대일평화조약 참가국, 서명국으로 설정한 바 있다(정병준, 2020). 1951년 12월 29일, 미국 국무부는 〈일본과의 평화조약 초안에 대한 논평〉에서 비록 "대한민국은 극동위원회 회원국이 아니며 소련의 승인"을 받지 못했지만, "수십 년간 지속된 저항 운동, 일본에 대항한 전쟁에서 활발한 전투 기록을 가지고 있으며, 조약에 중요한 이해관계를 가진 해방된 지역(a liberated territory)이므로, 참석할 자격이 있다는 것은 의문의 여지가 없다고 생각"된다고 기술했다(정병준, 2020: 11-12). 중화민국을 지지했던 것과 마찬가지로 미국은 한국의 참가를 주장했고, 한국의 정치적 입지를 강화할 수 있다고 판단했던 것이다.

그러나 영국과 일본은 한국의 참가를 반대했다. 영국은 한국이 '연합국이나 대일 교전국'이 아니었다는 점을 강조했다. 일본은 한국이 연합국 지위를 갖게 되면 '공산주의자인 재일한국인들'이 경제적 이득을 얻어 일본 정부가 곤경에 처한다고 호소했다. 영국은 중국 문제와 연계해 '중국이 참가가 어려워진 상태에서' 한국이 참가하면 인도네시아, 미얀마를 비롯한 동남아시아 국가의 반발이 예상된다고 주장했다(정병준, 2020). 공산주의자가 재일한국인으로 연계되고, 중국의 배제가 한국의 배제로 연계된 것이다. 결국 냉전기 중국과 한국의 분단이라는 특징이 중국과 한국에 공통적으로 적용되었으며, 각국의 이해관계에 유리하도록 논의들이 연계되었다. 정병준(2020)이 지적하듯이, 식민지 문제, 전쟁 책임을 거론하지 않은 평화조약, 배상 없는 청구권 당사국 간 특별 협정을 통한 해결 방식, 미국의 주도하에 조율되는 한일관계라는 구조적 유산이 1965년 한일 국교정상화까지 한일관계를 지배했다.

특히 독도 영유권 문제의 논란을 불러일으킨 샌프란시스코 강화조약 제2조(a)는 "일본국은, 조선의 독립을 승인하고, 제주도, 거문도 및 울릉도를 포함한 조선에 대한 모든 권리, 권원 및 청구권을 포기한다"로 정리되었다. 이 조항에서 한 가지 더 주목할 것은 "일본국은, 조선의 독립을 승인하고"라는 부분인데, 일본 정부가 한국의 독립을 승인하는 위치에 있다는 점을 상기할 필요가 있다. 그리고 15년 후 1965년 한일 국교정상화 주요 문서인 한일 청구권 협정은 다음과 같이 규정한다.

> 1. 양 체약국은 양 체약국 및 그 국민(법인을 포함한다)의 재산, 권리와 이익 및 양 체약국 및 그 국민 사이의 청구권에 관한 문제가 1951년 9월 8일에 샌프란시스코시에서 서명된 일본과의 평화조약 제4조(a)에 규정된 것을 포함해 완전하고 최종적으로 해결된 것임을(完全かつ最終的に解決されたこと) 확인한다(한일청구권 및 경제협력협정 제2조, 밑줄은 필자).

샌프란시스코 체제는 일본 전후 처리의 근간을 이루고 있으나, 한국과 중국은 참가할 기회도, 협상할 기회도, 서명할 기회도 없었다. 미국과 영국을 중심으로 한 자유 진영 중심의 연합국은 냉전이라는 정치적 상황에서 일본에 유리한 평화조약을 전후 처리 기본틀로 구성했고, 일본은 이를 근거로 해 한국과 중국을 비롯한 아시아와 전후 처리 교섭을 시작한다.

4. 국교정상화 교섭의 외교 전략

1) 비정상 상태의 규정

한일 국교정상화와 중일 국교정상화는 시작 부분부터 상이하다. 먼저 1952년의 일화평화조약과 1972년의 중일공동성명을 살펴보면, 전문(前文)과 제1조에 일본과 중화민국 또는 중화인민공화국 간의 관계는 '전쟁 상태' 종료로부터 시작된다고 명시되어 있다. 일본과 중국은 전쟁 교전국으로서 관계인데, 국교정상화는 우선 이러한 전쟁 상태가 종료되는 것을 의미하기 때문이다. 일본은 1952년 중화민국과 전쟁 상태를 종료한 바 있기 때문에, 1972년에는 두 개의 정부로 인해 생기는 중복을 피하면서 종전을 재확인하기 위해 '비정상적인 상태'를 종료하고 전쟁 상태를 종결하는 것으로 표현을 다르게 사용했다. 즉, 1972년 성명은 1952년 조약과 양립할 수 있도록 표현을 다소 달리해 일본과 중국이 1952년 조약의 무효 여부에 대해 다르게 해석할 여지가 남았다.

> 일본국 및 중화민국은 그 역사적 및 문화적 유대감과 지리적 근접에 비추어 선린관계를 상호 희망하는 점을 고려하고, 그 공통의 복지 증진과 국제 평화 및 안전 유지를 위한 긴밀한 협력이 중요하다는 점을 고려하며, 양자 간 전쟁 상태 존재 결과로 발생한 여러 문제 해결의 필요를 인정해, 평화조약을 체결하기로 결정하고, (후략) 제1조. 일본국과 중화민국 간 전쟁 상태(戦争状態)는 이 조약이 효력을 발생하는 날 종료(終了)한다(일화평화조약, 1952, 밑줄은 필자).

> 중일 양국은 일의대수(一衣帯水)의 사이에 있는 이웃 나라로 오랜 전통적 우호의 역사를 갖고 있다. 양국 국민은 두 나라 사이에 그동안 존재

했던 비정상적 상태(不正常な状態)에 종지부를 찍기를 간절히 바라고 있다. 전쟁 상태의 종결(戰爭状態の終結)과 중일 국교정상화라는 양국 국민의 소망 실현은 양국 관계사에 새로운 한 페이지를 열게 될 것이다. 일본 측은 과거 일본국이 전쟁을 통해 중국 국민에게 중대한 손해를 끼친 것에 대한 책임을 통감하고 깊이 반성한다(日本国が戰爭を通じて中国国民に重大な損害を与えたことについての責任を痛感し,深く反省する). 또 일본 측은 중화인민공화국 정부가 제기한 복교 3원칙을 충분히 이해하는 입장에서서 국교정상화 실현을 도모한다(「復交三原則」を十分理解する立場に立つて国交正常化の実現をはかる)는 견해를 재확인한다. 중국 측은 이를 환영하는 분위기다(중일공동성명, 1972, 밑줄은 필자).

1. 일본국과 중화인민공화국 사이 이제까지의 비정상적인 상태(不正常な状態)는 이 공동성명이 발표되는 날 종료(終了)한다(중일공동성명, 1972, 밑줄은 필자).

한편 한국과 맺은 한일기본조약을 살펴보면, 한국과 일본의 과거 관계에 대한 규정이 분명하게 드러나 있지 않다. 일반적으로 제1조에는 이제까지의 비정상적인 상태를 규정하는 관계 설정과 그 비정상적인 상태의 종료를 선언하는 것이 필요하다. 그러나 한일기본조약에서는 전문에서 샌프란시스코 강화조약과 유엔 총회 결의를 상기하고 제1조에는 외교관계 및 영사관계를 개설한다는 실무 차원의 내용이 담겨 있다. 한일 국교정상화로 인한 결과가 담겨 있는 것이다. 다음 제2조에서는 과거 모든 조약과 협정이 '이미 무효'임을 확인한다. '1910년 이전의 조약, 협정 무효 확인 조항'에 대해서는 한국은 식민 지배의 불법성에 기초해 이미 애초부터 무효였다는 입장이었고, 일본 정부는 1910년 당시에는 합법이었으나 한국의 독립과 한일 국교정상화로 인해 이미 무효가 되었다는 입장이다. '이미 무효' 시점에 대한 논란이 주요 쟁점으로 다루어졌으며, 결국 이 부분은 각자 해석대로 애매모호하게 남겨진 채 국민들에게 설명되었다(오오타 오사무, 2008: 334). 안타깝게도 전문과 제1조, 제2조에서 한국과 일본의 과거 식민지 관계에 대해 설명하는 어떠한 규정도 없고, 양국의 국교를 정상화하기 위한 이전의 비정상적인 상태를 종료한다는 규정도 없다. 대신 적용받게 될 국제조약과 협정들이 열거되어 있을 뿐이다. 이는 문제가 될 사안을 언급하지 않고 결정 주체를 제3자, 특히 국제사회로 넘김으로써 해당 사안을 미뤄두는 전략이라고 해석할 수 있다.

> 대한민국과 일본국은, 양국 국민관계의 역사적 배경과, 선린관계와 주권 상호존중 원칙에 입각한 양국 관계의 정상화에 대한 상호 희망을 고려하며, 양국의 상호 복지와 공통 이익을 증진하고 국제 평화와 안전을 유지하는 데 있어 양국이 국제 연합 헌장의 원칙에 합당하게 긴밀히 협력함이 중요하다는 것을 인정하며, 또한 1951년 9월 8일 샌프란시스코시에서 서명된 일본국과의 평화조약 관계규정과 1948년 12월 12일 국제 연합 총회에서 채택된 결의 제195호(III)를 상기하며, (후략) 제1조. 양 당사국 간에 외교 및 영사관계가 개설된다. 양 체약국은 대사의 자격을 가진 외교사절을 지체 없이 교환한다. 또한 양 체약국은 양국 정부에 의해 합의되는 장소에 영사관을 설치한다(한일기본조약, 1965, 밑줄은 필자).

> 제2조. 1910년 8월 22일 이전에 대일본제국과 대한제국 간에 체결된 모든 조약 및 협정은 이미 무효(もはや無効)임이 확인된다(한일기본조약, 1965, 밑줄은 필자).

1952년의 일화평화조약, 1972년의 중일공동성명과 비교해 보면, 그 사이에 체결된 1965년 한일기본조약에서는 한일관계에 대한 규정이 불분명하게 다루어지고, 양국 관계에 대해 정리하는 과정이 생략되어 있다. 과거에 대한 명확한 언급 없이 관계 정상화로 넘어가 버린 것이다.

제1조는 양국 관계의 규정과 역사성을 담아내는 것보다 상징적인 문구여야 했다. 식민 지배와 과거 관계에 대한 규정 없이 넘어간 한일기본조약 전문과, 일본 정부의 사과와 책임, 반성의 문구인 "일본 측은 과거 일본국이 전쟁을 통해 중국 국민에게 중대한 손해를 끼친 것에 대한 책임을 통감하고 깊이 반성한다"는 내용이 포함된 중일공동성명 전문을 비교하면, 한일 간 전후 처리 과정에서 무엇이 언급되지 않고 애매모호하게 남아 있는지 명확하게 드러난다.

1952년 제1차 교섭 시 일본이 제시했던 초안에서는 "일본국이 대일강화조약 규정에 따라 조선의 독립을 승인하고, 제주도와 거문도 및 울릉도를 포함한 조선에 대한 모든 권리, 권한 및 청구권을 포기한다"는 것과 "양국은 동아시아 및 세계 평화 유지에 기여하기 위해 우호적으로 협력한다"는 좀 더 포괄적이고 양국의 관계가 드러나는 문구가 제시되어 있었다. 이에 대해 한국은 초안에서 제1조를 "대한민국은 일본국을 독립 주권국가로서 승인한다"고 제시했고, 일본 측의 '우호조약'이 아닌 '기본조약'이라는 명칭을 제시했다(오오타 오사무, 2008: 113-115). 앞서 일본이 한국의 독립을 승인하고 독도가 빠진 샌프란시스코 강화조약의 문구가 사용된 것은 일본이 제시한 초안을 한국이 동의할 수 없었기 때문으로 보이지만, 초안에서는 분명 전문과 제1조를 통해 한일 간 관계와 상징성에 대한 인식 및 고민이 존재했던 것으로 보인다. 그러나 식민지 불법성에 대한 일본의 인식은 찾기 어렵고, 이후 구(舊)조약 무효 조항에 관한 협상, 유일 합법정부 문제, 청구권 교섭 등이 중요하게 다루어졌다. 기본협정 가조인 직전인 1965년 2월 17일에는 시이나 외상이 김포공항에서 "양국 간의 오랜 역사 중 불행한 기간이 있었던 것은 참으로 유감스러운 일로서 깊이 반성한다"라는 발언을 했고, 한국 측은 이를 환영했으나(오오타 오사무, 2008: 329), 결국 한일기본조약에는 이와 유사한 표현도 담기지 못했고, 제1조에는 외교 및 영사관계를 개설한다는 양측에 전혀 논란의 여지가 없는 상징성 약한 실무적 내용이 자리 잡았다.

또한 중국과 달리 한국은 교전국이 아니기 때문에 '평화조약'이나 '강화조약'이 아닌 '기본관계에 관한 조약'이라는 명칭이 제안되었고, 이는 일본 정부의 결정이 아닌 국제사회의 결정을 원용하는 방식으로 처리되었다. 결국 한일기본조약은 과거 불행한 역사에 대한 사과와 반성, 불법성을 전문과 제1조에 포함하지 못했으며, 교섭 과정에서 논란이 되었던 핵심 쟁점들을 서로 자국에 유리하게 해석되도록 다중해석으로 남겨 두었다.

2) 정부 승인과 조약 적용범위

1952년 샌프란시스코 강화조약 비준일에 맞춰 체결한 일화평화조약을 통해 일본 정부는 중화민국 정부를 승인하고, 조약의 적용범위에 관한 일본 정부의 입장을 밝힌다. 일화평화조약은 일본 정부가 양자조약을 통해 처음 정부 승인 문제를 고려했다는 점에서 중요하다.

앞서 제2장과 제5장에서 살펴보았듯이 일본 정부 입장에서는 중화인민공화국과의 협상 가능성을 염두에 두었고 대만 지역에 한정하는 해석이 가능하게 여지를 남겨 두는 것이 중요했다. 일화평화조약 제10조에서 '중화민국이 현재 시행하고 또는(又は) 금후 시행하는 법령'이라는 문구로 표현되었으나, 이는 이후 상황에 따라 중국 대륙을 포함

할 수도, 포함하지 않을 수도 있는, 중화민국과 일본 사이의 상이한 해석이 가능한 문구로 조정되었다.

샌프란시스코 강화회의에서 일본 정부는 중국 대표 선택 문제에 대해 미뤄두기로 대응했고, 일화평화조약을 체결함으로써 중화민국을 승인하면서도 금후 시행할 법령이 적용되는 지역이라는 다중해석이 가능한 문구를 넣었다. 이에 대해 중화민국은 중국 전체를 염두에 두는 것으로 해석했고, 일본 정부는 중화민국 정부의 법령이 적용되는 범위로 한정해 중국의 상황 변화에 따라 해석될 수 있도록 함으로써 중화인민공화국을 완전히 배제하지 않도록 여지를 남겨 두었다. 결국 1972년, 일본이 중화민국 법령이 미치지 않는 중국 대륙의 중화인민공화국과 국교를 수립하면서 1952년 조약을 원래 무효로 보는 중화인민공화국과 1972년 시점에서 무효가 된다고 보는 일본의 해석이 상이하게 나타났다.

결국 일본은 중국 전체 대표로서 중화민국을 승인하는 것 같으면서도 중화민국이 향후 중국 전체를 지배하게 된다는 전제를 두어, 중화인민공화국과의 관계를 남겨 두는 해석이 가능하게 만들었다. 한편으로는 중화인민공화국과의 협상에서 중화민국과의 조약으로 선례를 형성해 이후 조약에 구속성이 있음을 주장할 근거를 마련했고, 중화인민공화국과의 교섭에 유리한 입지를 확보할 수 있었다.

결국 1972년 중일공동성명 제2항과 제3항에서 일본은 중국의 유일 합법정부로 중화인민공화국을 승인했고, 대만이 중국의 불가분의 일부임을 확인했다. 이 사항은 제1항의 비정상적 상태 종료 선언 바로 다음에 위치한다. 또한 전문에서도 중국 정부가 제시한 복교 3원칙을 충분히 이해한다고 표명했는데, 복교 3원칙은 모두 대만 문제에 대한 중화인민공화국의 '하나의 중국' 정책 관련 내용이었다.

중일공동성명은 교섭 시작 단계부터 1952년 일화평화조약과 충돌 및 양립성 문제가 존재했다. 일본은 중화인민공화국 승인과 함께 중화민국과의 관계 단절 과정에 주목하며 이른바 '이별의 외교'가 진행되었다(福田円, 2014; 川島真 外, 2009). 일본은 1972년 이전까지 중화인민공화국과의 관계와 마찬가지로, 중화민국과 경제 분야를 중심으로 한 쌍아가기 외교를 진행하고 있었다. 따라서 일본은 관계를 완전히 단절하지는 않도록 두 개의 정부와 관계를 유지하고자 했다. 이를 일본은 정경분리 원칙이라고 주장해 왔고, 중화인민공화국은 정경불가분의 입장에서 일본과 대만의 관계를 부정하며 경계짓기를 통한 자국의 이해관계를 관철하고자 했다.

또한 일본은 두 정부와의 관계 수립에서 국제사회의 결정을 적극 원용했다. 1952년 일화평화조약은 샌프란시스코 강화조약의 맥락에서 이루어졌고, 1972년 중일공동성명은 1971년 중화인민공화국의 유엔 가입과 1972년 초반 미중 상하이 커뮤니케의 흐름 속에서 신속하게 진행되었다. 여기에 포츠담 선언과 유엔 헌장의 원칙에 입각한다는 점을 강조하면서 다소 곤란한 문제에 대해 일본 정부가 직접 결정하기보다 국제사회의 결정을 활용했다.

정부 승인 문제와 조약 적용범위에서는 다중해석이 강하게 드러났다. 중화민국은 중국 전체를 대표하는 유일한 합법정부라는 하나의 중국론을 일본이 인정하기를 원했고, 일본은 중화인민공화국을 염두에 두었기 때문에 조약 적용범위를 대만으로 축소하고자 했다. 이후 중일공동성명에서 일본 정부는 중화인민공화국 정부의 복교 3원칙과 대만에 대한 입장에서 직접적인 동의나 수용보다 '충분히 이해하고 존중'한다는 간접적 동의 표시로 대응했다. 즉, 일본은 하나의 정부를 선택하고 다른 정부와는 정경분리 원칙에 입각해 관계를 쌓는 방법을 선택한 것이다. 반면에 복교 3원칙을 강조했던 중화인민공화국은 정경불가분을 강조하며 정치와 경제의 연계를 강조했다. 이 과정에서 미뤄두기,

쌓아가기, 경계짓기, 다중해석이 복합적으로 나타나는 양상을 확인할 수 있다.

일본 정부가 국제사회의 결정을 원용하는 방식은 한일기본조약에도 분명하게 나타난다. 한일기본조약의 핵심 쟁점 역시 정부 승인 문제였다. 기본조약의 교섭 과정에서 '한국 정부의 유일 합법성 확인 조항'은 '무효 확인 조항'과 함께 가장 중요한 쟁점으로 다루어졌다(오오타 오사무, 2008: 330). 자신들이 유일 합법정부임을 강력하게 주장하는 한국에 대해 일본 정부는 '유엔 총회 결의 제195호(III)'에 근거해 이를 '확인'한다고 표현했다. 혹시 제기될 수 있는 북한의 반발에 대해 일본의 독자적 판단이 아닌 국제사회의 결정에 따르겠다는 것으로, 이는 국제사회의 결정에 따라 변경될 수 있는 여지를 남겨 둔 것으로도 해석될 수 있다. 또한 양국 관계가 유엔 헌장의 원칙에 따라 이루어진다는 것도 제4조를 통해 강조한다.

> 대한민국 정부는 유엔 총회 결의 제195호(III)에 명백히 나타나 있는 바와 같이 조선에 있는 유일한 합법적인 정부(朝鮮にある唯一の合法的な政府)임이 확인(確認)된다(한일기본조약 제3조, 밑줄은 필자).

> (a) 양 체약국은 상호 관계에서 유엔 헌장의 원칙(国際連合憲章の原則)을 지침으로 한다. (b) 양 체약국은 그 상호 복지 및 공통의 이익을 증진함에 있어 유엔 헌장의 원칙(国際連合憲章の原則)에 적합하게 협력한다(한일기본조약 제4조, 밑줄은 필자).

일본 정부는 〈한일조약과 국내법의 해설〉에서 제3조가 조약 적용 범위를 확정하는 것이 아니라고 설명한다. 그리고 일반적으로 국교관계 수립 시 상대국의 영역에 대해 확인 또는 유보하지 않는 것이 국제관행이며, 한국의 헌법 규정 내용을 승인하는 것이 아니라고 설명한다. 또한 일본이 한반도의 분열을 영구화하려는 의도 역시 아니라고 설명하면서, 다만 일본은 유엔 결의 195호(III)의 취지를 확인하는 것에 불과한 것임을 강조한다. 또한 기본조약의 범위가 한반도 전역임을 확인한 것이 아니며, 북한과 관련된 부분은 '공백 상태'라고 강조한다(이원덕, 2010; 313). 이러한 일본의 입장에 근거한다면 한일기본조약은 북한과 일본의 국교정상화와 별개이며, 일본이 한국 정부와 북한 정부를 모두 승인할 수 있다는 입장을 지속적으로 유지하고자 한 것으로 볼 수 있다. 이 역시 한국 측과 상이한 해석을 할 수 있는 여지를 의도적으로 남겨 둔 것이다.

냉전기에 분단된 국가들과의 국교정상화는 샌프란시스코 강화회의 초청 문제에서부터 본격적으로 논의되기 시작했다. 일본 정부는 일화평화조약을 체결하면서 정부 승인 문제를 다루는 일본의 외교적 방식을 마련했으며(井上正也, 2010; 平川幸子, 2012), 이는 한일 국교정상화와 이후 중일공동성명에도 적용된다. 이러한 방식은 1972년 이전까지 중화인민공화국, 1972년 이후 중화민국, 그리고 북한과의 관계에서 상이한 맥락을 형성하며 의제를 설정하고 논의해 나갈 수 있도록 여지를 남겨 두는 일본의 외교 전략으로 평가할 수 있다.

3) 배상, 청구권, 경제협력

> 다케이리 공명당위원장: 제1회 회담에 가장 충격적이었던 것은 중국 측에서 배상 청구를 포기하는 것을 너무나 간단하게 저항감도 없이 저우언라이 총리가 마오쩌둥 주석의 결정이라고 입에 올린 것이다. 나는 5백억 달러 정도 지불하지 않으면 안 된다고 생각하고 있었는데, 완전히 예상도 못한 대답에 몸이 떨렸다(모리 카즈코, 2006: 88).

위는 중일 국교정상화 사전 교섭을 위해 파견된 다케이리 공명당 위원장의 발언이다. 중국은 배상 청구에 대한 입장을 교섭 전에 제시했는데, 이는 (1) 하나의 중국 원칙 수용, (2) 대만 문제는 중국 내정 문제, (3) 일화평화조약은 불법이며 파기, (4) 미국의 대만해협으로부터 철퇴, (5) 유엔에서 중화인민공화국 가입과 장제스 그룹의 퇴출을 지지하겠다는 일본 공명당의 제안을 받아들일 뜻이 있음을 밝힌 것이다. 이것을 통해 1952년 일화평화조약에서 샌프란시스코 강화조약을 근거로 배상을 포기한 결정이 갖는 구속력을 고려하고, 1970년대 초반 국제정세의 변화에 힘입어 유엔을 비롯한 국제사회에서 중국의 유일 합법정부로 인정받고자 하는 중화인민공화국 측 입장을 확인할 수 있다.

1952년 일화평화조약은 일본에 합법적 조약이었지만 1972년 중화인민공화국과의 공동성명으로 그 효력이 상실되었다. 따라서 1952년 중화민국이 '자발적으로 포기'한 배상은 1972년 중화인민공화국과의 배상 관련 교섭에서 일본 측의 중요한 협상 카드였다. 일본 정부는 이미 중화민국이 배상을 포기했기 때문에 중화인민공화국이 다시 배상을 청구하는 것은 곤란하다는 입장이었다. 중화인민공화국은 1952년 조약이 무효이므로 배상 청구권은 여전히 존재한다는 입장이었지만, 1972년 중일공동성명을 통해 '중일 양국 국민의 우호를 위해' 배상 청구를 포기하기로 선언한다.

> 1. (b) 중화민국은 일본 국민에 대한 관용과 선의의 표징으로서 샌프란시스코 조약 제14조(a)1에 의거해 일본국이 제공해야 할 역무의 이익을 자발적으로 포기한다(일화평화조약 의정서, 밑줄은 필자).

> 중화인민공화국 정부는 중일 양국 국민의 우호를 위해 일본국에 대한 전쟁 배상 청구를 포기할 것을 선언한다(중일공동성명 제5조, 밑줄은 필자).

1952년과 1972년 조약 간 연계 또는 분리에 대해 일본과 중국은 서로 다른 입장으로 접근한 것이다. 사실상 배상 청구 문제와 하나의 중국 문제는 분명 연계되어 있었다. 그래서 여기에서는 중일 양측의 상이한 해석이 가능하도록 일화평화조약을 통해 '배상'을 포기하고, 중일 공동성명을 통해 '배상 청구'를 포기하는 것으로 표현을 달리하는 다중해석이 활용되었다.

한편, 한일 국교정상화에서는 '배상'이라는 명목으로 본건을 논의하지 못했다. 한국이 교전국 지위를 부정당했기 때문에 평화조약/강화조약 및 배상이라는 명칭을 사용하지 못하고, 대신 기본조약과 청구권 및 경제협력협정이라는 이름으로 해당 논의를 진행했다. 한일회담에서 구보타 간이치로(久保田貫一郎) 대표가 '일본의 한국에 대한 청구권(이른바 역청구권)'을 주장하고 한국과 상호 청구권 상쇄론을 제기한 것은 경계짓기의 연계 기술을 보여 주는 대표적 사례다. 협상 과정에서 일본 정부는 한국에 대한 사과와 책임 차원의 논의가 아닌, 한국 내 남겨진 일본인 사유 재산의 역청구권 문제를 한국의 배상 청구권 문제와 연계했다. 일본은 연계되었던 청구권 상쇄론 주장을 다시 철회하는 분리 기술을 통해 이를 교섭 협상 카드로 활용했고, 원래대로라면 일본에 불리했던 입장에서 마치 상대방에게 양보한 것 같지만 사실은 양보한 것이 없는 상황을 만들어 낸 것이다.

그리고 결국 한일 청구권 및 경제협력협정 제2조를 통해 한일 간 청구권 문제가 '완전하고 최종적으로 해결(完全かつ最終的に解決)'되었다는 것을 확인한다. 이 문구는 일본 정부가 오늘날 과거사 문제가 제기될 때마다 언급하는 문구로, 청구권과 경제협력이 연계된 협상은 과거와 미래를 연계함으로써 그 성격을 애매모호하게 만들고, 완전히 최종적으로 해결된 것임을 선언함으로써 과거사 문제를 단절해 버리고자 하는 일본 측의 의도가 반영된 것이다. 결국 과거사 문제에 대한 충분

한 해결이 이루어지기 전에 일본 측의 의도에 따라 억지로 분리 및 단절하고자 해 문제 해결이 지연된 것이라고 할 수 있다.

4) 영토 문제

영토 조항을 다룬 샌프란시스코 강화조약 제2조에는 센카쿠/댜오위다오와 독도의 위치가 불분명하게 남겨져 한중일 간 영토 분쟁 소지를 남겨 두었다. 결국 독도 영유권 문제의 논란을 불러일으킨 샌프란시스코 강화조약 제2조(a)는 "일본국은, 조선의 독립을 승인하고, 제주도, 거문도 및 울릉도를 포함한 조선에 대한 모든 권리, 권원 및 청구권을 포기한다"로 정리되었다.

샌프란시스코 강화조약 제2조에서 언급되지 않은 독도에 대해 일본은 샌프란시스코 강화조약을 근거로 한국에 반환되지 않았다고 주장하며 역사적으로도 국제법적으로도 일본의 고유 영토라고 주장한다(外務省, 2021). 반면 한국은 SCAPIN 677호를 근거로 독도를 포함해 일본 영토에서 분리되었다고 주장하고 있으며, 한국이 영유권을 유지하고 있는 상황에서 일본의 명확한 독도에 대한 언급이 없다는 점은 현상 변경 없이 한국의 실효 지배를 사실상 인정한 것으로 해석할 수 있다는 주장도 있다(최장근, 2016: 7).

'제주도, 거문도 및 울릉도를 포함한' 구절의 의미에 대해 일본은 독도가 열거되지 않았음을 주장하고, 한국은 예시로 언급된 것일 뿐, 독도도 포함되는 것임을 주장하고 있다. 다중해석은 문구를 의도적으로 불분명하게 처리함으로써 발생하는 경우와 특정 부분을 과도하게 부각함으로써 논점이 흐려지는 경우로 나타난다. 미국 정부에 의해 독도가 언급되었다가 이후 독도가 기술되지 않았다는 점을 들어 일본 정부는 분명한 배제라고 주장하지만, 중요한 것은 해당 조항의 취지다.

샌프란시스코 강화조약 제1조에서는 일본국과 연합국의 전쟁 상태가 종료되고 일본의 완전한 주권을 승인하며, 제2조에서는 일본이 전쟁 기간에 지배했던 영역들의 권리, 권원, 청구권을 포기한다고 선언했다. 특히 조선의 독립과 관련해 연합국은 일본이 조선의 독립을 승인하고 조선에 대한 모든 권리, 권원, 청구권을 포기함으로써 조선의 식민지배를 종식하고 국제사회로 복귀하는 의미로서 이러한 조항을 만들었다는 점을 상기할 때, 일본이 독도의 표기 여부만을 강조해 제2조의 핵심 논의를 바꾸고 있음을 알 수 있다.

한일회담에서는 독도 영유권을 둘러싼 경계 확정 문제가 지속되었다. 샌프란시스코 강화조약의 비준으로 맥아더 라인이 철폐되면서 한국은 평화선(이른바 이승만 라인)을 선포하고 독도를 명백히 평화선 안에 위치시켜 독도가 한국의 영토임을 분명히 하고자 했다. 그러나 일본이 독도 영유권을 주장하면서 한일회담이 지연되었고, 한국 측은 실효지배를 하고 있는 상황에서 독도가 한일회담의 의제로 다루어지지 않기를 희망했다. 양측 간 독도에 대한 논의는 분명 이루어졌으나, 해결방안을 찾지 못하면서 차라리 독도를 폭파했으면 좋겠다는 발언이 나오기도 했다.

결국 한국은 평화선을 철폐하고 일본과 어업협정을 체결해 한국의 독도를 기점으로 12해리 전관수역을 인정받고, 어업경계선 내측에 공동규제수역을 만들어 한국의 어업을 제한하며, 일본 어업을 인정하게 되었다. 이는 한국 내에서 반대 시위가 일어난 근거가 되었으며, 일본에서도 독도 영유권 문제를 분명히 해결하지 못했다는 점에서 국회 비준 반대 근거로 언급되었다.

이후 유엔해양법협약(UNCLOS)을 중심으로 해양 레짐이 형성되어 영해 12해리, 접속수역 24해리, 배타적경제수역 200해리라는 국제기준을 적용했다. 그리고 이 기준의 일률적 적용이 어려운 독도 주변

해양경계를 설정하기 위해 1965년 어업협정을 종료하고 1998년 신한일어업협정을 체결해 독도는 잠정합의수역이라는 중간수역에 위치하게 되었다(최장근, 2016: 308).

한편, 중일 영토 문제의 경우, 1952년 일화평화조약 제2조에서도 대만과 평후 제도에 대한 일본의 권리, 권원, 청구권 포기가 언급되었지만, 센카쿠에 대한 언급은 남아 있지 않았다. 그리고 20년이 지난 1972년 다나카 총리와 저우언라이 총리는 다음과 같은 대화를 나눈다.

> 다나카: 센카쿠 문제는 어떻게 생각하십니까? 많은 사람이 저에게 이 문제를 거론했습니다.
>
> 저우언라이: (센카쿠/댜오위다오) 문제에 대해서는 이번에 말하고 싶지 않습니다. 지금 이를 말하는 것은 좋지 않습니다. 사실 석유가 나와 문제가 되었습니다. 석유가 나오지 않으면 대만도 미국도 문제 삼지 않았을 것입니다(石井明 外, 2003).

영토 문제는 주권 문제라는 점에서 이미 다루기 어려운 문제인데다 1968년 동중국해에 석유가 매장된 것이 알려지면서 이해관계가 더욱 첨예해졌다. 또한 미국의 오키나와 반환까지 논의되면서 1972년의 센카쿠/댜오위다오 문제는 여러 가지 이해관계가 맞물려 해결하기 힘든 난제였다. 결국 당시 센카쿠/댜오위다오 문제에 대해서는 언급하지 않는 미뤄두기가 나타났는데, 시간이 흐르면서 이 장면을 목격했던, 그리고 이 기록을 읽는 사람들 간에 상이한 해석이 발생했다.

우선, 중국 측에서는 미뤄두기를 유보한 것이라고 보고 이른바 '센카쿠 유보론'을 주장한다. 노나카 히로무(野中廣務) 전 일본 관방장관은 국교정상화 협상 당시 저우언라이 총리와 다나카 총리 간에 센카쿠 문제 논의를 유보한다는 합의가 있었다고 기록하고 있다. 장샹샨 중국외교부 고문도 댜오위다오 문제를 추후에 다시 논의하자는 확실한 합의가 있었다고 보았다.

그러나 일본 측에서는 일본이 영유권을 갖고 있는 상태에서 중국 측이 이 문제를 거론하지 않기로 하면서 사실상 일본의 영유를 묵인한 것으로 받아들일 수 있다고 주장한다. 즉, 센카쿠 유보론을 받아들일 수 없다는 것이다. 핫토리 류지(服部龍二) 주오대 교수는 저우언라이 총리가 주도적으로 영유권 문제를 포기한 것으로 해석해야 맞다고 보았고, 이은민(李恩民) 교수는 일본은 당시 센카쿠 문제를 해결해야 한다고 생각하고 협상에 임했고 잘 해결되었다고 판단했다는 점을 언급하고 있다.

이에 대해 다바타 미쓰나가(田畑光永) 전 TBS 베이징 지국장은 댜오위다오 문제를 잠시 접어 두자고 한 것은 일중 공동 인식이었으며, 이것은 일본이 주장한 대로 중국의 (센카쿠에 대한) 영유권 포기를 의미하지 않는다고 주장했다. 같은 장면, 같은 대화에 대해 전혀 다른 해석이 나타난 것이다.

중국은 구동존이를 추구하며 '차세대 해결론'을 제시했지만 더욱 현명할 것으로 기대했던 미래 세대들이 직면한 문제는 더욱 복잡해지고 화해는 지연되고 있다. 영토 문제는 양보할 수 없는 문제인 만큼 국교정상화 과정에서 타협으로 결정하기는 분명 어려웠을 것이다. 시간이 흐르고 국제 레짐을 형성해 나가면서, 양자 간 협의를 통해 해결방법을 모색하는 과정이 나타나고 있음을 주목할 필요가 있다. 양자 간 합의가 어려운 경우 레짐에 입각한 문제 해결 방식을 모색하는 변형된 미뤄두기가 작동하고 있으며, 이는 향후 경계를 둘러싼 국제법과 국제규범을 형성하고 구성하고 변경해 가는 것이 매우 중요해질 것임을 예고하고 있다.

5. 소결: 일본의 전후 처리와 동아시아

한국과 중국은 현재까지도 두 개의 정부 간 긴장 상태가 지속되고 있다. 일본은 과거사 문제들을 해결하고 패전국 지위를 벗어나 국제사회에서 지위를 확고히 하기 위해 한국과 중국과의 국교정상화를 추진했고, 한국과 중국 입장에서 일본과의 국교정상화는 정부의 정통성 강화를 위해 필요했다. 그 결과 일본 정부는 한국 정부와 중국 정부를 유일 합법정부로 승인하는 위치에 놓이면서 교섭 과정에서 상대적으로 우위에 있었다고 할 수 있다. 일본 정부는 한 정부와 교섭을 진행하면서 다른 정부와의 관계 개선 가능성에 문제가 될 수 있는 부분에서는 전략적인 표현을 사용했다. 한중일 정책 결정자들은 자국의 이익에 부합하도록 각각의 방식으로 문구를 해석했고, 여기에 국제규범을 적용하면서 그 정당성을 강화하고자 했다. 지금까지 이러한 외교 전략을 미뤄두기, 쌓아가기, 경계짓기, 다중해석으로 살펴보았다.

냉전이라는 국제 환경에서 샌프란시스코 강화조약은 패전국에 유독 관대한 평화조약으로 평가되고 있다. 일본 제국에 가장 큰 피해를 입은 한국과 중국은 샌프란시스코 강화회의에 참여하지 못했다. 그리고 잘못에 대한 명확한 인식과 그에 대한 일본의 책임이 이루어져야 하는 국교정상화 교섭 과정에서 비정상적 관계 규정 및 잘못에 대한 인식이 불분명하게 다루어지면서 그에 대한 일본의 책임 문제도 회피되고, 축소되고, 분리되고, 단절되었다.

냉전기 분단국가의 유일 합법정부 인정 문제가 과거사 문제와 함께 논의되는 국교정상화 과정에서 중국은 배상을 포기하고 한국 정부는 경제개발을 선택했다. 이러한 선택은 일본이 두 나라와 아직까지도 역사 문제로 갈등을 겪으며 화해에 이르지 못하는 결과를 야기했다. 전후 77년이 지난 지금, 일본 정부는 전후 레짐으로부터 탈각을 추구하려하지만, 제대로 논의되지 못한 과거사 문제와 배상 문제, 영토 문제 등은 한중일 간 주요한 쟁점으로 남아 있다. 그리고 이러한 불충분한 전후 처리 과정은 단기적으로는 목표 달성을 위한 전략적 합의였다고 평가할 수 있지만, 장기적으로는 미래로 오늘의 문제를 미뤄둔 제한적 전략이었다고 평가할 수 있다.

미뤄두기, 쌓아가기, 경계짓기, 다중해석으로 살펴본 협상 과정은 한중일 모두 자국의 이익을 최대화하면서 국제규범에 입각해 그 주장을 뒷받침하고자 했다. 의도적으로 문구를 애매모호하게 처리하고 명확한 정의를 미뤄 상대방에게 자신의 의견을 관철시키고자 하는 외교적 과정에는 상당한 전략들이 복합적으로 작동해 왔다. 이러한 과정에서 국제규범과 국제법이 중요한 기준으로 설정되었다. 따라서 향후 변화하는 세계 질서 속에서 국제규범을 형성하고 구성하고 변화시켜 가는 힘이 더욱 중요해질 것으로 보인다.

한중일 간에 남겨진 과제들을 해결하는 과정에서도 국제 레짐에 기반해 양국 간 이해관계 조정이 이루어질 것이며, 미뤄두기, 쌓아가기, 경계짓기, 다중해석이 복합적이고 중층적인 방식으로 활용될 것이다. 이 책이 한일 국교정상화와 중일 국교정상화를 연계해 비교 분석함으로써 냉전 초기 동아시아 전후 레짐이 구축되어 가는 과정을 되짚어 보고, 현재로 미뤄진 과거 문제들을 해결해 나가며 미래의 동아시아 레짐을 구상하고 구축해 나가는 데 도움이 되기를 바란다.

제7장 과거사를 둘러싼 인정투쟁[20]

1945년 이후 지난 77년간의 한일관계는 일본의 '과거사에 대한 법적 책임 부정'과 한국의 '일본 측 사과 부정'으로 요약할 수 있다. 한국은 일본이 잘못과 책임을 인정하고, 재발 방지를 약속할 것을 요구했다. 한편 일본은 과거의 불행한 일에 대해 이미 사과했고 금전적 보상 문제도 다루어 왔으나, 한국이 일본의 사과를 인정하지 않았다고 주장한다. 왜 한일 간 사과에 대한 인식 차이가 나타나는가? 제7장에서는 텍스트 네트워크 분석 기술을 활용해 인정-부정 개념을 적용해 무라야마 담화, 고이즈미 담화, 아베 담화를 분석한다.

일본 측이 제시한 사과는 무라야마 담화를 통해 사실·존재의 확인을 넘어 신뢰를 중시하는 정신·가치 존중의 인정으로까지 진전되었다. 그러나 동시에 고노 담화에 대한 재검증이 요구되면서 법·권리의 부정이 나타나기 시작했다. 고이즈미 담화는 사과와 반성의 표현을 담으면서도 전후 세대와 일본의 국제적 역할을 강조하기 시작하면서 정신·가치 인정의 의미 또한 축소되기 시작했다. 아베 담화는 식민지배와 사과와 반성에 대한 표현의 직접적 수용을 거부하고, 대상을 불분명하게 처

20 이 장의 내용은 오승희, 2021b를 수정한 것임을 밝힌다.

리하며, 역사적 계승 방법을 달리함으로써 무라야마 담화와 상당히 다른 인정 차원에 위치한다.

1. 과거사에 대한 한일 간 인식 차이

지난 77년간 과거사를 둘러싼 한일관계는 일본의 '과거사에 대한 법적 책임 부정'과 한국의 '일본 측 사과 부정'으로 요약할 수 있다. 한국은 일본이 잘못과 책임을 인정하고, 재발 방지를 약속할 것을 요구했다. 한편 일본은 과거의 불행한 일에 대해 이미 사과했고, 금전적 보상 문제도 다루어 왔으나 한국이 일본의 사과를 인정하지 않았다고 주장한다. 일본은 전후 화해를 위한 노력들을 인정받고 가해자/패전국이라는 전후 레짐에서 벗어나기를 희망하고 있다.

일본은 언제까지 사과의 숙명을 미래 세대에 넘길 수는 없다고 주장한다. 그러나 여전히 한국 측은 일본의 사과가 충분하지 않다는 이유로 일본의 사과를 인정하지 않고 있다. 이러한 한국의 태도에 대해 일본 내 일부에서는 한국에 대한 반감을 일으켜 과거사 인정의 후퇴가 나타나기도 한다. 이와 같이 전후 한일관계는 과거사에 대한 인정과 부정의 역사였다고 해도 과언이 아니다. 즉, 과거사를 둘러싼 인정투쟁이 치열하게 전개되어 온 것이다.

과거사에 대한 한일 간 인식의 차이는 좀처럼 좁혀지지 않고 있다. 1945년 이전을 기억하는 사람이 줄어들수록 과거사에 대한 한일 양국 간 인식의 괴리는 더욱 커질 것으로 예상된다. 1945년 이전 사실에 대한 인식은 물론, 1945년 이후 화해 노력에 대한 인식도 서로 다르게 기억되고 있다(남기정, 오승희, 손석의, 2021: 58).

일반적으로 사과는 국가 간 화해로 나아가는 데 도움이 된다. 그런데 한일관계에서는 사과 여부를 둘러싸고 논쟁이 지속되고 있어, 사과가 화해로 나아가는 데 도움이 되지 못하고 있다(Lind, 2008). 일본 정부는 한일관계 개선을 위해 사과를 해왔다고 주장하지만, 한국은 아직까지 충분한 사과를 받지 못했다고 인식한다. 이에 일본 내 일부에서는 언제까지 사과해야 하느냐고 항변하고, 일부에서는 사과는 피해자가 그만하라고 할 때까지 해야 하는 것이라는 자성의 발언도 나온다. 일본의 사과가 또 다른 역사 인식과 갈등의 요인을 만들고 있는 것이다. 그리고 사과로 인해 갈등이 발생하는 난국을 벗어나지 못한 채 한일 간 역사 문제를 둘러싼 갈등은 더욱 깊어지고 있다.

왜 일본의 사과는 한일 간 갈등을 더 심화시키고 있는가? 이 문제에 대한 한일 간 인식의 차이와 해석의 차이를 살펴보기 위해 이 장에서는 일본 정부의 사과를 담은 것으로 알려진 주요 담화를 인정과 부정의 분석틀로 확인한다. 기존 연구들을 통해 축적되어 온 질적 연구에 기반한 담화 분석에 텍스트 네트워크 분석을 도입해 무엇을 인정하고, 무엇을 부정하는지에 집중해 비교 분석한다. 그리고 이를 통해 일본은 왜 사과를 했다고 주장하는지, 한국은 왜 사과를 하지 않았다고 주장하는지, 그 인식과 해석의 차이는 어디에 존재하며 왜 발생하는지 확인한다.

기존 연구를 살펴보면, 수많은 연구가 일본의 대표적 사과를 담은 문서로 고노 담화, 무라야마 담화, 고이즈미 담화, 아베 담화를 분석하고 있다(남상구, 2014; 미야지마 히로시, 2015; 석주희·최은봉, 2015; 양기호, 2015; 윤석정, 2019a; 이정환, 2019; 이종국, 2016; 하종문, 2013 등). 특히 고노 요헤이(河野洋平) 관방장관이 발표한 1993년의 고노 담화와 무라야마 도미이치(村山富市) 총리가 1995년 종전 50년을 기념해 발표한 무라야마 담화는 일본이 사과와 책임을 인정한 대표적 담화로 거론된다. 일본 정부는 1990년대 특히 일본군 '위안부' 문제에 대한 사과를 했으며, 한국에서는 고노 담화와 무라야마 담화 수준의 사과가 최소한의 사과 기준점으로 평가되고 있다. 그리고 종전 60년 기념 고이즈미 준이치로(小泉純一郎) 총리의 담화와 종전 70년 기념 아베 신조(安倍晋三) 총리의 담화 내용은 이전 고노 담화와 무라야마 담화의 사과 수준에 미치지 못하는 것으로 평가되고 있다.

전반적으로 고노 담화는 일본군 '위안부'의 존재와 강제성을 처음으로 인정했다는 점에서 높이 평가되고 있다(남상구, 2014; 이종국, 2016). 무라야마 담화는 일본군 '위안부' 문제를 포함해 보다 넓은 범위의 역사 문제를 다루면서, 고노 담화의 정신을 담고 있는 것으로 평가된다(이종국, 2016). 고노 담화의 재검증이라는 부정적 맥락에서 등장한 아베 담화는 형식적으로는 고노 담화와 무라야마 담화를 계승한다고 하지만, 사과 수준이 이전 담화들보다 후퇴한 것으로 평가되고 있다(윤석정, 2019a; 이종국, 2016; Dudden and Mizoguchi, 2007).

방법론적 차원에서 기존 연구들은 주요 담화의 등장 배경 및 담화 문구의 해석에 집중해 담화 발화자의 의도와 그 의미를 분석했다. 그리고 각 담화의 시대적 배경과 작성 과정, 그리고 담화에 담긴 총리의 신념 또는 일본 정부의 정책 기조 등을 확인했다. 기존 연구들을 살펴보면, 일본 정부가 과거사에 대해 분명 어느 정도 인정한 부분이 존재하지만, 고노 담화와 무라야마 담화 재검증 과정에서 사과 의미가 퇴색되었고(Chun, 2019), 아베 담화는 사과 여부가 애매하게 처리되어 과거사를 부정한다고 단언하기 어려운 전략적 내용으로 이루어져 있다고 정리할 수 있다.

아베 담화에서 나타나는 불분명한 사과에 대해 일본 정부가 무엇을 인정하고 무엇을 부정하는지 확인할 필요가 있다. 애매모호한 아베 담화는 무라야마 담화를 인정한 것처럼 보이지만 실질적으로는 부정하면서 사과한 것처럼 보이게 하는, 전략적으로 구성된 담화였다. 아베 담화를 통해 일본이 무엇을 인정하고 무엇을 부정하는지 보다 세세하게 나누어 살펴보고, 일본 정부의 사과 흐름과 현재 위치를 되짚어 본다.

한편, 최근에는 한일 간 역사 문제에 대한 한국 내 해석이 점차 다양해지고 있다. 예를 들면 박유하의 『제국의 위안부』를 둘러싼 소송과 의견 대립, 이영훈 외(2019)의 『반일 종족주의』의 베스트셀러화와 이에 대한 반박(김종성, 2020; 전강수, 2020; 호사카 유지, 2020 등)과 역사 부정에 대한 경고(강성현, 2020), 윤미향 전 정의기억연대 이사장을 둘러싼 논란에서 확산된 시민단체의 역할과 피해자와의 분리 접근 필요성에 대한 지적(심규선, 2020) 등이 있었다. 또한 강제 징용과 일본군 '위안부' 문제 관련 소송 및 법원의 결정에 대한 다양한 해석이 나타나고 있어, 과거사의 복잡한 논점들을 살피기 위한 새로운 분석틀이 필요한 시점이다.

이 장에서는 지난 전쟁과 과거사에 대한 일본 정부의 입장을 담은 무라야마 담화, 고이즈미 담화, 아베 담화를 분석한다. 텍스트 네트워크 분석과 질적 연구 방법을 보완해 전후 종전 50년, 60년, 70년 기념 총리 담화를 비교 분석함으로써 일본 정부의 과거사 인식 변화를 추적한다. 전후 총리의 공식 담화를 통해 일본 정부가 무엇을 인정하고 무엇을 부정하는지, 왜 일본의 사과는 인정받지 못하는지 확인함으로써 향후 한일 간 과거사를 둘러싼 인식의 갈등을 해결하기 위한 방안을 모색하고자 한다.

또한 인정과 부정의 개념틀을 접목해 일본 정부의 역사인식을 가시적으로 파악해 보고자 한다. 종전 50년, 60년, 70년 기념 총리 담화를 대상으로, 점점 더 복잡해지고 난항을 겪는 과거사 문제에 대한 인식의 특징과 변화를 텍스트 네트워크 분석을 적용해 추적한다.

텍스트 네트워크 분석은 텍스트에 출현하는 단어를 노드로 하고, 단어와 단어 사이 관계를 링크로 표시해 구축되는 네트워크를 통해 현상을 해석하는 분석 기법이다(최영출, 박수정, 2011; Carley, 2009; Popping, 2000). 이 장에서는 텍스트 빈도분석과 공기(共起) 네트워크(co-occurrence network, 단어 동시발생 네트워크)를 통해 각 담화의 텍스트 네트워크 분석을 시도하고 보다 구체적인 맥락을 확인하며 인정과 부정의 개념 적용을 시도한다.

텍스트 내용분석과 시각화를 위한 소프트웨어 프로그램으로 KH Coder 3.0을 사용했다.[21] KH Coder는 일본어, 영어, 한국어, 프랑스어, 독일어, 이탈리아어, 포르투갈어, 스페인어, 러시아어, 중국어(간체자) 텍스트를 분석할 수 있는데, 특히 일본어 텍스트 분석에 최적화되어 있다. 단어 빈도분석, 연접어 분석, 공기 네트워크, 자기 조직 지도, 다차원척도, 군집분석, 대응분석 등을 처리할 수 있다(KH Coder, 2021). 이 장에서는 KH Coder의 단어 빈도분석과 공기 네트워크 분석을 활용했다. KH Coder는 프루크터먼라인골드(Fruchterman-Reingold) 알고리즘을 사용해 단어 노드의 위치를 결정하고, R 프로그램의 그래프 패키지인 아이그래프패키지(igraph package)를 사용해 공기 네트워크 그래프를 형성한다.

일본 정부에서 발표한 주요 담화의 특징과 인정-부정 정도는 어떻게 변화하고 있는가? 이 질문에 답하기 위해 일본 정부의 종전 50년 무라야마 담화, 60년 고이즈미 담화, 70년 아베 담화의 특징과 그 변화를 텍스트 네트워크 분석을 적용해 비교 분석한다.

21 텍스트 네트워크 분석을 위한 소프트웨어로는 Netminer, UCINET 등이 있으며, 시각화 프로그램으로 NetDraw, Mage, Pajek 등도 있다. SPSS의 다차원 척도(Multidimenstional Scaling, MDS) 분석을 통해 통계 분석도 가능하다. 이 장에서는 R 프로그램 그래프 패키지 igraph를 사용하는 KH Coder를 이용해 분석했다.

2. 일본 총리 담화의 텍스트 분석

1) 빈도분석

무라야마, 고이즈미, 아베 담화에서 분석 대상 텍스트의 전체 추출어 수를 보면 아베 담화, 무라야마 담화, 고이즈미 담화 순으로 많다(표 13 참조). 특히 아베 담화는 다른 담화보다 추출 문장 수도 많고 단락 수도 많다. 이제부터 [표 14]에서 보이는 것처럼 빈도 순위 상위 50개 단어를 통해 각 담화의 특징을 살펴본다.

무라야마 담화에서는 평화, 아시아, 과거사에 대한 잘못(誤る)과 반성, 책임 관련 단어가 다양하게 포함되어 있으며, 역사 관련 단어들이 상위 빈도수를 나타낸다. 또한 신뢰 및 믿음과 관련된 단어들이 등장하며, 품사별 구분으로 인해 개별 단어로 집계되었으나 신뢰, 신의 등 '믿음(信)'과 관련된 단어가 5회 출현하는 것으로 확인된다. 또한 '마음으로부터(心から)'라는 단어가 3회 나타났으며 '우리 나라'가 4회, '일본'은 3회 나타났고, 한국과 중국에 대한 특별한 언급은 나타나지 않았다. 세 담화 간 추출어를 비교할 때 무라야마 담화에서 유독 주목할 만한 단어는 '마음으로부터(心から)'와 '믿음/신뢰(信頼)'이다.

고이즈미 담화의 경우, 무라야마 담화와 마찬가지로 '평화'가 가

[표 13] 일본 총리 담화 텍스트 빈도분석

	무라야마 담화	고이즈미 담화	아베 담화
총 추출어 수(사용) Tokens	800(319)	712(321)	2,140(808)
다른 어휘 수(사용) Types	304(216)	287(215)	573(440)
문장	21	20	81
단락	8	11	33

[표 14] 일본 총리 담화 빈도분석: 상위 50위

	무라야마 담화		고이즈미 담화		아베 담화	
번호(상위 50)	추출어	출현 횟수	추출어	출현 횟수	추출어	출현 횟수
1	평화(平和)	7	평화(平和)	14	일본(日本)	14
2	여러 나라(諸国)	6	우리 나라(我が国)	7	세계(世界)	12
3	우리 나라(わが国)	4	전후(戦後)	6	국제(国際)	10
4	아시아(アジア)	4	아시아(アジア)	4	전쟁(戦争)	10
5	관계(関係)	4	국제(国際)	4	전후(戦後)	9
6	오늘(今日)	4	여러 나라(諸国)	4	평화(平和)	9
7	역사(歴史)	4	세계(世界)	4	우리 나라(我が国)	8
8	과거(過去)	3	전쟁(戦争)	4	사람들(人々)	8
9	희생(犠牲)	3	많은(多く)	4	국가들(国々)	7
10	근린(近隣)	3	번영(繁栄)	4	힘(力)	7
11	잘못(誤る)	3	마음(心)	4	아시아(アジア)	6
12	국가들(国々)	3	새롭게(改めて)	3	과거(過去)	6
13	국제(国際)	3	공헌(貢献)	3	가슴(胸)	6
14	마음으로부터(心から)	3	나라들(国々)	3	경제(経済)	6
15	깊은(深い)	3	사회(社会)	3	새기다(刻む)	6
16	사람들(人々)	3	역사(歴史)	3	식민(植民)	6
17	전후(戦後)	3	전부(すべて)	2	마음(心)	6
18	전쟁(戦争)	3	유지(維持)	2	세대(世代)	6
19	내외(内外)	3	사이(間)	2	지배(支配)	5
20	일본(日本)	3	희생(犠牲)	2	사실(事実)	5

[표 14] 계속

	무라야마 담화		고이즈미 담화		아베 담화	
번호(상위 50)	추출어	출현 횟수	추출어	출현 횟수	추출어	출현 횟수
21	표명(表明)	3	협력(協力)	2	깊이(深い)	5
22	사이(間)	2	결의(決意)	2	다하다 (尽くす)	5
23	기념(記念)	2	생각하다 (考える)	2	세기(世紀)	5
24	강화(強化)	2	국민(国民)	2	이전(先)	5
25	교류(交流)	2	지금(今)	2	대전(大戦)	5
26	국민(国民)	2	지향(志向)	2	번영(繁栄)	5
27	지원(支援)	2	지원(支援)	2	미래(未来)	5
28	이르다(至る)	2	신뢰(信頼)	2	역사(歴史)	5
29	사회(社会)	2	사람들 (人々)	2	전부(すべて)	4
30	신뢰(信頼)	2	적극(積極)	2	희생(犠牲)	4
31	세계(世界)	2	이전(先)	2	잃다(失う)	4
32	많은(多く)	2	총리(総理)	2	사회(社会)	4
33	태평양 (太平洋)	2	체험(体験)	2	여성(女性)	4
34	마땅하다 (当たる)	2	대신(大臣)	2	여러분 (方々)	4
35	길(道)	2	대전(大戦)	2	목숨(命)	4
36	생각(念)	2	내각(内閣)	2	처음(はじめ)	3
37	패전(敗戦)	2	다시는 (二度と)	2	가족(家族)	3
38	반성(反省)	2	반성(反省)	2	해결(解決)	3
39	번영(繁栄)	2	표명(表明)	2	모든 분 (皆さん)	3
40	미국(米国)	2	다대(多大)	1	기분(気持ち)	3
41	미래(未来)	2	손해(損害)	1	고통(苦痛)	3
42	우호(友好)	2	사죄(お詫び)	1	행사(行使)	3

[표 14] 계속

	무라야마 담화		고이즈미 담화		아베 담화	
번호(상위 50)	추출어	출현 횟수	추출어	출현 횟수	추출어	출현 횟수
43	사죄(お詫び)	1	책임(責任)	1	국가(国)	3
44	애도(哀悼)	1	한국(韓国)	1	자유(自由)	3
45	가슴(胸)	1	지배(支配)	1	종전(終戦)	3
46	고통(苦痛)	1	중국(中国)	1	여러 나라(諸国)	3
47	연구(研究)	1	일의대수(一衣帯水)	1	손상하다(傷つける)	3
48	지배(支配)	1	ODA	1	책임(責任)	3
49	식민(植民)	1	일본/일본인(日本/日本人)	1 / 1	전(前)	3
50	믿음(信)	1	테러(テロ)	1	중국(中国)	3

* 추출어 리스트 빈도수 기준 상위 150개 중 50개 단어를 순서대로 정리한 것임. 번호는 단어 개수를 확인하기 위한 것으로 같은 빈도의 경우 동위 단어이며, 제시 순서 및 번호는 순위가 아님. 40번 이후 같은 빈도수 내에서는 담화 간 비교 가능한 주요 단어를 우선적으로 제시함.

장 많이 나타나고, '전후', '국제', '세계'가 상위권에서 보인다. '국제'사회의 '번영'에 '공헌'하는 일본의 역할에 대한 부분이 우선적으로 나타나며, 역사 관련 단어들의 순위는 무라야마 담화보다 뒤다. 역사, 반성, 손해, 사과, 책임 관련 단어들이 1-2회 나타나고, 한국과 중국에 대한 언급은 한 번씩 나타나며, 국제 환경과 관련된 테러나 ODA 관련 단어들도 보인다. 고이즈미 담화에서는 무라야마 담화보다 좀 더 일본의 국제적 역할을 강조하는 것을 확인할 수 있다. 세 담화의 추출어들을 비교할 때 고이즈미 담화에서 유독 두드러지는 단어는 '공헌'이다.

아베 담화에서는 고이즈미 담화의 국제적 역할을 강조하는 성향이 더욱 두드러져 '세계'와 '국제'가 일본 다음으로 많은 빈도수를 보

여 준다. '우리 나라(我が国)'보다 '일본(日本)'이 더 많이 사용되었고, '힘(力)'이라는 단어도 자주 등장한다. 또한 '가슴(胸)'에 '새기다(刻む)'라는 표현이 두드러진다. 다른 담화에서는 사용되지 않았는데, 아베 담화에서는 총 6회나 등장한다. 과거사와 관련해서는 식민, 반성, 고통, 책임 등의 단어도 등장한다. 또한 '중국'이 3회, '중국인'이 1회 언급되는 것이 주목할 만하다. 따라서 중국에 대한 일본의 고려가 어떻게 반영되어 있는지 보다 자세히 살펴볼 필요가 있다. 아베 담화에서는 '가슴에 새긴다'는 표현이 특징적으로 나타나고, 무라야마 담화와 고이즈미 담화에서 언급된 '믿음' 또는 '신뢰'는 보이지 않는다.

이처럼 텍스트 간 비교 분석을 통해 어떠한 단어들이 사용되었는지뿐만 아니라 어떠한 단어들이 누락 또는 배제되었는지 확인하는 것도 중요하다. 다만, 빈도분석만으로는 추출된 단어들이 실제로 어떠한 맥락에서 사용되었는지 확인할 수 없으며, 공기어 분석과 내용 분석을 통해 추가로 살펴봐야 한다.

2) 공기 네트워크 분석

빈도분석에 이어 KH Coder의 공기 네트워크 분석을 통해 각 담화에 사용된 단어들이 어떻게 연계되어 있는지 살펴본다. 공기 네트워크 분석 시에는 추출어 중에서 단어(node)와 선(edge)의 의미 있는 연결이 강하게 나타나도록 최소 출현 수, 최대 출현 수 등을 설정해 화면에 표시되는 공기어 수와 관계의 범위를 적절하게 조절할 필요가 있다. 기본적으로 해당 텍스트에 적절한 수준의 공기 관계가 나타나도록 기본값이 제시되는데, 이번 분석에서는 전처리(前処理)된 각 문서의 기존 설정값을 적용했다. 또한 문장별 공기어 분석은 각 단어별 내용의 연계를 보다 잘 보여 주고, 문단별 공기어 분석은 글의 구조적 특징을 보여 준다

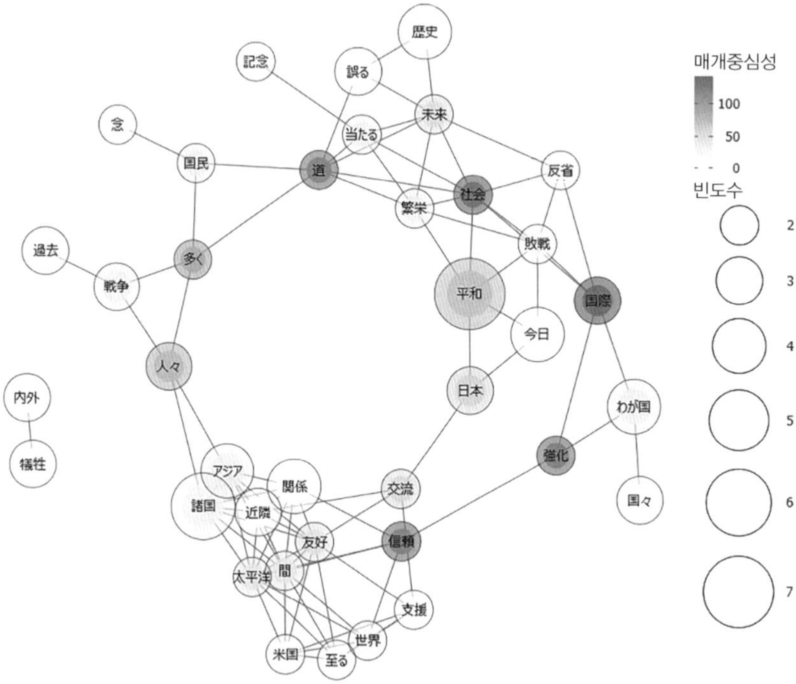

[그림 15] 무라야마 담화 – 문장 기준 공기 네트워크 분석(*N 38, E 90, D.128)
*N 38, E 90, D.128은 단어(node) 수가 38, 선(edge) 수가 90, 밀도(density)가 128임을 의미함.

는 점에서 문장 및 문단 공기 네트워크를 함께 살펴볼 필요가 있다.

중심성(centrality)을 측정하는 방식으로는 단순히 연계가 많은 단어를 기준으로 하는 연결중심성(degree centrality), 노드 간 최단 경로에 포함된 비율로 계산하는 매개중심성(betweenness centrality), 중요한 노드는 다른 노드로의 경로가 짧을 것이라는 전제로 계산하는 근접중심성(closeness centrality) 등이 있다. 연결중심성은 연결 수를 중시하고, 매개중심성은 노드들 간의 연결을 중시하며, 근접중심성은 다른 노드들과의 인접성(closeness)과 거리(distance)로 측정한다(김용학, 김영진, 2016, 2014; KH Coder, 2021).

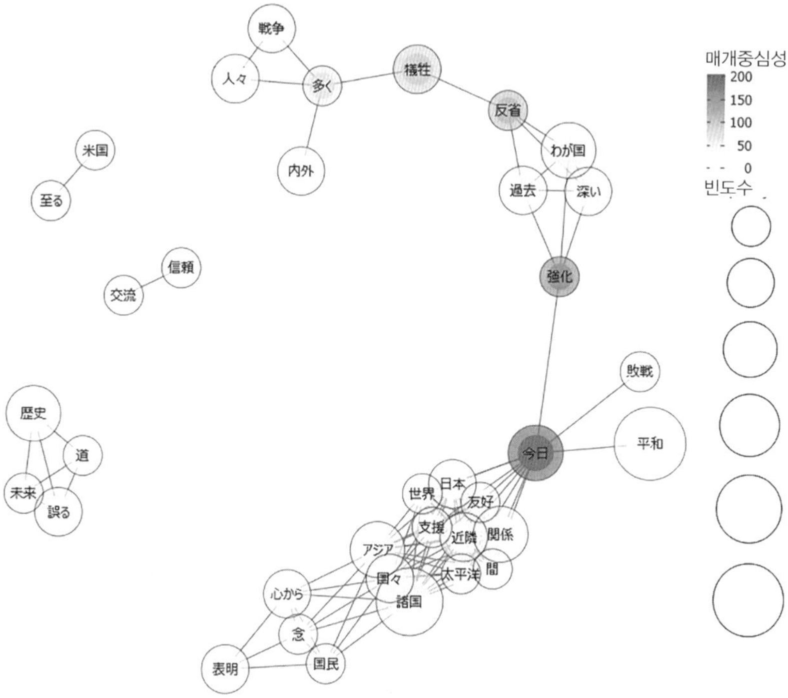

[그림 16] 무라야마 담화 – 문단 기준 공기 네트워크 분석(*N 36, E 104, D.165)

이 장에서는 각 단어들을 연결하는 클러스터의 위치와 매개 단어에 집중하고자 매개중심성을 기준으로 각 담화의 공기 네트워크 그래프를 비교 분석한다. 각 원의 크기는 빈도수이고 매개중심성이 높을수록 원이 진하게 나타난다.

우선 무라야마 담화의 문장과 문단별 공기 네트워크 분석 결과를 살펴본다(그림 15, 그림 16). 단어 중 '국제(国際), 사회(社会), 길(道), 강화(強化), 신뢰(信頼)'가 높은 중심성을 가진 것으로 나타난다. '신뢰'는 공기어 분석에서도 무라야마 담화의 주요 키워드로 자리하고 있음을 확인할 수 있다. 우측에 빈도수가 높은 '평화(平和)'를 중심으로 '국제, 사

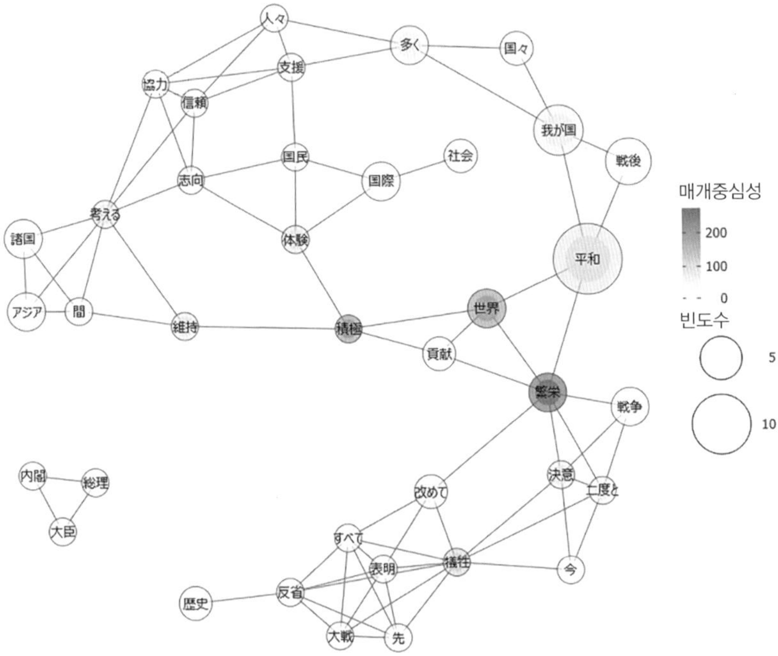

[그림 17] 고이즈미 담화 – 문장 기준 공기 네트워크 분석(*N 38, E 77, D.11)

회, 번영(繁栄), 미래(未来)'와 함께, '패전(敗戦)-반성(反省)-역사(歴史)-잘못(誤る)'이 연결되어 있는 것을 확인할 수 있다. 좌측 하단에서는 '신뢰'를 중심으로 '아시아(アジア)-여러 나라(諸国)-태평양(太平洋)-우호(友好)-교류(交流)-지원(支援)-미국(米国)-세계(世界)' 등이 연결되어 있다. '많은(多く)-사람들(人々)-전쟁(戦争)-과거(過去)-국민(国民)-생각(念)'이 연결되어 있는 것도 확인할 수 있다.

무라야마 담화의 문단별 공기 네트워크의 경우에는 대부분 비슷한 단어가 그룹으로 형성되어 나타나는 가운데, '마음으로부터(心から)-표명(表明)-생각(念)-국민-아시아-여러 나라-태평양-우호-관계-

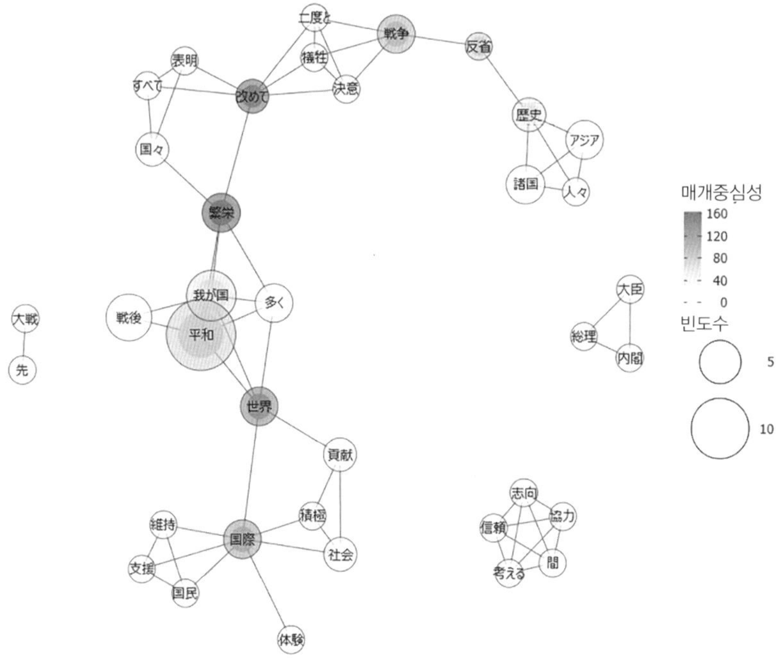

[그림 18] 고이즈미 담화 – 문단 기준 공기 네트워크 분석(*N 37, E 63, D.095)

세계-일본'이 '오늘(今日)'로 연결되고, 오늘을 중심으로 '과거(過去)-깊은(深い)-우리 나라-반성-희생(犠牲)-많은-내외(内外)-사람들'이 '강화'로 연결되고 있다. '과거'와 '오늘'이 연결되고 '패전'과 '평화'가 연결되는 공기 네트워크 구조가 나타난다. 좌측에는 이와 별개로 '신뢰-교류', '역사-잘못-길-미래'가 연결된 클러스터가 나타나는 것도 특징이다.

[그림 17], [그림 18]의 고이즈미 담화의 문장별 공기 네트워크를 살펴보면, '번영'이 가장 높은 중심성을 나타내는 가운데, '세계, 적극(積極)'이 두드러진다. 여기에 '평화-전후-우리 나라-국가들-많은-지

원-사람들-협력(協力)-신뢰-지향(志向)-생각하다(考える)-아시아-여러 나라-유지(維持)-공헌(貢献)-세계-번영'으로 이어지는 클러스터가 넓게 상단을 차지한다. 하단에는 '번영-전쟁-다시는(二度と)-결의(決意)-지금(今)-다시/새롭게(改めて)-희생-표명-이전(先)-대전(大戦)-반성-역사'로 연결되는 과거사 관련 단어들의 클러스터가 자리한다. 구조적으로 과거 관련 클러스터와 국제 관련 내용이 연결되어 나타난다는 점은 무라야마 담화와 유사하다. 아시아 국가들 관련 단어들이 역사나 과거사 클러스터보다 세계, 평화, 공헌 관련 클러스터에 위치해 있다는 점도 주목할 필요가 있다.

문단 기준으로 살펴보면, '번영, 다시/새롭게, 세계, 국제'가 중심성이 높게 나타나고, 상단에서 '아시아-여러 나라-역사-반성-전쟁-다시는-희생-결의-표명-전부(すべて)'가 '다시/새롭게'와 연결되며, 이것이 또한 '번영-우리 나라-평화-전후-많은-세계-공헌-적극-사회-국가-희생-지원-국민'으로 연결된다. 별개의 클러스터로 '신뢰-협력-사이(間)-지향-생각하다'가 나타나는 것도 특징이다. 아시아의 경우 '역사-반성-전쟁'과 연결되며, 재발 방지를 약속하는 듯한 표현들이 중점적으로 나타난다. 그러나 아시아 관련 단어들이 어떠한 단어들을 매개하고 있는지, 그리고 어떻게 서술되고 있는지는 확인해 볼 필요가 있다.

마지막으로, 아베 담화의 경우를 살펴보자(그림 19, 그림 20). 아베 담화에서는 '번영, 다하다(尽くす), 가슴(胸), 깊이(深い), 힘(力)'과 같은 단어들의 중심성이 높게 나타났다. 또한 '평화-번영-힘'이 연결되는 맥락을 구체적으로 확인해 볼 필요가 있다. 역사 문제와 관련해서 '역사'와 '미래'가 연결되어 있고, '역사-아시아-지배-식민(植民)-세계'의 연결도 확인된다. '식민'의 경우 '세계'와 직접 연결되어 있다는 점도 주목할 만하다. '힘-평화-행사(行使)-해결(解決)-분쟁(紛争)' 클러스

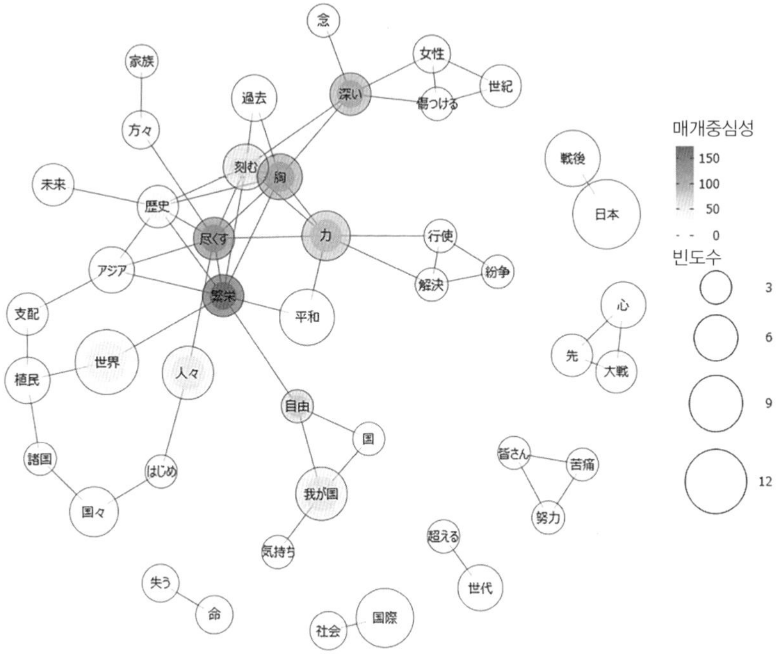

[그림 19] 아베 담화 – 문장 기준 공기 네트워크 분석(*N 45, E 60, D.061)

터와 '깊이-여성(女性)-손상하다(傷つける)-세기(世紀)' 클러스터는 '과거(過去)-가슴-새기다(刻む)-역사' 클러스터와 연결되어 있다. '우리나라-자유(自由)-번영'이 연결되는 부분과 '국제-사회', '세대(世代)-넘다(超える)', '목숨(命)-잃다(失う)', '모든 분(皆さん)-고통-노력(努力)', '이전-대전-마음(心)', '전후(戦後)-일본'으로 구성된 소규모 클러스터가 다수 존재한다. 앞선 담화들보다 선으로 연결되지 않은 클러스터가 많다는 점이 아베 담화의 특징이다.

아베 담화의 문단 기준 네트워크를 살펴보면, '세계'가 압도적으로 높은 중심성을 나타내며, 이 외에 '식민, 국제, 평화'가 중심성이 높

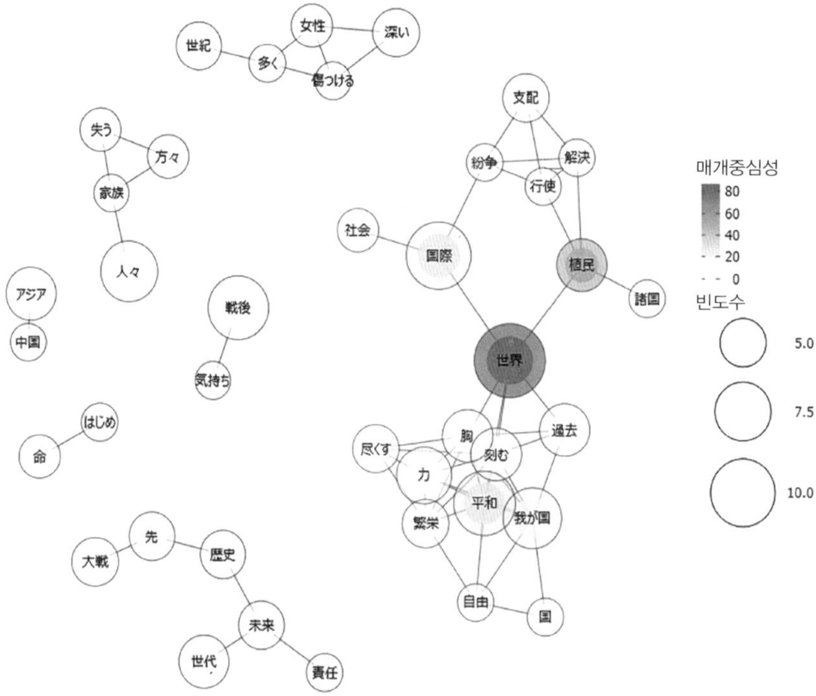

[그림 20] 아베 담화 – 문단 기준 공기 네트워크 분석(*N 40, E 61, D.078)

은 단어로 나타난다. 흥미로운 것은 '식민' 단어의 중심성이 높다는 점인데, '세계-식민-여러 나라-행사-분쟁-해결-지배-국제-사회'로 연결되고 있다. '세계'를 중심으로 '과거-우리 나라-국가-자유-번영-평화-힘-다하다-가슴-새기다' 클러스터에 아베 담화의 핵심 단어들이 응집되어 있다. 별개로 상단의 '여성-많은-손상하다-깊이-세기'로 나타나는 일본군 '위안부' 문제를 상징하는 클러스터는 '식민' 관련 클러스터와 연결되어 있지 않다는 점을 확인할 수 있다. 하단의 '이전-대전-역사-미래-세대-책임'으로 나타나는 클러스터에서는 역사 문제와 미래 세대의 책임이 함께 나타난다는 점도 주목할 필요가 있다. 아베 담화는 중요한 단어들이 포함되었다고 하더라도, 어떻게 연결되었느냐가 중요함을 보여 준다.

아베 담화는 분량이 무라야마 담화나 고이즈미 담화보다 많고, 추출된 단어 역시 3배나 많았지만, 공기 네트워크로 분석하면 각 단어들의 연결이 분절적이고, 추출된 노드들의 연결이 상당히 낮다. 문장 기준으로 비교할 때, 무라야마 담화(N 38, E 90, D. 128), 고이즈미 담화(N 38, E 77, D. 11)에 비해 아베 담화(N 45, E 60, D. 061)는 단어(node)는 많지만, 선(edge)과 밀도(density)가 낮게 나타남을 확인할 수 있다.

3. 총리 담화의 과거사 인정과 부정

일본 총리의 담화가 어떠한 단어들과 문구들을 포함하고 있는지 주목하는 것도 필요하지만, 단어 자체에만 주목하면 담화가 추구하는 메시지와 의도를 축소해 버릴 수 있어 주의해야 한다. 담화 전체의 맥락과 구조, 그 의도를 보다 면밀하게 살펴보는 것이 필요하다. 이 장에서는 빈도분석과 공기 네트워크를 통해 확인된 특징에 집중해 일본 총리 담화에 담긴 과거사에 대한 인정-부정 여부를 확인한다.

1) 사실·존재의 인정과 부정

우리는 텍스트 분석을 통해, 무라야마 담화에서는 과거사 관련 '잘못'과 관련된 단어들의 빈도수가 높고, 역사 관련 클러스터가 길고 넓게 형성되어 있으며, 과거와 오늘 그리고 미래가 연결되는 형태로 구성되어 있음을 확인했다. 보다 구체적으로 살펴보면, 먼저 종전 50년을 맞이해 일본 국민과 전 세계인을 대상으로 전쟁의 길로 나아간 것은 국

민에게도 잘못한 일이고, 아시아 국가들에도 잘못한 것으로 국내외 희생자에게 사과 메시지를 전한다. 특히 식민지 지배와 침략(植民地支配と侵略)으로 아시아 국가들에 '다대한 손해와 고통을 주었다(多大の損害と苦痛を与えました)'고 표현한 부분이 주목되어 왔다. '잘못', '고통', '손해', '반성', '사죄' 관련 단어들이 '아시아', '국가', '여러분'과 연결되어 서술되고 있다.

> 우리 나라는 멀지 않은 과거 한 시기, 국가정책을 그르치고 전쟁에의 길로 나아가 국민을 존망의 위기에 빠뜨렸으며 식민지 지배와 침략으로 많은 나라, 특히 아시아 제국(諸国)의 여러분에게 다대한 손해와 고통을 주었습니다. 저는 미래에 잘못이 없도록 하기 위해 의심할 여지도 없는 이와 같은 역사의 사실을 겸허하게 받아들이고 여기서 다시 한번 통절한 반성의 뜻을 표하며 진심으로 사죄의 마음을 표명합니다. 또 이 역사로 인한 내외 모든 희생자 여러분에게 깊은 애도의 뜻을 바칩니다(밑줄은 필자).

그러나 한국에서는 '멀지 않은 과거 한 시기', '다대한 손해와 고통'이라는 표현이 끔찍했던 범죄에 대한 충분한 사과로 인정하기에 부족하다고 인식했다. 식민지 지배와 침략 행위를 반성하지만, 여전히 이를 무효화하지는 않고 있으며, 천황의 책임 문제에 대한 인식도 부족하다는 것이다. 결국 일본 정부가 식민지 불법성을 부인하고 법적 책임으로 다루는 것을 거부하고 있기 때문에 한국에서는 진정성 있는 사과로 받아들여지지 않았다.

무라야마 담화로 일본의 과거 잘못에 대한 사실·존재 인정은 이루어졌지만, 한국에서는 공식적인 사과로 받아들여지지 않았으며, 법·권리, 정신·가치 차원의 부정은 물론 일본이 사과를 하지 않았다고 생각하는 사람들에게 무라야마 담화는 존재하지 않는 것이었다. 오히려 무라야마 담화의 가치를 알게 된 것은 일본 내의 무라야마 담화 거부 움직임이었다. 일본 내에서 무라야마 담화를 부정하려는 시도가 있었던 것이다. 결국 일본 과거사 문제의 사실 및 존재 차원의 인정은 다시 애매모호해지면서 인정 단계가 다소 후퇴했다.

종전 70년을 맞아 한국과 일본을 비롯한 여러 나라의 관심 속에서 아베 담화가 발표되었다. 일본 정부 역시 담화의 중요성을 인식해 전문가 간담회인 '21세기구상간담회'의 논의를 거쳐 준비했고, 역대 담화들 중 가장 긴 분량으로 작성되었으며, 일본 국내외 피해자들의 마음을 위로하는 상당히 감정적인 단어가 대거 등장했다. 한국이 특히 주목한 식민 지배와 이에 대한 사과 및 반성의 '단어'들은 분명히 포함되었고, 고노 담화와 무라야마 담화에서 사용된 표현들이 담겨 있어 재검증 논란에도 불구하고 결국 고노 담화와 무라야마 담화를 계승한 것으로 보이기도 한다. 그 때문에 아베 담화는 반박하기 어렵지만, 한국으로선 충분히 사과받았다고 느껴지지 않는, 긍정도 부정도 하기 힘든 애매모호한 담화가 되었다.

그러나 텍스트 분석을 하면 아베 담화는 무라야마 담화와 그 구성과 내용 그리고 의도에서 상당히 차이가 있으며, 기존 일본 정부의 사과를 부정하고 있음을 확인할 수 있다. 단어 표현에만 주목해 간과할 수 있는 전략과 의도 속에 아베 담화는 무라야마 담화에서 중시했던 가치를 부정하며 사과에 대한 주체와 대상을 불분명하게 처리하면서 사실·존재의 인정을 전략적으로 회피하고 있다.

우선, 식민지배에 대해서는 분명 언급하고 있다. 그러나 "100여 년 전 세계에는 서구 국가들을 중심으로 한 나라들의 광대한 식민지"가 펼쳐져 있었고, 전쟁 자체가 위법이 되는 "새로운 국제 질서"가 형성되었다는 시대적 배경을 언급하며 시작된다. 그리고 당시 시대적 변화를 통해 식민지배로 나아가게 된 배경을 설명한다. 일본이 식민지배를 했다는 표현이 아니라 서구 국가들이 중심이 된 식민지이며 오히려 이러한 흐름에서 "일러 전쟁은 식민지배하에 있던 많은 아시아와 아프리카인들에게 용기를 주었습니다"라는, 한국으로서는 절대 이해할 수 없는 문장이 들어가 있다. 이는 당연히 식민지배에 대한 불법성과 사과 및 반성을 기대했던 한국의 기대치를 충족시키지 못하는 것이었다. 따라서 식민지배에 대해 언급하긴 했으나 사과라기보다 정당화에 가깝다고 할 수 있다. 20년 전인 종전 50년 기념 무라야마 담화에서 사용된 "일본국은 일찍이 식민지배와 침략으로 많은 나라 특히 아시아 제국 사람들에게 다대한 손해와 고통을 주었습니다"라는 문장은 포함되지 않았다. 식민지배와 사과 및 반성이 한 문단에 위치했던 이전 담화와 달리, 식민지 관련 내용과 사과 및 반성 관련 표현이 연결되어 있지 않다.

아베 담화가 사과로 받아들여지지 않는 또 다른 이유는 한국의 존재가 확인되지 않기 때문이다. '아시아 여러 나라(諸国)'로 한국을 포괄해서 사용되었던 표현이 중국, 동남아시아 등 개별 국가로 구체화되었는데, 한국을 대상으로 하는 내용은 상당히 감소했다.

> 교전국들도 장래가 유망한 젊은이들이 헤아릴 수 없이 목숨을 잃었습니다. 중국, 동남아시아, 태평양의 여러 섬 등 전쟁터가 된 지역에서는 전투뿐만 아니라 식량난 등으로 인해 수많은 무고한 사람이 고통을 겪고 희생되었습니다. 전쟁터 뒤안에는 명예와 존엄이 크게 손상된 여성들이 있었던 것도 잊어서는 안 됩니다(밑줄은 필자).

한국은 교전국에 포함되지 않으며, 이 부분에서 거론되지 않는다. 한국과의 관계에서 서술되어야 하는 부분인 일본군 '위안부' 문제가 여기에서 언급되고 있지만 명칭이 직접 언급되지 않은 채 "명예와 존엄이 크게 손상된 여성들"로 표현된다. 같은 표현이 고노 담화와 무라야마 담화에 있었다고 하지만, 명시적으로 지칭하지 않고 수식어를 활용했다는 점에서 직접 호명하지 않는 의도적 서술로 보인다. 이러한 한국의 배제는 중국에 대한 언급으로 더욱 두드러진다. 중국에 대한 고려는 분명하게 드러나는 반면, 한국에 대한 무시는 의도적으로 반영되어 있다. 일본인 귀환자, 중국인, 미국, 영국, 네덜란드, 호주 등 포로 출신자에 대한 언급만 이루어지고 있는 것이다.

주목할 점은 언급된 이들에 대한 사과가 아니라, 이들이 일본을 방문해 전사자들의 넋을 위로하고 관용을 베풀었다는 사실을 잊어서는 안 된다고 서술하고 있다는 것이다. 아베 담화의 우회적 사과 부정은 이러한 서술어의 전략적 사용에서 나타난다.

> 그러기에 우리는 잊어서는 안 됩니다. 전후 600만 명이 넘는 귀환자가 아시아 태평양 각지에서 가까스로 무사 귀환해 일본 재건의 원동력이 된 사실을. 중국에 내팽개쳐진 3,000명 가까운 일본인 자녀들이 목숨을 부지하며 성장해 다시 조국 땅을 밟을 수 있었던 사실을. 미국과 영국, 네덜란드, 호주 등의 포로 출신자들이 오랜 세월에 걸쳐 일본을 방문해서로 전사자들의 넋을 계속 위로해 오고 있다는 사실을.
>
> 전쟁의 온갖 고통을 겪은 중국인 여러분과 일본군에 의해 견디기 힘든 고통을 입은 포로 출신 여러분이 그토록 관용을 베풀기 위해서는 얼마만큼 마음의 갈등이 있었고, 얼마만큼 노력이 필요했을까요. 그 점을 우리는 헤아려야 합니다(밑줄은 필자).

> 한국이 언급된 부분은 사과와 관련된 부분이다.

> 일본은 지난 대전에서의 행동에 대해 거듭 통절한 반성과 진심 어린 사

죄의 마음을 표명해 왔습니다. 그 마음을 실제 행동으로 보여 주기 위해 인도네시아, 필리핀을 비롯한 동남아시아 국가들, 대만, 한국, 중국 등 이웃 사람인 아시아인들이 걸어온 고난의 역사를 가슴에 새기며 전후 일관되게 그 평화와 번영을 위해 힘을 다해 왔습니다(밑줄은 필자).

식민지배와 침략에 대한 직접적 언급 없이 "지난 대전에서의 행동"에 대한 것으로 표현되었고, "통절한 반성과 진심 어린 사죄의 마음"이라는 문구는 분명 들어갔으나, "표명해 왔습니다"라는 과거형으로 처리되었으며, "이러한 역대 내각의 입장은 앞으로도 흔들림이 없을 것입니다"라고 해 주체로서 아베 내각의 현재형 사과가 분명하게 배제된, 과거형과 미래형의 간접적 확인 방식을 차용하고 있다.

2) 법·권리의 인정과 부정

무라야마 담화에 앞서 일본군 '위안부'의 존재를 인정했던 고노 담화 발표 이후 1996년 중학교 역사 교과서 7종에 일본군 '위안부' 관련 기술이 실리자 1997년 1월 '새로운 역사 교과서를 만드는 모임(新しい歴史教科書をつくる會)'이 등장했다. 그리고 1997년 2월에는 '위안부' 기술 삭제를 요구하는 '일본의 장래와 역사교육을 생각하는 젊은 의원 모임(日本の前途と歴史教育を考える会)'이 결성되는데, 당시 아베 신조 의원이 이 모임의 초대 사무국장을 맡았다. 여기에 2007년 미국 하원에서 '위안부' 결의안이 논의되면서 일본군 '위안부'의 존재를 인정했던 고노 담화의 수정론이 제기되었다.

고노 담화 재검증 주장을 살펴보면, 첫째, 위안부 문제의 핵심은 강제성인데, 강제성을 뒷받침할 증거가 나오지 않았다. 둘째, 고노 담화는 당시 한일 간 외교적 배려에 따른 것으로 한일 간 정치적 타협의 결과다. 셋째, 요시다 세이지(吉田清治)와 피해자의 허위 증언에 기반하고 있는 내용이다. 2012년 9월 15일 자민당 총재 선거 토론회에서 당시 아베 신조 후보자는 "고노 담화로 인해 일본군이 마치 여성들을 유괴해 강제로 위안부로 삼았다는 불명예를 짊어지게 된바, 아베 1차 내각에서는 고노 담화를 수정한 것을 다시 확정할 필요가 있다"고 발언했다. 2013년 10월 16일 『산케이 신문』은 고노 담화 작성 당시 피해자 16명의 증언이 신뢰하기 어려우며, 후속 조사가 필요하다고 지적했다. 2013년 11월 일본유신회를 중심으로 '역사 문제 검증 프로젝트팀'이 설립되었고, 본격적으로 고노 담화 수정 캠페인을 전개했다. 그 밖에 '고노 담화 수정을 요구하는 국민운동' 등이 활동하면서 고노 담화를 위안부 문제를 확산시킨 모든 악의 근원으로 규정하고, 일본의 명예가 현저히 훼손되게 했다고 비난했다.

여기서 과연 위안부 문제의 핵심이 강제성인가하는 점을 짚고 넘어가야 한다. 강제 모집을 입증할 문서가 없는 것이 일본 정부의 책임 없음을 의미하는가? 고노 담화는 일본군 '위안부'의 존재를 부인하다가 확인하게 된 중요한 전환점이었다. 즉, 전쟁으로 인해 일본군 '위안부'가 존재했다는 것을 확인하는 것이 핵심이며, 강제성 여부는 그 존재 확인 여부에 영향을 미치지 않는다. 강제성 여부는 권리 차원에서의 인정 수준에 대한 논의로 다루어질 수 있으며, 권리 거부 부정 차원에서 접근하는 것으로 볼 수 있다. 즉, 강제성 여부는 위안부 존재를 부정하는 근거가 되지 않으며, 이는 일본 정부의 권리 거부 차원의 논의라고 할 수 있다.

한국의 일본 전쟁 범죄 피해자들과 관련 단체는 일본 정부의 '법적 사과'를 요구해 왔다. 일본 정부는 과거사에 대한 법적 책임은 1965년 한일 국교정상화 당시 청구권 협정을 통해 '완전히 그리고 최종적으로' 종료되었다는 입장이다. 그러나 한국은 개인 청구권은 여전히 존재하며 65년 당시 다루어지지 않은 의제들의 경우 해결되지 않았고, 이것에 대해 일본 정부가 공식적으로 법적 책임을 다할 것을 요구해 왔다(김창록, 2015: 830).

여기서 '법적' 책임에 대한 인식 개념은 다소 상이하다. 일본은 보편적 인권으로서 '법의 지배'를 강조하며 한국이 약속을 지키지 않는 국제법 위반 국가라고 주장한다. 또한 최근 한국의 잇따른 소송으로 인한 법적 공방에 대해서도 국제법 원칙에 근거해 주권 면제를 주장하고 있다. 식민지배의 불법성을 거부하는 이유 역시 법과 합법성에 대한 일본의 중시가 반영되어 있다. 한일기본조약에서 기존 조약의 '이미 무효' 여부가 논란이 된 것도(이원덕, 1996: 303) 지금은 무효이지만 '당시에는 합법'이었다는 법률주의에 근거한 일본의 인식이 반영된 것이라 할 수 있다.

한편, 한국의 피해자가 기대하는 법적 책임은 단순히 법률적 소송 차원의 논의가 아니다. 이 경우 법적 책임은 잘못에 대한 사실 인정 다음 단계로, 잘못에 대한 합당한 대가로서 반성에 기반한 의무를 공식적으로 다해 주기를 바라는 공정과 정의 차원에서의 인정 요구라 할 수 있다(박철희, 2019: 127). 일본의 '합법의 논리'와 한국의 '정의의 논리'가 법적 책임을 둘러싼 논란을 지속해 오고 있는 것이다. 일각에서는 한일 경제협력 자금, 아시아여성기금, 화해치유재단 등을 통해 금전적 보상이 이루어졌음을 지적하며 돈으로 환산된 법적·권리적 책임을 언급한다. 이처럼 제한된 또는 협의된 법적 책임 논의는 '돈'의 논리만 부각해 다루어 논의의 초점을 흐리고 오히려 인정 단계를 후퇴시켜 왔다고 평가할 수 있다. 한국의 정의 개념에 기반한 법과 권리의 인정은 피해자의 권리 무시가 아닌 권리 확인, 수용, 존중에 기반한 인정 차원에서 접근할 것을 요구한다.

일본은 화해를 위해, 그리고 아시아의 번영을 위해 많은 노력을 해

왔음을 강조한다. 앞서 아베 담화 텍스트 분석에서 확인한 바와 같이, 빈도수와 중심성 모두 높게 나타난 단어가 바로 '힘(力)'이다. '힘'은 평화와 번영을 위해 힘을 다하겠다(力を尽く)는 표현, 화해를 위해 '힘써왔다(和解のために力を尽くしてくださった)는 표현 등에서 나타난다. 사실 일본의 국제지향성은 이미 무라야마 담화에서부터 나타났다. 다만 맥락이 좀 상이한데, 무라야마 담화는 과거의 잘못을 바탕으로 "책임 있는 국제사회 일원으로서 국제협력을 촉진해 나가겠다"는 의지를 밝혔고, 고이즈미 담화에서는 본격적으로 "국제사회의 책임 있는 일원으로서" ODA를 비롯한 물적·인적 공헌과 역할을 강조하며 "인류 전체의 평화와 번영을 실현하기 위해 전력을 다하겠다"고 밝혔다. 그리고 아베 담화에서는 "일본이 국제사회에서 역할을 한 만큼 적극적 평화주의를 내걸며 국제사회에서 권리를 강화해 나가겠다"는 의지를 표명하고 있다.

3) 정신·가치의 인정과 부정

앞서 공기 네트워크 분석을 통해 아베 담화의 단어 간 연결성이 상당히 낮게 나타나는 것을 확인할 수 있었다. 실제 원문을 확인해 보면, 문장에 서술어가 없거나 도치된 형식의 문장이 많고 명사의 나열과 마침표로 구성된 문장이 자주 등장한다. 텍스트 분석에서 추출어의 품사 구별과 연결어 인식이 나타나기 때문에 분절적 구성이 그대로 반영되어 드러난 것이다.

> 만주사변, 그리고 국제연맹 탈퇴. 일본은 점차 국제사회가 엄청난 희생 위에 구축하려 했던 '새로운 국제질서'에 대한 '도전자'가 되어 갔습니다.
>
> 사변, 침략, 전쟁. 어떠한 무력의 위협과 행사도 국제 분쟁을 해결하

는 수단으로 두 번 다시 사용해서는 안 됩니다.

그러기에 우리는 잊어서는 안 됩니다. 전후 600만 명이 넘는 귀환자가 아시아 태평양 각지에서 가까스로 무사 귀환해 일본 재건의 원동력이 된 사실을. (후략)(밑줄은 필자)

아베 담화는 분명 식민지배, 사과, 반성, 여성, 한국 등의 키워드를 담고 있으나, 맥락을 살펴보면 일본이 주체가 아니거나, 서술어가 전혀 다른 내용이거나, 한국이 상당히 배제되어 있다. 사과 대상으로서 한국의 존재가 존중받지 못하고 있으며, 권리 차원에서도 정부가 현재 시점에서 하겠다는 것이 아니라 과거형으로 이루어졌음을 언급하고, 가치 차원에서는 역대 담화가 중요시한 역사 교육과 역사 연구를 제외함으로써 사죄의 숙명으로부터 벗어나려는 의도를 읽을 수 있다. 아베 담화는 고노 담화와 무라야마 담화에서 사용된 표현들을 사용하고 있지만, 그 정신과 가치는 계승하지 않으려는 전략적 기술들을 활용해 작성되었다.

앞서 살펴보았듯이, 무라야마 담화의 핵심은 '믿음, 신의, 신뢰'라고 할 수 있다. 아시아 국가들의 국민과 협조해 평화를 위해 "깊은 이해와 신뢰를 바탕으로 하는 관계"를 키워 나가고 싶다는 생각으로, "근현대에 있어 일본과 근린 아시아 제국의 관계에 관한 역사 연구를 지원"하고, "전후 처리 문제에 대하여도 일본과 이들 나라의 신뢰관계를 한층 강화하기 위해 저는 앞으로도 성실히 대응해 나가겠습니다"라는 견해를 밝힌다. 춘추좌전(春秋左伝)의 "의지하는 데는 신의보다 더한 것이 없다"라는 말을 특별히 인용한 것도 이 담화의 핵심 메시지가 믿음과 신뢰임을 분명히 한다.

또 한 가지 주목할 것은 과거와 현재와 미래가 연결되어 세대를 넘어 그 가치와 정신을 연계하고자 한다는 점이다. 전쟁으로 나아간 것이 일본의 국민에게도 위기였으며, '유일한 피폭국'으로서 희생자가 발생했다는 점, 독선적 내셔널리즘을 배척하고 군축을 적극적으로 추진해 나가겠다는 각오를 담고 있는데, 과거 전쟁으로 나아간 것에 대한 반성과 속죄 내용이 담겨 있다. "우리는 과거의 잘못을 두 번 다시 되풀이하지 않도록 전쟁의 비참함을 젊은 세대에 전하지 않으면 안 됩니다"와 같이 무라야마 담화에서는 전쟁 자체에 대한 잘못을 확인하고 전쟁으로 나아가지 않겠다는 의지를 표명하고 있다.

무라야마 담화는 잘못을 인정하고 있다는 점에서 사실·존재의 확인과 통절한 반성과 책임 표명을 통한 권리 수용, 미래 세대로의 교훈과 계승으로 연계된다는 점에서 정신·가치 존중 차원의 인정이 나타나는 것으로 평가할 수 있다. 그리고 텍스트 분석에서도 나타났듯이, 무라야마 담화에서는 이미 국제주의적 성격이 드러난다. 과거사 인정과 국제 협력이 연계되어 나타나는 점에서 이를 확인할 수 있다.

> 지금 전후 50주년이라는 길목에 이르러 우리가 명심해야 할 것은 지나온 세월을 되돌아 보면서 역사의 교훈을 배우고 미래를 바라보며 인류사회의 평화와 번영의 길을 그르치지 않게 하는 것입니다. 패전일로부터 50주년을 맞이한 오늘, 우리 나라는 깊은 반성에 입각해 독선적 내셔널리즘을 배척하고 책임 있는 국제사회의 일원으로서 국제협조를 촉진하고, 그것을 통해 평화 이념과 민주주의를 널리 확산시켜 나가야 합니다(밑줄은 필자).

흔히 무라야마 담화에 대한 계승 여부는 "다대(多大)한 손해와 고통" 또는 "통절한 반성의 뜻을 표하며 진심으로 사죄의 마음을 표명"한다는 문구를 포함하는지를 기준으로 평가한다. 하지만 무라야마 담화의 더욱 중요한 의미는 과거사에 대한 잘못 인정과 역사의 교훈을 미래 세대에 전달해 잘못을 되풀이하지 않겠다는 정신과 가치 차원에서의 확인과 수용, 그리고 존중이다. 신뢰 구축과 신의를 중요시하는 정신·가치 차원의 존중이 포함되었을 때 무라야마 담화에 담긴 역대 내각의 정신이 계승되었다고 할 수 있을 것이다.

아베 담화에서 핵심이자 중심성이 높은 것으로 나타난 표현은 고난의 역사를 "가슴에 새기겠다"고 하는 것이다. 또한 아베 담화에서는 "전후 태어난 세대가 바야흐로 인구의 80%를 넘어섰고 그 전쟁과 아무런 상관없는 우리 아이들과 손자, 그리고 그다음 세대 아이들에게 계속 사죄의 숙명을 짊어지게 해서는 안 됩니다"라는 문장이 강조되어 있다. 종전 60년에 발표된 고이즈미 담화에서도 전후 세대가 70%를 넘어섰다는 표현이 등장했다. 그러나 고이즈미 담화에서는 그럼에도 "과거를 직시하고, 역사를 올바르게 인식하며, 아시아 국가들과 상호 이해와 신뢰에 근거한 미래 지향의 협력관계를 구축해 나가고 싶다"는 뜻을 밝혔다.

아베 담화에서 "가슴에 새기겠다"는 표현은 6번에 걸쳐 나타나는데, "역사의 교훈을", "벽에 부딪힌 자신의 상황을 힘으로 타개하려고 했던 과거를", "20세기 전시하에 수많은 여성의 존엄과 명예가 크게 손상된 과거를", "경제 블록화가 분쟁의 싹을 키운 과거를", "국제질서에 대한 도전자가 되어 버린 과거를" 가슴에 새기겠다고 표현한다. 하지만 역사의 교훈과 여성의 존엄과 명예에 대한 것을 제외하면, 도입부에 설명된 일본이 패전하게 된 경위를 설명하는 데 사용된 표현이라는 점을 주목해야 한다. 그리고 이전 담화와 비교할 때, 역사의 교훈을 역사 교육을 통해 계승하겠다는 표현 대신 "가슴에 새기겠다"는 표현이 사용된다는 점을 주지해야 한다. 이는 역사 교과서나 역사의 기록으로 남기는 것이 아닌, 가슴에 새기고 미래로 나아가야 한다는 점을 강조하려는 의도라고 볼 수 있다. 또한 무라야마 담화와 달리, 아베 담화에서는 믿음과 신뢰와 관련된 표현이 포함되지 않았다.

4. 소결: 과거사를 둘러싼 한일관계

일본 총리의 종전 기념 담화를 인정-부정 개념을 적용해 살펴보면, 일본 측이 제시한 사과는 무라야마 담화를 통해 사실·존재의 확인을 넘어 신뢰를 중시하는 정신·가치의 존중 인정으로까지 진전되었다. 그러나 동시에 역사 반성의 백래시로 재검증 논란이 나타나면서 법·권리 거부의 부정이 나타나기 시작했다. 고이즈미 담화는 사과와 반성의 표현을 담으면서도 전후 세대와 일본의 국제적 역할과 공헌을 강조했고, 정신·가치의 인정 의미가 축소되기 시작했다. 마지막으로, 아베 담화는 식민지배와 사과 및 반성에 대한 표현의 직접적 수용을 거부하고, 대상을 불분명하게 처리하며, 역사적 계승 방법을 달리함으로써 무라야마 담화와 상당히 다른 인정 차원을 보여 주었다.

무라야마 담화를 통해 일본은 잘못과 과거사 문제의 존재를 확인하고, 책임과 반성의 뜻을 표명하고 과거와 현재와 미래를 연계해 교육과 연구를 통해 그 가치를 존중하고 계승하고자 했다. 그럼에도 불구하고, 일본의 사과는 여전히 불분명하고 부족한 표현 때문에 당시 한국의 인정을 받지 못했다. 일본 내 백래시로 인해 아베 담화는 사과의 최소한의 기준이라 할 수 있는 고노 담화와 무라야마 담화도 온전히 계승하지 못했다. 일본의 사과는 점차 피해국인 한국이 아닌 국내와 국제사회를 향하고 있다. 이는 일본의 국제사회 속 역할을 강조하기 위한 과거사의 정당화로 재해석할 수 있다.

지난 77년간 과거사를 둘러싼 한일관계는 일본의 과거사 인정 퇴보와 일본의 화해 노력에 대한 한국의 부정으로 갈등이 심화되어 왔다.

일본은 과거의 잘못을 일부 인정했으나, 한국은 일본의 역사 부정에 분노하고 화해의 노력을 무시했다. 그리고 다시 일본의 과거사 인정이 퇴보하고, 이로 인해 한국이 일본의 화해 의지를 인정하기 어렵게 되는 악순환이 이어지고 있다. 시간이 흐를수록 일본 정부는 언제까지 사과의 숙명을 미래 세대에 넘길 수는 없다는 입장을 분명히 하고 있어, 과거사에 대한 반성과 인정의 심화는 쉽지 않을 것으로 예상된다.

한국과 일본은 과연 상호 부정에서 상호 인정으로 관계를 전환할 수 있을까? 한 가지 주목할 점은 일본이 민주주의, 인권, 평화와 같은 가치관을 중요시한다는 것이다. 일본 정부는 국제사회를 이끄는 주요 국가로서, 국제사회 가치관을 제시하는 역할을 적극적으로 모색하고 있다. 아베 담화에서도 패전으로 귀결된 과거의 잘못을 국제 질서 변화의 맥락에서 설명했고, 다시 국제사회를 이끌어 가기 위한 일본의 미래 구상을 제시하면서 마무리된다.

> 70년간에 이르는 평화국가로서 행보에 우리는 조용한 자부심을 가지며 이 부동의 방침을 앞으로도 관철해 나가겠습니다.
>
> 우리는 20세기 전시하에 수많은 여성의 존엄과 명예가 크게 손상된 과거를 가슴에 계속 새기겠습니다. 그러기에 바로 일본은 이런 여성들의 마음에 늘 다가가는 나라가 되려고 합니다. 21세기야말로 여성의 인권이 손상되지 않는 세기로 만들기 위해 세계를 리드해 가겠습니다.
>
> 일본은 자유, 민주주의, 인권과 같은 기본적 가치를 흔들림 없이 견지하며, 그 가치를 공유하는 나라들과 손잡고 '적극적 평화주의'의 기치를 높이 내걸며 세계 평화와 번영에 지금껏 이상으로 공헌해 나가겠습니다(밑줄은 필자).

일본은 인권, 민주주의, 가치 차원에서 세계를 이끌어 나가겠다고 자신하고 있다. 이를 위해 과거의 교훈을 계승하고 직면해야 하며, "가슴에 새기는" 것에서 그칠 것이 아니라 과거의 잘못에 대해 전쟁을 경험하지 않은 80% 이상의 미래 세대에게 가르치고, 전달하고, 논의하며 관련 문제의 담론을 이끌어 나가는 것이 필요하다. 일본이 국제질서와 국제규범의 선진국으로 자리매김하기 위해서는 가치관에 기반한 한일관계의 재인식과 식민지배와 피해자에 대한 사실·존재, 법·권리, 정신·가치 차원에서의 충분한 인정이 일본의 가치관 외교 전략에 도움이 된다는 점을 인식할 필요가 있다. 한국에서도 와다 하루키(和田春樹)를 비롯한 일본 지식인들의 화해 노력에 관심을 기울이고 그 노력을 인정하면서 향후 전쟁을 경험하지 않은 미래 세대들이 정신·가치 차원의 인정을 지속할 수 있도록 기념하고 기억할 방안을 적극적으로 만들어 나가기 위해 노력해야 한다(남기정, 2021: 4).

일본은 지난 77년간 가해국/피해국으로서 도덕적 차원의 자기 부정에 기반했던 정체성을 극복하고 국제규범과 가치를 선도하는 국가로서 나아가고자 한다. 이를 위해서는 한일 양국이 가해자-피해자로만 규정되어 왔던 부정적 자기정체성(self-identity)에서 벗어나, 공유하는 가치의 영역을 넓혀 나가며(손열, 2018: 150-151), 긍정적 자기정체성과 상호 인정에 기반한 관계 재설정을 통해 새로운 한일관계의 미래를 만들어 나갈 필요가 있다.

2020년 8월 15일, 무라야마 전 총리는 '신(新)무라야마 담화'를 발표해 침략과 식민지 지배를 인정하지 않는 자세야말로 일본의 명예를 훼손하는 것이라고 강조했다. 그는 무라야마 담화 내용을 다시 한번 강조하면서, 무라야마 담화가 중국, 한국, 미국, 유럽 등 세계 각국의 사람들과 정부로부터 계속 높이 평가받고 있음을 확인하고, "역사적 사실을 겸허히 받아들여 평화와 민주주의, 국제협력을 기조로 하는 일본의 진로를 명확히 할 필요가 있다"고 밝혔다.

27년 전 무라야마 담화는 한국인의 아픔을 치유하고 화해로 나아가는 데 역부족이었다. 그러나 무라야마 담화는 식민지배의 불법성 논의와 과거사에 대한 구체적 사실 인정에 대해서는 부족한 부분이 있지만, 적어도 일본의 잘못을 인정하고 과거의 잘못을 현재와 미래의 교훈으로 남겨 기억함으로써 정신적·가치적 차원의 인정을 지속해 나가겠다는 뜻을 분명히 했다. 이는 과거사 문제 해결의 기본틀로 인정받을 수 있을 것이라 생각된다. 일본 정부는 무라야마 담화가 제시했던 정신·가치의 인정을 다시 한번 되살릴 노력을 적극적으로 시도하고, 한국은 이러한 일본의 노력을 인정해 주면서 한일 상호 인정 수준을 높임으로써 한일 상호 부정의 악순환에서 벗어나기를 기대한다.

제8장 불완전국가들의 인정투쟁

1. 제한적 주권국가들의 인정투쟁

이상의 논의들을 통해 전후 일본의 인정투쟁 과정에서 나타나는 중국과 한국에 대한 인정 문제를 살펴보고, 국가 승인 문제를 국가 간 인정 문제로 접근해 국가 간 존중 획득을 위한 '인정투쟁' 과정으로 설명했다.

헤겔은 국가 간 인정투쟁이 후진국이나 비인정 국가들에만 한정되며, 민주화된 서구 국가들은 국가 간 인정 문제에 관심이 없을 것이라고 보았다(Honneth, 2012: 25-27). 반면에 호네트는 성숙한 민주주의 국가만이 아니라 비민주주의 국가에서도 국민들이 가지고 있는 집합적 정체성의 인정을 획득하고자 하는 투쟁과 그에 대한 기대를 국가 행위자가 반영하게 된다고 설명했다. 국가 간 인정투쟁을 일반화해 적용하는 호네트는 물론이고, 국가 간 인정투쟁의 적용을 제한적으로 보았던 헤겔도 제한적 주권국가들은 결국 인정투쟁으로 나아갈 것이라고 지적한 것이다.

국민국가를 형성한 국가들과 독립국가로서 조건이 충족되지 못한 국가들은 사실상 유럽을 중심으로 발전해 온 주권국가라는 이상적 자아상에 미치지 못하는 제한된 정체성을 형성하고 있다. 이 책에서는 특히 전후와 냉전으로 중첩되는 국제 환경에서 일본이 어떻게 국가정체성을 형성하고 중국에 대한 인정정책이 어떻게 변화했는지, 전후 77년이 지난 지금도 인정투쟁의 동기가 다양한 사례 속에서 어떻게 작용하고 있는지 앞선 논의들을 통해 살펴보았다.

또한 이 책에서는 전후 동아시아 국제관계를 분석하기 위한 인정투쟁의 분석틀을 제시했다. 분석틀을 통해 전후 중일관계의 자아와 타자 인식 과정에서 나타나는 괴리에 주목하고, 이러한 괴리에서 인정투쟁이 특히 부각되어 나타날 수 있음을 확인했다. 일본의 중국과 한국 인정정책은 일본이 국제사회에서 인정받을 수 있는가 하는 문제에 영향을 받는다. 즉, 자신이 인정받을 수 있을 때 상대방에 대한 인정이 심화될 수 있다.

일본의 경우, 패전국으로서의 현실적 자아와 국제사회에서 독립된 주권국가로서의 이상적 자아 간 괴리가 강력한 인정투쟁 동기가 되었다. 패전 이후, 일본은 패전국으로서 존재 존중의 부정 상태에 놓이게 되었다. 1951년 샌프란시스코 강화조약이 체결되기까지 일본은 권리 수용 부정 상태에 놓였다. 따라서 샌프란시스코 강화조약은 독립국 일본이라는 권리 수용 인정을 향한 투쟁이었다. 1960년대 경제선진국으로서의 자아 정체성을 확인한 일본은 도쿄 올림픽을 통해 가치 확인 인정을 추구했다. 이후 1970년대 들어서면서 평화국가 일본으로의 자기정체성을 확인하며 가치 수용과 가치 존중을 향한 인정투쟁을 진행하고 있다.

중국의 경우, 베이징과 타이베이에 두 개의 정부가 존재한다는 현실과 중국 전체를 대표하는 하나의 정부만이 존재할 수 있다는 '하나의 중국'론 사이 괴리가 존재했다. 여기에 제3자로서 미국 및 유엔과의 상호관계 속에서 나타나는 외압과 기회의 괴리도 복잡하게 얽혔다. 이런 상황에서 일본은 자신의 인정투쟁과 타자로서 중국의 인정투쟁 관계에서 중국을 인정하는 정책으로 선회했다.

자아와 타자라는 현실과 이상의 괴리 속에서 일본의 정책 결정자들은 제한된 정체성을 극복하고자 했다. 이 과정에서 외교정책 결정자 개인으로서의 인식과 집합적 정체성으로 일반 여론에 기반한 국가정체성 사이의 괴리도 존재한다. 이러한 괴리를 축소하기 위한 과정에서 '자기정당화'가 등장한다. 일본 정부의 자기정당화가 바로 이 책의 직접적인 분석 대상이었다. 외교정책 결정자들의 자기정당화 속에는 일본이 추구하는 정체성과 이익이 나타나고 있었다. 그리고 이러한 맥락에서 일본 정부의 타국 인식과 인정정책이 나타난다.

2. 국제규범형 자기정당화

일본 외교정책 결정자의 자기정당화 분석 결과, 국제규범형 자기정당화가 모든 사례 분석에서 중심이 되었다. 1950년대 초반, 국제규범형이 이념대립형과 접목될 때, 중화인민공화국에 대한 존재 확인 인정을 위해 노력했으나 이루지 못했고, 중화민국의 권리 수용 인정이 나타났다. 일본이 독립국가로 인정받기 위해서는 중화인민공화국을 인정할 수 없었고, 중화민국을 인정해야만 했던 것이다.

국제규범형 자기정당화가 지역협력형과 접목된 1960년대에는 일본의 중화인민공화국에 대한 존재 확인 인정에서 나아가 도쿄 올림픽 참가 자격을 긍정하는 권리 확인 인정이 나타났다. 일본의 아시아 대표, 그리고 경제선진국으로서의 자기 인정 획득은 중화인민공화국과 중화민국에 대한 인정 확대를 가능하게 했다.

1970년 들어서면서 이념대립형이나 지역협력형의 서술들이 약화되었고, 국제규범형의 서술이 특히 부각되었다. 1971년에 일본은 중화인민공화국의 유엔 가입과 더불어 안보리 상임이사국으로서 지위도 인정하는 권리 수용 인정을 부여했다. 또한 중화민국에 대해서는 유엔 회원국 지위 박탈을 막기 위해 권리 존중 인정을 강조했다. 그러나 두 정부 모두에 대한 권리 수용을 전제하는 것은 하나의 중국에 대한 부정이 될 수 있는데, 이에 대해 일본은 '경과적 이중대표제'라는 단서를 덧붙였다.

1972년에는 국제규범형 서술이 역사문화형 서술과 함께 등장했다. 중일 국교정상화는 중화인민공화국과의 권리 수용 인정을 양자적 차원에서 제도화한 것이었다. 그 결과 중화민국과 외교적 관계는 단절되었지만, 민간 분야를 중심으로 한 권리 유지를 보장받으며 권리 확인 인정으로 조정되었다.

1949년부터 1972년까지 일본 정부의 중국 인정정책은 '하나의 중국'에 대한 부정정책을 의미한다고 할 수 있다. 일본은 1949년 이후 중화인민공화국과 중화민국 모두를 인정하려는 정책을 염두에 두면서 '하나의 중국'론을 부정하고자 했다. 그러나 '하나의 중국'론이 가진 민족국가 형성, 국내 정치 불간섭 등의 요소 때문에 그 존재를 부정할 수만은 없어, '하나의 중국'론의 존재는 인정하지만 그 권리를 수용하지 않는 입장으로 나아갔다. 그리고 1972년 중일공동성명을 통해 법률적으로는 '하나의 중국'론을 수용하는 한편, 중화민국과 사실상의 관계를 유지하면서 '하나의 중국'에 대한 제한적 인정을 지속해 나가고 있다.

일본은 '하나의 중국'론을 이해한다고 하면서도, 실제로는 두 개의 정부가 존재하고 있다는, 모순적인 논리를 주장했다. 이런 모순적인 인정정책을 이해하기 위해 이 책에서 제시한 세분화된 인정 개념을 활용해 볼 수 있다.

중화인민공화국은 일본의 이러한 하나의 중국 부정정책을 '두 개의 중국'이나 '하나의 중국, 하나의 대만' 정책이라고 비난했다. 그러나 일본은 이러한 비판에 대해 언제나 '두 개의 중국'이나 '하나의 중국, 하나의 대만' 정책을 시도하지 않는다고 답변했다. 일본은 '하나의 중국'론을 이해한다는 것이다.

그러나 중화인민공화국의 주장대로, 일본은 '하나의 중국'론을 수용하지 않았다. 하지만 '하나의 중국'이라는 주장이 존재한다는 것을 인정하기는 했다. 일본이 '하나의 중국'의 존재를 인정한 것은, 중국이 전후 탈식민주의와 민족국가 형성이라는 규범을 내세우고 있었기 때문이다. 중화인민공화국은 '하나의 중국'에 대한 부정을 민족국가 형성과 내정 간섭으로 규정하고 있었는데, 특히 패전국 일본으로서는 부정하기 어려운 규범이었다. 그러나 동시에 일본은 1952년 중화민국을 인정한 자신들의 선택을 부정할 수 없었다. 역시 일본이 주권국가로서 합법적인 권리를 행사했음을 부정할 수 없었기 때문이다. 일본의 중국 인정 문제에 대한 정책은 중국에 대한 인정 여부보다, 하나의 중국에 대한 권리 수용을 부정하는 '하나의 중국'의 부정을 어떻게 효과적으로 정당화할 수 있는가의 문제였다고 할 수 있다.

3. 외교적 위선의 외교 전략

지금까지 일본 정부의 중국 인정이 결국은 일본의 자기 인정투쟁에 도움이 되는 방향으로 이루어졌다는 점을 확인했다. 특히 일본의 중국 인정에는 일본의 정치적 고려가 강하게 작동하고 있었다. 그러나 표면상으로는 국제규범에 따른 조치라는 정당화가 모든 사례에서 두드러졌다. 이 책에서는 정치적 고려가 도덕적 표상으로 나타나는 일본 외교정책의 특징을 외교 전략으로 살펴보았다.

외교적 위선은 협력의 논리와 갈등의 논리라는 양면성에서 발생했다. 패전국 일본은 보편성과 다자관계를 우선시하는 국제규범형에 기반한 외교정책을 표방하고 있다. 이는 단순한 수사학적 표현이 아니다. 보편적 다자관계의 내용이 어떻게 구성되는가에 따라 일본 외교정책의 변화를 가늠할 수 있는 것이다. 국제규범형이 이념대립형과 접목되느냐, 국제규범형이 지역협력형과 조합되느냐, 국제규범형이 역사규범형과 결합되느냐에 따라 일본의 상이한 정책 행동으로 나타날 수 있음을 주시할 필요가 있다. 이를 정책적으로 반영한다면, 국제사회의 보편적 규범에 대한 해석을 어떻게 특정 문제와 연계해서 설명할 것인가가 일본 외교의 정책적 변화를 이끌어 내는 방법이라고 할 수 있다.

일본의 외교적 위선은 보다 구체적인 외교 전략으로 발현된다. 1952년 이전까지는 가능한 한 선택을 피하고자 미뤄두기 기술을 주로 사용했고, 1952년 일화평화조약 체결 시에는 중화민국을 전체 중국으로 해석하지 않도록 하는 다중해석 기술을 사용했다. 1960년대에는 중화인민공화국과 중화민국 모두를 인정하려는 정책이 쌓아가기 기술과 정치와 경제 영역의 의도적 분리를 시도하는 경계짓기 기술로 정당화되었다. 1971년에는 한시적이면서도 해석을 우회하는 미뤄두기 기술, 역중요사항 지정과 같은 경계짓기 기술, 보편성의 원칙을 둘러싼 다중해석 기술이 나타났다. 1972년에는 중화민국과의 관계 설정에 대한 다중해석과 양국 간 견해 차이가 나타날 수 있는 부분에 대해서는 언급하지 않는 미뤄두기가 사용되었다.

한국과의 관계에서도 일본은 북한과의 관계를 염두에 두고 국제사회의 규범을 전제로 한 미뤄두기 전략을 활용했다. '이미 무효'와 같이 의도적으로 양측의 해석이 모두 가능하게 하는 다중해석과 '완전히 그리고 최종적으로'라는 분리하고자 하는 경계짓기의 외교 전략도 확인할 수 있다. 또한 중일 국교정상화와 한일 국교정상화를 함께 비교 분석함으로써 과거사 문제에 대한 인정의 다양한 수준을 확인할 수 있다.

4. 일본의 인정투쟁과 가치지향 외교

일본은 여전히 전후 극복을 위해 인정투쟁 중이다. 일본은 '비정상(abnormal)' 국가에서 '정상(normal)' 국가로 거듭나기 위해 치열한 투쟁을 전개하고 있다. 여전히 전후 패전국이라는 국가정체성에서 독립된 주권국가로의 투쟁을 전개하고 있는 것이다. 또한 일본의 아시아에 대한 지역 인식은 아시아·태평양(アジア太平洋)을 넘어 인도·태평양(Indo-Pacific)으로 확장되었다. 일본과 중국은 아시아를 포함한 보다 넓은 차원에서 양국관계의 중요성을 인식하고 있다. 이 책의 분석 대상이 된 시기에, 일본은 '평화국가' 정체성에 대해 스스로 비정상적 국가로 자리매김함으로써 정당성을 획득하고자 했다. 그러나 최근에는 이 '비정상'과 '평화국가'에 대한 일본 정부의 해석이 변화하면서 재군비화라는 행동의 자기정당화를 제시하고 있다(Hagström, 2015).

전후 77년간 한중일을 중심으로 한 동아시아 국제관계를 살펴보면, 한중일 간 인정투쟁은 치열하게 전개되었지만, 상호 인정은 제한적 수준에 머물러 가치 존중 인정까지 진전되지는 못했다. 영토 갈등이나 역사 인식에서 나타나는 갈등은 서로 간 부정투쟁으로 나타나고 있다. 전후 동아시아를 둘러싼 갈등의 쟁점에는 여전히 외교 전략들이 다양하게 사용되고 있다.

일본은 대만과의 관계, 북한과의 관계를 정상화하는 과정에서 다시 인정 문제에 직면할 것이다. 대만을 국가로 인정할 것인가? 북한과의 관계를 정상화하기 위해서는 과거사 문제를 어떻게 다루어야 하는가? 합법정부로 인정했던 중화인민공화국과 대한민국과의 관계를 어떻게 양립시킬 것인가? 수많은 인정 문제에 직면하면 일본은 다시 인정투쟁 맥락에서 스스로의 정체성을 확인하고, 자기 정당화 논의를 통해 인정정책을 수립하며 외교 전략을 활용할 것이다.

일본의 국제규범형 자기정체성 강화는 가치지향의 외교정책으로 발현되고 있다. 일본의 가치외교는 자유, 민주주의, 기본적 인권, 법의 지배, 시장경제를 보편적 가치로 규정한다. 전후 일본은 유엔의 이념과 가치를 강조하며 유엔 상임이사국을 비롯한 국제사회에서 리더십을 발휘하는 선진 강대국으로 인정받고자 했다. 일본은 국가이익을 추구하는 가운데 유엔의 이념과 인류 보편의 가치를 끊임없이 강조하고 가치외교의 내용을 구성하며 변화해 왔다.

2000년대 이후 중국의 부상이 가시화되면서 일본의 대국지향 외교는 더욱 가속화되었다. 특히 2010년 중국이 GDP 기준 세계 제2위 경제 대국이 되면서 일본의 외교정책은 중국 견제 내용을 반영하며 다양한 외교 레토릭으로 표현되기 시작했다. 다양한 레토릭으로 구성된 아베 내각의 외교 전략 중에서도 가치외교는 '자유롭고 열린 인도태평양(Free and Open Indo Pacific, FOIP)'으로 구체화되었다. 이는 스가 요시히데(菅義偉), 기시다 후미오(岸田文雄) 정권에서도 유지, 확대, 강화되고 있다.

아베 총리는 특유의 리더십을 바탕으로 아베노믹스를 비롯한 정책 변화를 적극적으로 추진했으며, 외교 분야에서도 마찬가지로 적극적 평화주의를 통한 전후 레짐의 탈각과 강한 일본으로의 복귀와 강한 국가로의 재부상을 추구했다. 아베 내각은 국내 정치에서와 마찬가지로 외교정책에서도 가치관을 공유하는 개인과 그룹을 중심으로 국가이익을 추구했으며, 그 중심에는 가치외교가 존재한다.

아베 정부는 제1차 내각에서 '자유와 번영의 호'를 제시했고, 제2차 내각에서는 이를 확대해 '자유롭고 열린 인도태평양(FOIP)'으로 구체화했다. 아베 내각은 '전후 레짐의 탈각', '일본의 복귀', '적극적 평화주의', '지구의를 부감하는 외교' 등의 가치를 담은 전 지구적 외교 구상의 레토릭을 적극 활용했다. 일본은 아베 내각의 정책 기조를 바탕으로 전후 레짐의 탈각과 새로운 일본으로의 변화를 모색하고 있다.

일본 외교는 아베 내각이 들어서면서 보다 적극적으로 강대국으로서의 지위를 강화하는 방식으로 전개되어 왔다. 자위대의 적극적인 활동에 대한 평화헌법의 제약 속에서 헌법 개정을 모색하고, 미일동맹을 통한 안보 강화를 추구해 나가면서 이를 '적극적 평화주의'로 명명했다. 일본 안보법의 수정과 헌법 개정을 염두에 둔 이러한 일본 외교정책의 변화는 일본 국민의 지지와 이해를 얻는 것이 필수적이다. 또한 일본 정부는 국제관계에서 타국에 기본적 가치를 공유할 수 있는 동지국(like-minded country)인지 여부를 확인하며 일본의 외교정책을 적극적으로 홍보 및 발신해 오고 있다.

일본의 가치외교는 보편적이고 기본적인 가치로 인권, 민주주의, 시장경제, 법의 지배를 내세우고 있다. 그러나 한편으로는 기본적 가치를 공유하지 않는 국가들에 대한 배제와 견제로 인해 국제사회의 블록화를 형성하며 동지국과 적을 구분하고 있다. 개방된 네트워크를 추구하지만 자국에 위협이 되는 중국과 북한에 대한 대응 논리로, 자국의 안보강화를 정당화한다. 일본이 원하는 적극적 평화주의나 전후 레짐으로부터 탈각하기 위해서는 아시아 국가들과 화해가 필요함에도 불구하고, 아시아의 타자화와 기본적 가치를 공유하는 한국과의 관계 악화, 반민주화 흐름의 묵인 등으로 인해 이는 수단적 측면에 불과하다는 지적이 나타나고 있다.

전후 일본은 국제사회에서 선진국으로 인정받기 위해 노력해 왔다. 전후 체제 극복을 위한 일본의 인정투쟁은 유엔 안보리 상임이사국을 비롯한 국제사회를 이끄는 국가로 자리매김할 때까지 계속될 것이다. 그리고 이를 위해 국제 공공재를 제공하는 가치외교로 그 정당성을 확보해 나가려 할 것이다.

이 책은 인정투쟁 패러다임이 전후 일본의 외교정책과 동아시아를 이해하는 데 유용함을 확인하고자 했다. 특히 일본 정부의 발언과 기록을 중심으로 중국과 한국에 대한 인정 부여 과정에서 나타나는 일본 자신의 인정투쟁에 주목했다. 또한 전후 동아시아 지역의 질서가 형성되는 과정에 집중해 사례연구를 진행했다. 향후 중국과 한국의 인정투쟁 관점에서 바라보는 다양한 사례연구를 통해 보다 종합적인 결론을 도출할 수 있을 것이다. 이 책의 분석틀을 적용하여 북일관계, 양안관계 등 동아시아 국제관계 속에서 상호 인정을 어떻게 심화할 것인가 하는 논의로 더 발전시킬 수 있을 것이다. 완전한 주권국가라는 신화를 향한 제한된 주권국가들의 인정투쟁은 계속된다.

참고문헌

[1차 자료]

일문 자료

国際資料部調査.「中国問題についての所見」. 外務省情報公開(2003-48).

国会会議録検索システム. http://kokkai.ndl.go.jp.

「オリンピック東京大会準備促進特別委員会」

「日ソ共同宣言等特別委員会」

「日米安全保障条約等特別委員会」

「沖縄及び北方問題に関する特別委員会」

「沖縄問題等に関する特別委員会」

「沖縄返還協定特別委員会」

「海外同胞引揚及び遺家族援護に関する調査特別委員会」

東京大学東洋文化研究所. 2009.「データベース"世界と日本"」. https://worldjpn.net.

東京地裁. 1982.「昭和57年2月26日判決」. 判例時報1032号(1982年4月21日号).

東京高裁. 1985.「昭和60年8月26日判決」. 判例時報1163号(1985年11月1日号).

石井明 外(編). 2003.『記録と考証-日中国交正常化, 日中平和友好条約締結交渉』. 東京: 岩波書店.

首相官邸. 2005.「内閣総理大臣談話」. http://www.kantei.go.jp/jp//koizumispeech/2005/08/15danwa.html.

首相官邸. 2015.「内閣総理大臣談話」. https://www.kantei.go.jp/jp/97_abe/discource/20150814danwa.html.

岸田文雄 公式サイト. 2021.「「信頼」と「3つの覚悟」に基づいた外交・安全保障」. https://kishida.gr.jp/activity/7747.

外務省. 1995.「戦後50周年の終戦記念日にあたって(いわゆる村山談話)」. https://www.mofa.go.jp/mofaj/press/danwa/07/dmu_0815.html.

外務省. 2003.「開かれた, 海の恵み-日本外交の新たな5原則」. https://www.mofa.go.jp/mofaj/press/enzetsu/25/abe_0118j.html.

外務省アジア局中国課監修. 1970.『日中関係基本資料集-1949-69年』. 東京: 霞山会.

外務省アジア局中国課監修. 1998.『日中関係基本資料集』. 東京: 霞山会.

日本オリンピック委員会. http://www.joc.or.jp.

日本内閣府. 2012.「外交に関する世論調査」. http://www8.cao.go.jp/survey/h24/h24-gaiko/2-1.html.

日本首相官邸. http://www.kantei.go.jp/index.html.

日本外務省. 1969-1978.『外交青書』. http://www.mofa.go.jp/mofaj/gaiko/bluebook/.

日本外務省. 2005.「対中国ODAに関する基礎資料」. http://www.mofa.go.jp/mofaj/gaiko/oda/data/chiiki/china.html.

日本朝日新聞. http://www.asahi.com.

日中貿易促進議員連盟. 1967.『日中關係基本資料集: 1945年-1966年』. 東京: 日中貿易促進議員連盟.

衆議院. 1978.「台湾人元日本兵士の補償問題に関する質問主意書」. https://www.shugiin.go.jp/internet/itdb_shitsumona.nsf/html/shitsumon/a084015.htm.

最高裁判所. 1992.「台湾人元日本兵戦死傷補償請求事件最高裁判決」. https://www.courts.go.jp/app/files/hanrei_jp/856/035856_hanrei.pdf.

霞山会. 2008.『日中関係基本資料集-1972-2008年』. 東京: 霞山会.

厚生労働省. 2021.「「戦没者等の遺族に対する特別弔慰金」(第十一回特別弔慰金)の支給について」. https://www.mhlw.go.jp/stf/seisakunitsuite/bunya/0000137645_00003.html.

厚生労働省. 2021.「戦傷病者及び戦没者遺族への援護」. https://www.mhlw.go.jp/stf/seisakunitsuite/bunya/hokabunya/senbotsusha/seido03/index.html.

중문 자료

人民数据库资料. http://data.people.com.cn.

朝日新聞中文网. http://asahichinese.com.

中国奥林匹克委员会. http://www.olympic.cn.

中華民國外交部. 2023.「邦交國」. https://www.mofa.gov.tw/AlliesIndex.aspx?n=167&sms=33.

中华人民共和国外交部. 2023.「中华人民共和国与各国建立外交关系日期简表」. https://www.mfa.gov.cn/web/ziliao_674904/2193_674977/200812/t20081221_9284708.shtml.

영문 자료

General Assembly of the United Nations. 1950-1972. "Meeting Records." A/PV. 1380, 1481, 1610, 1724, 1808, 1906, 1907, 1908, 1913, 1966, 1967, 1968, 1969, 1970, 1971, 1972, 1973, 1974, 1975, 1976, 1977, 1982, 1983.

General Assembly of the United Nations. 1950-1971. "Resolutions." A/RES/291(IV), 490(V), 501(V), 505(VI), 800(VII), 903(IX), 990(X), 1108(XI), 1135(XII), 1239(XIII), 1351(XIV), 1493(XV), 1668(XVI), 2025(XX), 2159(XXI), 2271(XXII).

2389(XXIII), 2500(XXIV), 2642(XXV), 2758(XXVI).
Ministry of Foreign Affairs of Japan. 2006. "60 Years: The Path of a Nation Striving for Global Peace." http://www.mofa.go.jp/policy/postwar/pamph60.pdf.
Official Website of the Olympic Movement. "Tokyo 1964." http://www.olympic.org/tokyo-1964-summer-olympics.
The Foreign Relations of the United States (FRUS). 1951-1972. Volume V. United Nations. http://history.state.gov/historicaldocuments.
The Organizing Committee for the Games of the XVII Olympiad. 1966. "The games of the XVIII Olympiad, Tokyo 1964: the official report of the Organizing Committee." I, II. Tokyo: Kyodo Printing Co.
The United Nations. 1950-1972. "Voting Results." http://unbisnet.un.org/#voterecords.

[2차 자료]

국문 자료

강상중. 임성모 역. 2004.『내셔널리즘』. 서울: 이산.
강성현. 2020.『탈진실의 시대, 역사부정을 묻는다: '반일 종족주의' 현상 비판』. 서울: 푸른역사.
국립중앙도서관. 1982.『동경올림픽관계기사록: 朝日新聞』 64-1, 64-6. 서울: 국립중앙도서관.
글로서먼, 브래드(Glosserman, Brad). 김성훈 역. 2020.『피크 재팬: 마지막 정점을 찍은 일본: 팽창을 향한 야망과 예정된 결말』. 파주: 김영사.
기시 도시히코, 쓰치야 유카 편. 김려실 역. 2012.『문화냉전과 아시아: 냉전 연구를 탈중심화하기』. 서울: 소명출판.
김기성. 2000.「헤겔의 인정투쟁 이론에 대한 고찰: 〈정신현상학〉의 〈주인과 노예〉절을 중심으로」. 광주: 전남대학교 철학과 석사학위논문.
김미경. 2010.「조직된 위선과 동아시아 지역통합」.『아세아연구』 53(4).
김미란, 오영숙, 임우경 편. 2013.『이동하는 아시아: 탈/냉전과 수교의 문화정치』. 서울: 그린비.
김상준. 2005.「기억의 정치학: 야스쿠니 vs. 히로시마」.『한국정치학회보』 39(5).
김상준. 2007.「동아시아 지역공동체에서 중국과 일본」.『21세기 정치학회보』 17(3).
김상준. 2009.「일본 전쟁기억과 공동체의 상상: 기억의 사회적 재생산을 중심으로」.『일본연구논총』 30.
김성철. 2015.『일본외교와 동아시아 국제관계』. 파주: 한울아카데미.
김숭배. 2017.「명칭의 국제정치학: 샌프란시스코평화조약과 한·일관계를 중심으로」.『한국정치학회보』 51(2).

김숭배. 2020.「샌프란시스코평화조약과 동북아시아 비(非)서명국들: 소련, 한국, 중국과 평화조약의 규범 보전」.『일본비평』22.

김용학, 김영진. 2016.『사회 연결망 분석』. 서울: 박영사.

김웅희. 2021.「일본의 자유롭고 열린 인도태평양(FOIP) 구상과 포섭적 경쟁의 딜레마: 질 높은 인프라(QI) 투자와 일대일로(BRI)의 연계를 중심으로」.『일본연구논총』54.

김종성. 2020.『반일 종족주의, 무엇이 문제인가: 역사를 바로잡기 위한《반일 종족주의》비판』. 서울: 위즈덤하우스.

김진욱, 김기정. 2020.「무정부 상태에서 국가의 인정(recognition) 추구: 왈츠(Kenneth N. Waltz) 생존담론의 장벽을 넘어서」.『한국정치학회보』54-2.

김창록. 2007.「일본에서의 대일과거청산소송」.『법사학연구』35.

김창록. 2015.「한일 청구권협정에 의해 '해결'된 '권리': 일제 '강제동원' 피해 관련 대법원 판결을 소재로」.『법학논고』49.

김태환. 2018.「가치외교의 부상과 가치의 '진영화': 강대국 및 중견국 사례와 함의」.『IFANS 주요국제문제분석』35.

남궁곤. 2014.「오바마 독트린에 내포된 미국의 국가 정체성과 국제정치적 표상」.『미국학논집』46(3).

남기정. 2011.「중일 국교정상화와 한일관계: 지연된 갈등」.『일본연구논총』33.

남기정. 2015.「한일 국교정상화 50년: 갈등과 협력은 어떻게 진화하는가?」.『일본비평』12.

남기정. 2016.「자위대에서 군대로? '자주방위의 꿈'과 '미일동맹의 현실'의 변증법」.『일본연구논총』43.

남기정. 2021.「피해/생존자 없는 시대의 피해자 중심 접근과 일본군 '위안부' 문제」.『관정일본리뷰』29.

남기정, 오승희, 손석의. 2021.『스가 내각 출범 이후 한일관계를 구상하다: 젊은 연구자의 시선』. 리딩재팬 31. 서울: 제이앤씨.

남기호. 2009.「헤겔 인정 이론의 구조」.『사회와 철학』18.

남상구. 2014.「고노담화 수정론에 대한 비판적 검토」.『한일관계사연구』49.

니버, 라이놀드(Niebuhr, Reinhold). 이한우 역. 2015.『도덕적 인간과 비도덕적 사회』. 서울: 문예출판사.

닉슨, 리차드(Nixon, Richard). 월간중앙 역. 1978.『닉슨 回顧錄 : 頂上人과의 對話』. 서울: 중앙일보, 동양방송.

동북아역사재단. 2009.『일본의 전쟁기억과 평화기념관 1: 關東·東北 지역편』. 서울: 동북아역사재단.

동북아역사재단. 2011.『일본의 전쟁기억과 평화기념관 2: 關西 · 九州 · 오키나와 지역편』. 서울: 동북아역사재단.

동아출판사. 1964.『東京올림픽畵報』. 서울: 東亞出版社.

레이코프, 조지(Lakoff, George). 손대오 역. 2010.『도덕, 정치를 말하다』. 파주: 김영사.

류미나. 2014.「문화재 반환과 둘러싼 한일회담의 한계」.『일본역사연구』40.

류미나. 2019.「문화재 반환 문제로 본 한일 간 '화해'의 가능성: 한일 간 국교정상화 과정에 대한 재고」.『한일관계사연구』 66.
류상영. 2011.「박정희시대 한일 경제관계와 포항제철: 단절의 계기에 대한 정치경제학적 재해석」.『일본연구논총』 33.
마이스너, 모리스(Meisner, Maurice J.). 김수영 역. 2010.『마오의 중국과 그 이후 2』. 서울: 이산.
모겐소, 한스(Morgenthau, Hans). 이호재, 엄태암 역. 2014.『국가 간의 정치』. 파주: 김영사.
모리 카즈코. 조진구 역. 2006.『중일관계: 전후에서 신시대로』. 서울: 리북.
문성훈. 2005.「인정 개념의 네 가지 갈등 구조와 역동적 사회 발전」.『사회와 철학』 10.
미드, 조지 허버트(Mead, George Herbert). 나은영 역. 2010.『정신·자아·사회: 사회적 행동주의자가 분석하는 개인과 사회』. 파주: 한길사.
미야지마 히로시. 2015.「아베 담화에 나타난 일본의 역사인식과 그 비판」.『역사비평』.
민병원. 2010.「국제관계 연구의 인식론」.『국제정치논총』 50(2).
민병원. 2012.「이해할 것인가, 설명할 것인가?: 모델 기반 정치학을 향하여」.『한국정치연구』 21(3).
민병원. 2014.「국제정치체제 모델의 다양성과 변화: 냉전기와 탈냉전기의 비교」.『한국정치학회보』 48(2).
민병원. 2015.「초국가적 사회운동과 국제정치 '예외상태'에 관한 이론적 논의」.『한국정치학회보』 49(1).
박영준. 2013.「수정주의적 보통국가론의 대두와 일본외교: 자민당 아베 정권의 재출범과 한반도정책 전망」.『한국과 국제정치』 29(1).
박영준. 2017.「냉전기 한국과 일본의 대미동맹 인식 비교: 미국의 대외전략 전개에 대한 양국의 정책 대응을 중심으로」.『일본연구논총』 46.
박유하. 2015.『제국의 위안부: 식민지지배와 기억의 투쟁』 서울: 뿌리와이파리.
박정진. 2015.「북일 국교정상화와 '65년 질서'」.『역사비평』 111.
박정현. 2013.「한국전쟁과 타이완(台灣)의 지위」.『아세아연구』 56(3).
박종희, 박은정, 조동준. 2015.「북한 신년사(1946-2015)에 대한 자동화된 텍스트 분석」.『한국정치학회보』 49(2).
박진희. 2008.『한일회담: 제1공화국의 대일정책과 한일회담 전개과정』. 서울: 선인.
박창건. 2015.「한일 국교정상화 이후 북일관계의 변화」.『한국과 국제정치』 31(2).
박철희. 2015.「정치네트워크의 부침으로 본 한일 협력과 갈등」.『일본비평』 12.
박철희. 2019.「한일 갈등의 심화와 한일안보협력의 미래」.『한국국가전략』 4-2.
박철희 외. 2018.『아베시대 일본의 국가전략』. 서울: 서울대학교출판문화원.
박홍규. 2020.「한일 역사화해의 전개 과정: '책임론적 화해'에서 '포용론적 화해'로」.『日本思想』 39.
박홍서. 2010.「내재화된 위선?: '중국적 세계질서'의 현실주의적 재해석」.『국제정치논총』 50(4).

보걸, 에즈라(Vogel, Ezra F.). 김규태 역. 2021. 『중국과 일본: 1500년 중일관계의 역사를 직시하다』. 서울: 까치.

보댕, 장(Beaudin, Jean). 임승휘 역. 2005. 『국가론』. 서울: 책세상.

부루마, 이안(Buruma, Ian). 최은봉 역. 2014. 『근대 일본: Inventing Japan 1853~1964』. 서울: 을유문화사.

비즐리, W. G.(Beasley, W. G.). 장인성 역. 2004. 『일본 근현대사』. 서울: 을유문화사.

사토 다쿠미. 원용진, 오카모토 마사미 역. 2007. 『8월 15일의 신화: 일본역사 교과서, 미디어의 정치학』. 서울: 궁리사.

서승원. 2011. 「자민당 정권의 중국정책과 정경분리, 1955-1971」. 『국제정치논총』 51(4).

서승원. 2012. 『북풍과 태양, 일본의 경제외교와 중국 1945-2005』. 서울: 고려대학교출판부.

서정완. 2020. 『일본식민지 연구의 논점』. 서울: 소화.

서진영. 2010. 『21세기 중국 외교정책』. 서울: 폴리테이아.

석주희, 최은봉. 2015. 「일본 무라야마 담화의 상징성과 내재화의 간극」. 『일본연구논총』 42.

소에야 요시히데. 2012. 「일중국교정상화를 되돌아보며: 1970년대 일중관계에서 보는 양국외교의 이질성」. 한국정치학회·게이오기주쿠대학 동아시아연구소 공동심포지엄 발표논문.

소에야 요시히데. 박철희 외 역. 2006. 『일본의 미들 파워 외교: 전후 일본의 선택과 구상』. 서울: 오름.

손기섭. 2003. 「동아시아에 있어서의 일중 국교정상화의 정치과정」. 『일본연구논총』 17.

손기섭. 2004. 「중일 정치경제관계에서의 '72년 체제'의 발전과 전환」. 『일본연구논총』 19.

손기섭. 2007. 「일본의 동아시아외교: 미일동맹과 중일관계의 상관성」. 『세계지역연구논총』 25(3).

손기섭. 2011. 「덩샤오핑의 영토분쟁 '차세대해결론'의 현재화」. 『일본공간』 10.

손기섭. 2012. 『현대 일본외교와 중국』. 부산: 부산외국어대학교출판부.

손기영. 2015. 「'인정투쟁'의 관점에서 본 동북아 국제관계와 규범공동체 형성」. 『국제정치논총』 55(4).

손열. 2013. 「미중데탕트와 일본: 1972년 중일 국교정상화 교섭의 국제정치」. 『일본연구논총』 38.

손열. 2018. 「위안부 합의의 국제정치: 정체성-안보-경제 넥서스와 박근혜 정부의 대일외교」. 『국제정치논총』 58(2).

손장권, 이성식, 전신현. 1994. 『미드의 사회심리학: 이론적 발전과 적용』. 서울: 일신사.

신욱희. 2008. 「동아시아 국제이론의 모색: 국제사회론과 변형된 주권 논의를 중심으로」. 『세계정치 10』 29(2).

신정화. 2021. 「센카쿠열도 갈등과 일본의 대중 안보전략: '실질적 위협' 중국과 '자유롭고 열린 인도·태평양전략'」. 『대한정치학회보』 29(3).

신혜봉. 2015. 「재일한국인의 인권문제에 관한 고찰」. 『일본공간』 17.

심규선. 2020. 『위안부 운동, 성역에서 광장으로: 심규선의 위안부 운동단체 분석』. 서울: 나남.
심승구, 김미숙. 2008.「안티-올림픽 세계가네포대회의 역사적 의미」.『한국여성체육학회지』 22(2).
싱어, 피터(Singer, Peter). 연효숙 역. 2000.『헤겔』. 서울: 시공사.
쑨꺼. 류준필 외 역. 2003.『아시아라는 사유공간』. 파주: 창비.
애런슨, 앨리엇(Aronson, Elliot). 박재호 역. 2014.『인간, 사회적 동물: 사회심리학에 관한 모든 것』. 서울: 탐구당.
양기호. 2015.「한일갈등에서 국제쟁점으로: 위안부문제 확산과정의 분석과 함의」.『일본연구논총』 42권.
양기호. 2020.「강제징용 쟁점과 한일관계의 구조적 변용: 국내변수가 양국관계에 미치는 영향을 중심으로」.『일본연구논총』 51.
양순창. 2010.「중국의 스포츠 외교: 대만의 명칭 문제를 중심으로」.『한국정치학회보』 44(2).
엄태봉. 2019.「한일회담 문화재 반환 협상의 재조명」.『아태연구』 26(2).
여문환. 2009.『동아시아 전쟁기억의 국제정치: 한·중·일 전쟁기념관을 가다!』. 파주: 한국학술정보.
오승희. 2010.「중국의 대 일본 배상청구 포기 요인 연구: 타이완문제와 중일 경제협력을 중심으로」. 이화여자대학교 석사학위논문.
오승희. 2016.「인정투쟁의 중일관계: '하나의 중국'에 대한 일본의 외교정책 분석(1949-1972)」. 이화여자대학교 박사학위논문.
오승희. 2017.「전후 일본의 인정투쟁과 중일 국교정상화: 하나의 중국론에 대한 인정론적 접근」.『한국정치학회보』 51(1).
오승희. 2018.「아베 내각의 아시아 정책: 강한 일본을 위한 아시아의 타자화」.『일본연구』 75.
오승희. 2021a.「한일국교정상화와 중일국교정상화의 외교전략: 미뤄두기, 쌓아가기, 경계짓기, 다중해석」.『일본연구논총』 53.
오승희. 2021b.「과거사를 둘러싼 인정투쟁: 일본 수상담화의 텍스트 네트워크 분석」.『국제정치논총』 61(2).
오승희, 최은봉. 2014.「1970년대 초 일본의 대중국 정책과 중국대표권 문제: 중국의 UN가입과 중일 국교정상화」.『일본연구논총』 39.
오승희, 최은봉. 2018.「'정경분리'와 '이민족관'의 공존: 중일 국교정상화의 문화적 이해」.『문화와 정치』 5(4).
오오타 오사무. 송병권, 박상현, 오미정 역. 2008.『한일회담: 청구권문제 연구』. 서울: 선인
와카미야 요시부미. 오문영 역. 1996.『일본정치의 아시아관』. 서울: 동아일보사.
우쓰미 아이코. 김경남 역. 2010.『전후보상으로 생각하는 일본과 아시아』. 서울: 논형.
우준희. 2019.「동북아 영토분쟁과 일본의 선택: 독도, 센카쿠, 쿠릴열도에 대한 일본의 다층화전략」.『현대정치연구』 12(2).

유의상. 2016.『대일 외교의 명분과 실리: 대일청구권 교섭 과정의 복원』. 서울: 역사공간.
유지아. 2016.「한국과 일본에서의 한일회담 반대운동의 전개과정과 역사적 의의」.『한일관계사연구』53.
윤석정. 2019a.「전후 70년 담화와 한국: 무라야마 담화에 대한 덮어쓰기와 한국 배제」.『아태연구』26(1).
윤석정. 2019b.「관대한 대일강화조약과 이승만 정권의 강화조약외교: 일본의 군사적 주권 문제와 이를 둘러싼 한미 간의 마찰」.『동북아역사논총』63.
이광수. 2017.「대만의 인정투쟁 연구」.『한국동북아논총』84.
이규수. 2011.「전후 일본의 역사인식: 전쟁기억과 '대동아전쟁'론」.『일본학』33.
이기태. 2014.「한일회담과 일본의 동남아시아 전후처리 비교연구: 일본의 배상 외교를 중심으로」.『일본연구논총』40.
이노우에 마사야, 김은정. 2013.「전후 일본-대만 관계와 보수정권」.『아세아연구』56(3).
이동준. 2013.「미완의 탈식민지화」.『아세아연구』56(3).
이동준, 장박진. 2013.『미완의 해방: 한일관계의 기원과 전개』. 서울: 고려대학교 아세아문제연구소.
이리에 아키라. 이성환 역. 1993.『日本의 外交』. 서울: 푸른산.
이면우. 2006.「북일 간의 수교교섭 전망: 제1회 포괄병행협의의 시사점을 중심으로」.『한일군사문화연구』제4호.
이병한. 2010.「'두 개의 중국'과 화교정책의 분기: 반둥회의(1955) 전후를 중심으로」.『중국근현대사연구』45.
이병한. 2012.「냉전기 중국과 아시아(1): 가네포(GANEFO)를 중심으로」.『대동문화연구』78.
이연식. 2013.「전후 일본의 히키아게 담론 구조: 해외 귀환자의 초기 정착과정에 나타난 담론의 균열과 유포」.『일본사상』24.
이영훈 외. 2019.『반일 종족주의: 대한민국 위기의 근원』. 서울: 미래사.
이오키베 마코토. 조양옥 역. 2002.『일본외교 어제와 오늘』. 서울: 다락원.
이원덕. 1996.『한일 과거사 처리의 원점』. 서울: 서울대학교출판부.
이원덕. 2005.「한일회담에서 나타난 일본의 식민지지배 인식」.『한국사연구』131.
이원덕. 2007.「일본의 전후처리 외교 연구: 대 아시아 전후 배상정책의 구조와 함의」.『일본학연구』22.
이원덕. 2008.「일본의 전후 배상외교에 대한 고찰: 국제비교의 관점」.『동북아역사논총』22(4).
이원덕. 2010.「한일기본조약과 북한 문제: 유일합법성 조항과 그 현재적 함의」.『한국정치외교사논총』31(2).
이원표. 2001.『담화분석: 방법론과 화용 및 사회언어학적 연구의 실례』. 서울: 한국문화사.
이정환. 2019.「아베 정권 역사 정책의 변용: 아베 담화와 국제주의」.『아시아리뷰』9권 1호.
이종국. 2016.「일본 정부의 역사인식의 '합의' 형성과 한계: 주요 "담화"를 소재로」.『한일군사문화연구』 21.
이혜정. 2009.「변환외교의 논리: 또는 미국적 현실주의의 변명」.『한국정치외교사논총』 31(1).
이희영. 2010.「새로운 시민의 참여와 인정투쟁」.『한국사회학』 44(1).
이희옥. 2000.「대만 정권교체와 하나의 중국」.『황해문화』 27.
장박진. 2008.「한일회담에서의 기본관계조약 형성과정의 분석: 제2조 '구조약 무효조항' 및 제3조 '유일합법성 조항'을 중심으로」.『국제지역연구』 17(2).
장박진. 2014.「국교정상화 후 한일관계 형성(1966~1972년)의 논리와 과정: '전체화'와 '국소화'의 동시 전개와 관계 '비정상화'의 정착」.『아세아연구』 57(2).
전강수. 2020.『《반일 종족주의》의 오만과 거짓』. 서울: 한겨레출판.
전재성. 2005.「1960년대와 1970년대 세계적 데땅뜨의 내부 구조」.『국제정치논총』 45(3).
전재성. 2010.「구성주의 국제정치이론에 대한 탈근대론과 현실주의의 비판 고찰」.『국제정치논총』 50(2).
전재성. 2014.「국제정치 조직원리 논쟁과 위계론」.『국제정치논총』 54(2).
전재성. 2019.『주권과 국제정치: 근대 주권국가체제의 제국적 성격』. 서울: 서울대학교출판문화원.
전진성. 2005.『역사가 기억을 말하다: 이론과 실천을 위한 기억의 문화사』. 서울: 휴머니스트.
전진호. 2005.「일본의 대미 기축외교의 재정립: 추종과 자율의 사이에서」. 한상일 외.『일본형 시스템: 위기와 변화』. 서울: 일조각.
정구연 외. 2018.「인도태평양 규칙기반 질서 형성과 쿼드협력의 전망」.『국제관계연구』 23(2).
정근식, 신주백 편. 2006.『8 · 15의 기억과 동아시아적 지평』. 서울: 선인.
정병준. 2006.「한일 독도영유권 논쟁과 미국의 역할」.『역사와현실』 60.
정병준. 2010.『독도 1947: 전후 독도문제와 한·미·일 관계』. 파주: 돌베개.
정병준. 2020.「한국의 샌프란시스코 평화회담 참가 문제와 배제과정」.『한국과국제정치』 36(3).
조명동. 1989.『민간외교의 과정과 분석: 중일관계의 역사적 실례를 고찰하여』. 서울: 삼성출판사.
조양현. 2008.「냉전기 한국의 지역주의 외교: 아스팍(ASPAC) 설립의 역사적 분석」.『한국정치학회보』 42(1).
조윤수. 2015.「한일어업협정과 해양경계 획정 50년」.『일본비평』 12.
조진만, 최준영. 2008.「매니페스토의 학문적 활용을 위한 소고」.『한국정치외교사논총』 30(1).
중앙일보. 2012.「"다음에 얘기" … 저우언라이 말이 중일 센카쿠 분쟁의 씨앗」. https://www.joongang.co.kr/article/9398306.
천자현. 2013.「화해의 국제정치」.『국제정치논총』 53(2).
천자현. 2015.「다음 세대를 위한 한일관계의 새로운 패러다임: 화해, 그리고 회복적 정의」.

『일본비평』 12.
총성의. 1979.「일 · 중공평화우호조약의 성립배경: 중공의 세계전략과 관련하여」.『중소연구』 4(1).
최경옥. 2014.「일본 국적법의 체계와 운용」.『공법학연구』 15(2).
최영출, 박수정. 2011.「한국행정학의 연구경향 분석: 네트워크 텍스트 분석방법의 적용」.『한국행정학보』 45(1).
최영호. 2000.「일본 패전 직후 참정권 문제에 대한 재일한국인의 대응」.『한국정치학회보』 34(1).
최은미. 2020.「한일 갈등관리 메커니즘의 역사적 전개와 구조적 변용」.『아세아연구』 63(2).
최은봉, 석주희. 2012.「중일 간 센카쿠열도 분쟁과 일본의 해양정책: 갈등, 대응, 정치과정을 중심으로」.『담론 201』 15(1).
최은봉, 신재민. 2008.「일본외교정책의 동아시아 지향성: 1990년대 이후 외상 국회연례연설의 내용분석을 중심으로」.『일본연구』 36.
최은봉, 오승희. 2010.「중국의 대 일본 배상청구 포기의 양면성」.『담론 201』 13(2).
최은봉, 오승희. 2011.「냉전 초기 일본의 중국 정부 선택 문제와 대중 등거리 전략」.『아시아연구』 14(2).
최은봉, 오승희. 2012a.「전후 중일관계의 형성과 변환과정(1952-1972)」.『일본연구』 51.
최은봉, 오승희. 2012b.「냉전기 중국과 일본의 제한적 접근과 쟁점의 유보」.『국제정치논총』 52(4).
최은봉, 오승희. 2013.「전쟁 기억과 전후 중일외교의 중층구조」.『일본사상』 25.
최은봉, 오승희. 2019.『전후 중일관계 70년: 마오쩌둥-요시다 시기부터 시진핑-아베 시기까지』. 서울: 이화여자대학교출판부.
최장근. 2016.「일본의 독도 영토에 대한 한국 관할권의 인정: '한일협정'에서 '한일신어업협정'까지」.『일본문화학보』 70.
최장근. 2020.「한일협정 이후 한일 간의 '해양경계 변경'이 독도 '영유권'에 미친 영향」.『일본문화연구』 74.
최준영 외. 2008.「국무총리 인사청문회에 나타난 행정부-국회 관계 분석: 회의록에 대한 내용분석을 중심으로」.『한국정치학회보』 42(2).
최희식. 2008.「60년대 일본의 아시아 지역 정책: 미일동맹과 자주외교 사이의 협곡」.『일본연구논총』 28.
최희식. 2009.「현대 일본의 아시아 외교 전략: 내재적 접근에서 외재적 접근으로」.『국제정치논총』 49(2).
최희식. 2010.「중일 첨각열도 해양영토분쟁: 평화적 관리 방식의 전환기?」.『JPI 정책포럼』 52.
최희식. 2016.「한일협정 연구: 회고와 전망」.『동북아역사논총』 53.
키신저, 헨리(Kissinger, Henry). 권기대 역. 2012.『헨리 키신저의 중국이야기』. 서울: 민음사.

파일, 케네스(Pyle, Kenneth B.). 이종삼 역. 2008.『강대국 일본의 부활』. 서울: 한울.
페어클러프, 이사벨라(Fairclough Isabela), 노먼 페어클러프. 김현강, 신유리 역. 2015.『정치 담화분석』. 서울: 박이정.
페어클럽, 노먼(Fairclough, Norman). 김지홍 역. 2012.『담화 분석 방법: 사회 조사연구를 위한 텍스트 분석』. 광명: 경진.
펨펠, T. J.(Pempel, T. J). 최은봉 역. 2001.『현대 일본의 체제 이행』. 서울: 을유문화사.
하딩, 해리(Harding, Harry). 안인해 역. 1995.『중국과 미국』. 서울: 나남출판.
하야시 히로후미. 현대일본사회연구회 역. 2012.『일본의 평화주의를 묻는다: 전범재판 · 헌법 9조 · 동아시아 연대』. 서울: 논형.
하종문. 2013.「무라야마 담화의 의미와 아베정권」. 도시환, 박진우 편.『일본 아베 정권의 역사인식과 한일관계』. 서울: 동북아역사재단.
한국국제정치학회 중국분과 편. 2008.『중국 현대국제관계』. 서울: 오름.
한상진. 2008.「동아시아에서 본 응징의 정의, 용서 그리고 딜레마: 화해를 위한 최소주의자의 상호접근방식」. 한국학중앙연구원 편.『2006 문명과 평화』. 성남: 한국학중앙연구원.
헤겔, G. W. F.(Hegel, G. W. F.). 서정혁 역. 2006.『헤겔 예나시기 정신철학』. 서울: 이제이북스.
헤겔, G. W. F.(Hegel, G. W. F.). 김준수 역. 2007.『인륜성의 체계』. 서울: 울력.
헤겔, G. W. F.(Hegel, G. W. F.). 김양순 역. 2013.『정신현상학』. 서울: 동서문화사.
현대일본학회. 2007.『일본정치론』. 서울: 논형.
호네트, 악셀(Honneth, Axel). 문성훈 역. 2009.『정의의 타자: 실천 철학 논문집』. 파주: 나남.
호네트, 악셀(Honneth, Axel). 문성훈, 이현재 역. 2011.『인정투쟁: 사회적 갈등의 도덕적 형식론』. 서울: 사월의책.
호네트, 악셀(Honneth, Axel). 강병호 역. 2021.『인정: 하나의 유럽 사상사』. 서울: 나남.
호사카 유지. 2020.『신친일파:『반일 종족주의』의 거짓을 파헤친다』. 파주: 봄이아트북스.

영문 자료

Allan, P. and A. Keller. 2006. "The Concept of a Just Peace, or Achieving Peace through Recognition, Renouncement, and Rule." In Alexis Keller eds. *What is a Just Peace?* Oxford: Oxford University Press.
Astarita, C. 2020. "The Trap of an Official Apology: the Power of Civil Society in Promoting Reconciliation." *East Asia* 37.1.
Bartelson, Jens. 2013. "Three Concepts of Recognition." *International Theory* 5.
Bauman, Zygmunt. 2001. "The Great War of Recognition." *Theory, Culture & Society* 18(2-3).
Baynes, Kenneth. 2002. "Freedom and Recognition in Hegel and Habermas." *Philosophy*

and Social Criticism 28(1).

Berkofsky, A. et al. 2019. *The EU–Japan Partnership in the Shadow of China*. New York: Routledge.

Brunsson, N. 1989. *The Organization of Hypocrisy*. Chichester: John Wiley & Sons.

Buckley, Roger. 2003. "Hong Kong and San Francisco: Anglo-American Debate on East Asia and the Japanese Peace Settlements." *Japan Forum* 15(3).

Bull, Hedley. 1977. *The Anarchical Society*. New York: Columbia University Press.

Buzan, Barry. 2004. *From international to World Society?: English School Theory and the Social Structure of Globalisation*. New York: Cambridge University Press.

Calder, Kent E. 1988. "Japanese Foreign Economic Policy Formation: Explaining the Reactive State." *World Politics* 40(4).

Calder, Kent and Min Ye. 2010. *The Making of Northeast Asia*. Stanford: Stanford University Press.

Carley, Kathleen M. 2009. "Network Text Analysis: The Network Position of Concepts." In Carl W. Roberts ed. *Text Analysis for the Social Sciences.* New York: Routledge.

Caspersen, Nina. 2012. *Unrecognized States: the Struggle for Sovereignty in the Modern International System*. Cambridge: Polity.

Chan, Gerald. 1980. "The Two-Chinas Problem and the Olympic Formula." *Pacific Affairs* 58(3).

Chang, Parris and Kok-Ui Lim. 1996. "Taiwan's Case for United Nations Membership." *UCLA Journal of International Law and Foreign Affairs* 1(2).

Chen, Jian. 2001. *Mao's China and the Cold War*. Chapel Hill: The University of North Carolina Press.

Chun, J. 2019. "Social Divisions and International Reconciliation: Domestic Backlash against Foreign Policymaking between Japan and South Korea." *International Studies Perspectives* 20(4).

Chung, Eun Bin and Byungwon Woo. 2015. "We Like You Better When We Feel Good about Ourselves: Group-Affirmation in an International Context." *Korea Observer* 46(2).

Daase, Christopher et al. eds. 2015. *Apology and Reconciliation in International Relations: The Importance of Being Sorry*. New York: Routledge.

Damrosch, L. F. 1992. "GATT Membership in a Changing World Order: Taiwan, China, and the Former Soviet Republics." *Columbia Business Law Review* 1992.1.

David, Paul. 2000. "Path Dependence, Its Critics, and the Quest for 'Historical Economics'." In P. Carrouste and S. Ioannides eds. *Evolution and Path Dependence in Economic Ideas: Past and Present*. Cheltenham, U.L.: Edward Elgar.

Deacon, Chris. 2021. "(Re)producing the 'history problem': Memory, Identity and the

Japan-South Korea Trade Dispute." *The Pacific Review* 35(5).

Dudden, A. 2005. "Japanese colonial control in international terms." *Japanese Studies* 25-1.

Dudden, A. 2014. *Troubled Apologies among Japan, Korea, and the United States.* New York: Columbia University Press.

Dudden, A. and K. Mizoguchi. 2007. "Abe's Violent Denial: Japan's Prime Minister and the 'Comfort Women'." *The Asia-Pacific Journal* 5(3).

Erman, Eva. 2013. "The Recognitive Practices of Declaring and Constituting Statehood." *International Theory* 5(1).

Fabry, Mikulas. 2010. *Recognizing States: International Society and the Establishment of New States since 1776.* Oxford: Oxford University Press.

Fabry, Mikulas. 2013. "Theorizing State Recognition." *International Theory* 5(1).

Ferretti, Valdo. 2003. "In the Shadow of the San Francisco Settlement: Yoshida Shigeru's Perception of Communist China and Anglo-Japanese Relations." *Japan Forum* 15(3).

Fraser, Nancy. 2000. "Rethinking Recognition." *New Left Review* 3.

Fukuyama, Francis. 1992. *The End of History and the Last Man*. New York: Avon Books.

Gee, James Paul. 2005. *An Introduction to Discourse Analysis: Theory and Method*. London; New York: Routledge.

Gilpin, Robert. 1972. "The Politics of Transnational Economic Relations." In Robert O. Keohane and Joseph S. Nye eds. *Transnational Relations and World Politics.* Cambridge: Harvard University Press.

Glazer, Daryl. 2006. "Does Hypocrisy Matter? The Case of U.S. Foreign Policy." *Review of International Studies* 32.

Goldstein, Judith and Robert O. Keohane. 1993. *Ideas and Foreign Policy: Beliefs, Institutions, and Political Change*. Ithaca: Cornell University Press.

Gong, Gerrit W. 2001. *Memory and History in East and Southeast Asia: Issues of Identity in International Relations.* Washington, D.C.: CSIS.

Grant, Ruth Weissbourd. 1997. *Hypocrisy and Integrity: Machiavelli, Rousseau, and the Ethics of Politics*. Chicago: University of Chicago Press.

Grant, Thomas D. 1999. *The Recognition of States: Law and Practice in Debate and Evolution*. Westport, CT; London: Praeger.

Green, Michael J. 2003. *Japan's Reluctant Realism: Foreign Policy Challenges in an Era of Uncertain Power*. New York: Palgrave Macmillan; Basingstoke: Palgrave.

Grieco, Joseph M. 1988. "Anarchy and the Limits of Cooperation: a Realist Critique of the Newest Liberal Institutionalism." *International Organization* 42(3).

Groarke, Paul. 2004. *Dividing the State: Legitimacy, Secession, and the Doctrine of Oppression*. Aldershot, Hants; Burlington, VT: Ashgate.

Haas, E. B. 1964. *Beyond the Nation-State: Functionalism and International Organization*.

Stanford: Stanford University Press.

Hagström, Linus. 2005. "Relational Power for Foreign Policy Analysis: Issues in Japan's China Policy." *European Journal of International Relations* 11(3).

Hagström, Linus. 2015. "The 'abnormal' State: Identity, Norm/exception and Japan." *European Journal of International Relations* 21(1).

Hall, Peter A. 1993. "Policy Paradigms, Social Learning, and the State: The Case of Economic Policymaking in Britain." *Comparative Politics* 25(3).

Hall, Peter A. and Rosemary C. R. Taylor. 1996. "Political Science and the Three New Institutionalisms." *Political Studies* 44(4).

Honneth, Axel. Translated by Anderson Joel. 1995. *The Struggle for Recognition*. Cambridge: Polity Press.

Honneth, Axel. 2012. "Recognition Between States: On the Moral Substrate of International Relations." In E. Ringmar and T. Lindemann *The Struggle for Recognition in International Relations*. Boulder: Paradigm Publishers.

Honneth, Axel. 2015. "Recognition Between States: On the Moral Substrate of International Relations." In E. Ringmar and T. Lindemann eds. *The Struggle for Recognition in International Relations*. Boulder: Paradigm Publishers.

Hosoya, Chihiro. 1984. "Japan, China, the United States and the United Kingdom, 1951-2: the Case of the 'Yoshida Letter'." *International Affairs* 60(2).

House, J. and D. Z. Kádár. 2021. "German and Japanese War Crime Apologies: A Contrastive Pragmatic Study." *Journal of Pragmatics* 177.

Howe, Christopher. 1996. *China and Japan: History Trends, and Prospects*. Oxford: Oxford University Press.

Hsiao, Gene T. 1974. "Prospects for a New Sino-Japanese Relationship." *The China Quarterly* 60(4).

Hsiao, Gene T. and Michael Witunski. 1983. *Sino-American Normalization and its Policy Implications*. New York: Praeger.

Huang, Eric Ting-Lun. 2003. "Taiwan's Status in a Changing World: United Nations Representation and Membership for Taiwan." *Annual Survey of International & Comparative Law* 9(55).

Hymans, Jacques E. C. 2014. "Why Recognize? Explaining Victorian Britain's Decision to Recognize the Sovereignty of Imperial Japan." *The Korean Journal of International Studies* 12.

Ijiri, Hidenori. 1990. "Sino-Japanese Controversy since the 1972 Diplomatic Normalization." *The China Quarterly* 124.

Ikenberry, John G. 1988. "Conclusion: an Institutional Approach to American Foreign Economic Policy." *International Organization* 42(1).

Immerman, Richard H. 1990. *John Foster Dulles and the diplomacy of the Cold War*. Princeton: Princeton University Press.

Inoguchi, Takashi and Bacon Paul. 2001. "Organizing Hypocrisy and Transforming Sovereignty." *International Relations of the Asia-Pacific* 1(2).

Iriye, Akira. 1990. "Chinese-Japanese Relations, 1945-90." *The Chinese Quarterly* 124(4).

Iriye, Akira and Warren I. Cohen. 1989. *The United States and Japan in the Postwar World*. Lexington: University Press of Kentucky.

Jackson, Robert H. 1993. *Quasi-states: Sovereignty, International Relations and the Third World*. Cambridge: Cambridge University Press.

Jager, Sheila Miyoshi and Rana Mitter. 2007. *Ruptured Histories: War, Memory and the Post Cold War in Asia*. Cambridge: Harvard University Press.

Jervis, Robert. 1999. "Realism, Neoliberalism, and Cooperation: Understanding the Debate." *International Security* 24(1).

Johnson, Chalmers. 1978. "The New Thrust in China's Foreign Policy." *Foreign Affairs* 57(1).

Johnson, Chalmers. 1986. "The Patterns of Japanese Relations with China, 1952-1982." *Pacific Affairs* 59(3).

Jonsson, G. 2019. "Can Memories of the Japan-Korea dispute on "Comfort Women" Resolve the Issue?" *International Journal of Korean Studies* 23(2).

Kirby, William C., Robert S. Ross, and Gong Li. 2005. *Normalization of U.S.-China Relations: an International History*. Cambridge: Harvard University Asia Center.

Klein, Christina. 2003. *Cold War Orientalism: Asia in the Middlebrow Imagination, 1945-1961*. Berkeley: University of California Press.

Krasner, Stephen D. 1984. "Approaches to the State: Alternative Conceptions and Historical Dynamics." *Comparative Politics* 16(2).

Krasner, Stephen D. 1999. *Sovereignty: Organized Hypocrisy.* Princeton: Princeton University Press.

Krasner, Stephen D. 2001a. "Organized Hypocrisy in Nineteenth-Century East Asia." *International Relations of the Asia-Pacific* 1(2).

Krasner, Stephen D. 2001b. *Problematic Sovereignty: Contested Rules and Political Possibilities.* New York: Columbia University Press.

Krasner, Stephen D. 2013. "Recognition: Organized Hypocrisy Once Again." *International Theory* 5(1).

Lam, Peng-Er. 2004. "Japan-Taiwan Relations: Between Affinity and Reality." *Asian Affairs* 30(4).

Langdon, Frank. 2001. "American Northeast Asian Strategy." *Pacific Affairs* 74(2).

Le, T. P. 2019. "Negotiating in Good Faith: Overcoming Legitimacy Problems in the

Japan-South Korea Reconciliation Process." *The Journal of Asian Studies* 78(3).

Lee, Chae-Jin. 1979. "The Making of the Sino-Japanese Peace and Friendship Treaty." *Pacific Affairs* 52(3).

Lee, Chae-Jin. 1984. *China and Japan: New Economic Diplomacy.* Stanford: Hoover Institution Press.

Levi, Margaret. 1997. "A Model, a Method, and a Map: Rational Choice in Comparative and Historical Analysis." In Mark I. Lichbach and Alan S. Zuckerman eds. *Comparative Politics: Rationality, Culture, and Structure*. Cambridge: Cambridge University Press.

Lind, Jennifer. 2008. *Sorry States: Apologies in International Politics.* Ithaca: Cornell University Press.

Lindemann, Thomas. 2013. "The Case for an Empirical and Social-Psychological Study of Recognition in International Relations." *International Theory* 5(1), 150-155.

Lindemann, Thomas and Erik Ringmar. 2012. *The International Politics of Recognition*. Boulder: Paradigm Publishers.

Lutan, Rusli and Fan Hong. 2005. "The Politicization of Sport: GANEFO-a Case Study." *Sport in Society* 8(3).

MacMillan, Margaret. 2007. *Nixon and Mao: the Week that Changed the World*. New York: Random House.

Mahoney, James and Kathleen Thelen. 2010. "A Theory of Gradual Institutional Change." In Mahoney, James and Kathleen Thelen eds. *Explaining Institutional Change: Ambiguity, Agency, and Power*. Cambridge: Cambridge University Press.

March, James G. and Johan P. Olsen. 1998. "The Institutional Dynamics of International Political Orders." *International Organization* 52(4).

Marrus, Michael R. 2007. "Official apologies and the quest for historical justice." *Journal of Human Rights* 6(1).

Martens, R. 2004. *Successful Coaching*. Champagne: Human Kinetics.

McCombs, Jennifer and Clive Palmer. 2008. "Win or Lose, What Counts as Success in Coaching? Analysing the Opinions and Aspirations of Gymnastics Coaches." *Journal of Qualitative Research in Sports Studies* 2(1).

McWhinney, Edward. 2007. *Self-determination of Peoples and Plural-Ethnic States in Contemporary International Law: Failed States, Nation-Building and the Alternative, Federal Option*. Leiden; Boston: Martinus Nijhoff Publishers.

Mitrany, D. 1943. *A Working Peace System: An Argument for the Functional Development of International Organization*. London: Royal Institute for International Affairs.

Miyashita, Akitoshi and Yoichiro Sato. 2001. *Japanese Foreign Policy in Asia and the Pacific: Domestic Interests, American Pressure, and Regional Integration*. Houndmills; Basingstoke; Hampshire; New York: Palgrave.

Neuendorf, Kimberly A. 2000. *The Content Analysis Guidebook*. Thousand Oaks: Sage Publications.

Nixon, Richard. 1970. *U.S. Foreign Policy for the 1970's: A New Strategy for Peace*. Washington, D.C.: U.S. Government Printing Office.

Nixon, Richard. 1972. *U.S. Foreign Policy for the 1970's: The Emerging Structure of Peace*. Washington, D.C.: U.S. Government Printing Office.

Nye, Joseph S. 2020. *Do Morals Matter?* Oxford: Oxford University Press.

Ogata, Sadako. 1988. *Normalization with China*. Berkeley: Institute of East Asian Studies, University of California Berkeley.

Oh, Seung-Hee and Eunbong Choi. 2015. "Separating Economy from Politics? Japan's Coexistence Strategy with Two Chinas in the 1960s." *The Korean Journal of International Studies* 13(2).

Park, C. H. 2020. "South Korean Views of Japan: A Polarizing Split in Coverage." *Joint US-Korea Academic Studies*.

Peng, Tao. 2005. "Assessing the People's Diplomacy and Its Impacts on the US-Japan Security Alliance." *Historia Actual Online* 7.

Pierson, Paul. 2004. *Politics in Time: History, Institutions, and Social Analysis*. Princeton: Princeton University Press.

Pippin, Robert. 2000. "What is the Question for which Hegel's Theory of Recognition is the Answer?" *European Journal of Philosophy* 8(2).

Popping, R. 2000. *Computer-assisted Text Analysis*. London: Sage.

Raic, David. 2002. *Statehood and the Law of Self-determination*. The Hague; New York: Kluwer Law International.

Ringmar, Erik and Thomas Lindemann. 2012. *The International Politics of Recognition*. Boulder: Paradigm Publishers.

Roberts, Carl W. 1997. *Text Analysis for the Social Sciences: Methods for Drawing Statistical Inferences from Texts and Transcripts*. Mahwah: Erlbaum.

Rose, C. 2005. *Interpreting History in Sino-Japanese Relations: A Case-Study in Political Decision Making* 10. London; New York: Routledge.

Ross, Robert S. 2002. "U.S. Relations with China." In Ezra F. Vogel, Yuan Ming, and Tanaka Akihiko eds. *The Golden Age of the U.S.-China-Japan Triangle 1972-1989*. Cambridge: Harvard University Asia Center.

Ross, Robert S. and Changbin Jiang. 2001. *Re-examining the Cold War: U.S.-China Diplomacy, 1954-1973*. Cambridge: Harvard University Asia Center.

Rozman, G. ed. 2012. *East Asian National Identities: Common Roots and Chinese Exceptionalism*. Stanford: Stanford University Press.

Runciman, David. 2010. *Political Hypocrisy: The Mask of Power, from Hobbes to Orwell and*

Beyond. Princeton: Princeton University Press.

Salamon, Lester M. and John J. Siegfried. 1977. "Economic Power and Political Influence: The Impact of Industry Structure on Public Policy." *The American Political Science Review* 71(3).

Scott, J. 2012. *Social Network Analysis*. London: Sage.

Seraphim, F. 2008. *War Memory and Social Politics in Japan, 1945–2005*. Cambridge: Harvard University Press.

Seraphim, Franziska. 2017. "A Japan That Cannot Say Sorry?" *Replicating Atonement*. Cham: Springer International, Palgrave Macmillan Memory Studies.

Shapiro, Ian and Joseph Lampert. 2014. *Charter of the United Nations: Together with Scholarly Commentaries and Essential Historical Documents*. New Haven: Yale University Press.

Sherman, D. K. and G. L. Cohen. 2006. "The psychology of self-defense: Self-affirmation theory." *Advances in Experimental Social Psychology* 38.

Shibata, R. 2018. "Apology and forgiveness in East Asia." In *Identity, Trust, and Reconciliation in East Asia*. New York: Palgrave Macmillan,

Shogo, Suzuki. 2007. "The Importance of 'Othering' in China's National Identity: Sino-Japanese Relations as a Stage of Identity Conflicts." *The Pacific Review* 20(1).

Shudo, S. 2019. "How to Translate Apology and Non-apology in Legal Contexts: A Linguistic Analysis of Potentially Serious "Subtle Mistranslation" in Japan." *International Journal for the Semiotics of Law-Revue internationale de Sémiotique juridique* 32-4.

Snyder, David and Edward L. Kick. 1979. "Structural Position in the World System and Economic Growth, 1955-1970: A Multiple-Network Analysis of Transnational Interactions." *American Journal of Sociology* 84(5).

Soeya, Yoshihide. 1998. *Japan's Economic Diplomacy with China, 1945-1978*. Oxford: Clarendon Press; New York: Oxford University Press.

Soeya, Yoshihide. 2001. "Taiwan in Japan's Security Considerations." *The China Quarterly* 165.

Soeya, Yoshihide. 2002. "Japan's Relations with China." In Ezra F. Vogel, Ming Yuan, and Tanaka Akihiko eds. *The Golden Age of the U.S.-China-Japan Triangle 1972-1989*. Cambridge: Harvard University Asia Center.

Soeya, Yoshihide, Masayuki Tadokoro, and David A. Welch. 2011. *Japan as a 'normal country'?: a Nation in Search of its Place in the World*. Toronto; Buffalo: University of Toronto Press.

Strömbom, Lisa. 2014. "Thick Recognition: Advancing Theory on Identity Change in Intractable Conflicts." *European Journal of International Relations* 20(1).

Talmon, Stefan. 1998. *Recognition of Governments in International Law: with Particular Reference to Governments in Exile*. Oxford: Clarendon Press; New York: Oxford University Press.

Taylor, Charles. 1994. *Multiculturalism: Examining the Politics of Recognition*. Princeton: Princeton University Press.

Thelen, Kathleen and Sven Steinmo. 1992. "Historical Institutionalism in Comparative Politics." In Sven Steinmo, Kathleen Thelen, and Frank Longstreth eds. *Structuring Politics: Historical Institutionalism in Comparative Analysis.* New York: Cambridge University Press.

Tsuyoshi Hasegawa. 2011. *The Cold War in East Asia, 1945-1991.* Washington, D.C.: Woodrow Wilson Center Press; Stanford: Stanford University Press.

Vogel, E. F. 2019. *China and Japan: Facing History.* Cambridge: Harvard University Press.

Vogel, Ezra F., Yuan Ming, and Tanaka Akihiko eds. 2002. *The Golden Age of the U.S.-China-Japan Triangle 1972-1989.* Cambridge: Harvard University Asia Center.

Walt, Stephen M. 1987. *The Origins of Alliances.* Ithaca: Cornell University Press.

Wang, Qingxin Ken. 2000a. "Taiwan in Japan's Relations with China and the United States after the Cold War." *Pacific Affairs* 73(3).

Wang, Qingxin Ken. 2000b. *Hegemonic Cooperation and Conflict: Postwar Japan's China Policy and the United States.* Westport, CT: Praeger Publishers.

Weber, C. 1995. *Simulating Sovereignty: Intervention, the State and Symbolic Exchange.* Cambridge: Cambridge University Press.

Weber, T. 2018. "Apology Failures: Japan's Strategies towards China and Korea in Dealing with Its Imperialist Past." In *The Palgrave Handbook of State-Sponsored History after 1945.* London: Palgrave Macmillan.

Webster, T. 2018. "The Price of Settlement: World War II Reparations in China, Japan and Korea." *New York University Journal of International Law and Politics* 51.

Wendt, Alexander. 1992. "Anarchy is What States Make of It." *International Organization* 46(3).

Wendt, Alexander. 1994. "Collective Identity Formation and the International State." *The American Political Science Review* 88(2).

Wendt, Alexander. 2003. "Why a World State is Inevitable." *European Journal of International Relations* 9(4).

Wendt, Alexander. 2004. "The State as Person in International Theory." *Review of International Studies* 30(2).

Weng, Byron S. 1972. *Peking's UN Policy: Continuity and Change.* New York: Praeger.

Williams, Robert. 1997. *Hegel's Ethics of Recognition.* Berkeley: University of California Press.

Wolf, Reinhard. 2011. "Respect and Disrespect in International Politics: the Significance of Status Recognition." *International Theory* 3(1).

Wooffitt, Robin. 2005. *Conversation Analysis and Discourse Analysis: a Comparative and Critical Introduction.* London; Thousand Oaks: SAGE.

Yoshimatsu, H. 2012. "Identity, policy ideas, and Asian diplomacy: Japan's response to the rise of China." *International Area Studies Review* 15(4).

Yun, Ji-Whan. 2015. "Progressive Setback in East Asia: Why and How Urban Citizens Challenged the New Politics." *The Pacific Review* 28(5).

Zheng, Yangwen, Hong Liu, Michael Szonyi. 2010. *The Cold War in Asia: the Battle for Hearts and Minds*. Leiden: Brill.

독문 자료

Hegel, G. W. F. 1969. *Jenaer Realphilosophie*. Hamburg: Felix Meiner.

Honneth, Axel. 1994. *Kampf um Anerkennung*. Frankfurt am Main: Suhrkamp.

일문 자료

20世紀を振り返り21世紀の世界秩序と日本の役割を構想するための有識者懇談会.「報告書」. https://www.kantei.go.jp/jp/singi/21c_koso/pdf/report.pdf.

NNA.ASIA アジアの経済ビジネス情報. 2010.【第44回】「日系商社員の逮捕」,【第45回】「ある不可解な商社」. http://news.nna.jp/.

アクセルホネット. 山本啓, 直江清隆(訳). 2003.『承認をめぐる闘争: 社會的コンフリクトの道德的文法』. 東京: 法政大學出版局.

加々美光行. 1992.「日中国交正常化20周年と戦争責任」.『紀要』. 愛知大学国際問題研究所.

岡崎久彦. 2003.『吉田茂とその時代』. 東京: PHP研究所.

岡田実. 2008.『日中関係とODA』. 東京: 日本僑報社.

高原明生, 菱田雅晴, 村田雄二郎, 毛里和子. 2014.『共同討議日中関係 なにが問題か: 1972年体制の再検証』. 東京: 岩波書店.

高原明生, 服部龍二(編). 2012.『日中關係史: 1972-2012』1-3. 東京: 東京大學出版會.

高坂正. 2006.『宰相吉田茂』. 東京: 中公クラシックス.

橋本一夫. 2014.『幻の東京オリンピック1940年大会-招致から返上まで』. 東京: 講談社.

国分良成, 添谷芳秀, 高原明生, 川島真. 2013.『日中関係史』. 東京: 有斐閣.

国会会議録検索システム. http://kokkai.ndl.go.jp.

宮城大蔵. 2001.『バンドン会議と日本のアジア復帰-アメリカとアジアの狭間で』. 東京: 草思社.

宮城大蔵. 2015.『戦後日本のアジア外交』. 東京: ミネルヴァ書房.

権田猛資. 2020.「台湾人元日本兵の戦後補償問題-積み残された人々の願いに真の「解決」を」. https://www.nippon.com/ja/japan-topics/g00972/.

吉田茂. 1958.『回想十年』第三巻. 東京: 新潮社.

吉田茂. 1992.『世界と日本』. 東京: 中央公論社.

吉田茂. 1999.『日本を決定した百年』. 東京: 日本經濟新聞社; 中央公論新社.
吉田茂. 2012.『回想十年』新版. 東京: 毎日ワンズ.
吉田茂. 2015.『大磯随想·世界と日本』. 東京: 中央公論新社.
吉澤文寿. 2005.『戦後日韓関係: 国交正常化交渉をめぐって』. 東京: クレイン.
楠綾子. 2013.『占領から独立へ』. 東京: 吉川弘文館.
鹿島平和研究所. 1983.『日本外交主要文書年表』第1卷. 東京: 原書房.
多喜寛. 2014.『国家(政府)承認と国際法』. 東京: 中央大学出版部.
大野益弘, 高橋玲美, 瀬戸弥栄子. 2006.『東京オリンピック1964·2016』. 東京: メディアパル.
読売新聞政治部. 2014.『「日中韓」外交戦争: 日本が直面する「いまそこにある危機」』. 東京: 新潮社.
藤原弘達. 1964.『吉田茂』. 東京: 讀書新聞社.
鈴木宏尚. 2013.『池田政権と高度成長期の日本外交』. 東京: 慶應義塾大学出版会.
鈴木正信, 香取俊介. 2006.『北京の檻-幽閉五年二ケ月』. 東京: 文藝春秋.
鹿島平和研究所. 1983.『日本外交主要文書·年表』1. 東京: 原書房.
林曉光. 2003.「1970年代の中日関係」. 石井明 外(編).『記録と考証-日中国交正常化, 日中平和友好条約締結交渉』. 東京: 岩波書店.
馬場公彦. 2010.『戰後日本人の中國像: 日本敗戰から文化大革命, 日中復交まで』. 東京: 新曜社.
毛里和子. 2006.『中日関係』. 東京: 岩波書店.
毛里和子. 2011.『現代中國政治-グロ—バル·パワ—の肖像』. 名古屋: 名古屋大学出版会.
毛里和子, 園田茂人. 2012.『中国問題: キ—ワ—ドで読み解く』. 東京: 東京大学出版会.
服部龍二. 2011.『日中国交正常化-田中角栄,大平正芳,官僚たちの挑戦』. 東京: 中央公論新社.
福田円. 2014.『中国外交と台湾-「一つの中国」原則の起源』. 東京: 慶應義塾大学出版会.
北康利. 2010.『吉田茂の見た夢 独立心なくして国家なし』. 東京: 扶桑社.
三輪公忠. 2014.『日本·1945年の視点』. 東京: 東京大学出版会.
石井明 外(編). 2003.『記録と考証-日中国交正常化, 日中平和友好条約締結交渉』. 東京: 岩波書店.
袖井林二郎, 竹前榮治. 1992.『戰後日本の原點: 占領史の現在』. 東京: 悠思社.
矢吹晋. 2014.『敗戦·沖縄·天皇 尖閣衝突の遠景』. 東京: 花伝社.
矢吹晋. 2022. "China Watch & Asakawa Studies Room." http://www25.big.or.jp/~yabuki/
永野慎一郎, 近藤正臣(編). 1999.『日本の戦後賠償-アジア済協力の出発』. 東京: 勁草書房.
榮澤幸二. 1995.『「大東亞共榮圏」の思想』. 東京: 講談社.
五百旗頭真. 2013.『戦争·占領·講和 1941~1955』. 東京: 中央公論新社.
五百旗頭真. 2014.『戦後日本外交史』. 東京: 有斐閣.
王育德紀念館. https://oitmm.tnc.gov.tw.
王泰平. 福岡愛子(訳). 2013.『'日中國交回復' 日記: 外交部の特派員が見た日本』. 東京: 勉誠出版.
王泰平. 仁子真裕美(訳). 2004.『あのころの日本と中国: 外交官特派員の回想』. 東京: 日本僑報

社.
袁克勤. 1992.「日華講和に於けるアメリカの役割」.『一橋論叢』108(1).
殷燕軍. 1996.『中日戦争賠償問題』. 東京: 橋本盛作.
殷燕軍. 2007.『日中講和の研究-戦後日中関係の原点』. 東京: 柏書房.
李恩民. 2005.『"日中平和友好條約"交涉の政治過程』. 東京: 御茶の水書房.
人民画报. 1965.「1965-01 1964年 首次原子弹爆炸」https://zh.m.wikipedia.org/wiki/File:1965-01_1964年_首次原子弹爆炸2.jpg.
人民網日本語版. 2013.「野中広務氏「日本の棚上げ合意無視が今日の対立の原因」」. http://j.people.com.cn/94474/8271575html.
日本國際政治學會. 1957-1962.『日本外交史研究』. 東京: 日本國際政治學會.
日本放送協會放送世論調查所(編). 1967.『東京オリンピック』. 東京: 日本放送協會放送世論調査所.
日本外務省中国課監修. 1970.『日中關係基本資料集 1949-1969』. 東京: 霞山会.
張紹鐸. 2006.「国連における中国代表権問題: 米·台·中の対アフリカ外交を事例に(1962-1965)」.『北東アジア研究』11.
張紹鐸. 2007.『国連中国代表権問題をめぐる国際関係(1961-1971)』. 東京: 国際書院.
張香山. 1998.「中日締結和平友好條約前後」.『日本學刊』1998(4).
猪木武徳. 2013.『経済成長の果実 1955~1972』. 東京: 中央公論新社.
前田直樹. 2009.「国連中国代表権をめぐる米台関係: ケネディ政権と蒋介石政権」.『廣島法學』33(2).
田中明彦. 1996.『日中関係 1945-1990』. 東京: 東京大学出版社.
田村重信, 小枝義人, 豊島典雄. 2000.『日華断交と日中国交正常化』. 東京: 南窓社.
井上寿一. 2009.『吉田茂と昭和史』. 東京: 講談社.
井上寿一. 2014.『日本外交史講義』. 東京: 岩波書店.
井上寿一, 波多野澄雄, 酒井哲哉, 国分良成, 大芝亮. 2013.『日本外交の再構築(日本の外交 第6巻)』. 東京: 岩波書店.
井上正也. 2007.「国連中国代表権問題と池田外交: 国府'分断固定化'構想をめぐって, 一九五七-一九六四」.『神戸法學雜誌』57(1).
井上正也. 2008.「吉田茂の中国「逆浸透」構想-対中国インテリジェンスをめぐって, 一九五二-一九五四年: 吉田路線の再検証」.『国際政治』151.
井上正也. 2009.「日華平和条約の再検証-「限定承認」論を中心に(特集 東アジア国際政治史の新展開-戦後外交文書の公開と視点の多元化)」.『近きに在りて』56.
井上正也. 2010.『日中国交正常化の政治史』. 名古屋: 名古屋大学出版会.
鄭楽静. 2008.「日本人による中国人戦後補償訴訟支援研究一強制連行·強制労働問題を中心に一」,『文明構造論: 京都大学大学院人間·環境学研究科現代文明論講座文明構造論分野論集』. https://repository.kulib.kyoto-u.ac.jp/dspace/bitstream/2433/89722/1/bkr00004_111.pdf.

조양현. 2007.「戰後日本のアジア外交にぉけるアメリカ,ファクター: '東南アヅア開發閣僚會議'設立を事例に」.『일본연구논총』26.
佐久間, 裕美子. 1996.「中国代表権問題: アメリカ対中政策と国連」.『政治学研究』26.
佐藤次郎. 2013.『東京五輪 1964』. 東京: 文藝春秋.
朱建栄. 1992.「中国はなぜ賠償を放棄したか」.『外交フォーラム』10. 東京: 都市出版.
中江要介. 2008.『日中外交の証言』. 東京: 蒼天社出版.
中島敏次郎, 井上正也, 中島琢磨, 服部龍二. 2012.『外交証言録 日米安保·沖縄返還·天安門事件』. 東京: 岩波書店.
中島琢磨. 2012.『高度成長と沖縄返還-1960-1972』. 東京: 吉川弘文館.
池田慎太郎. 2011.『独立完成への苦闘-1952-1960』. 東京: 吉川弘文館.
池井優. 2012.『語られなかった戦後日本外交』. 東京: 慶應義塾大学出版会.
川島真. 2011.「中華民国外交档案に見る別れの外交(日華断交)-椎名悦三郎の訪台を中心に」. 加茂具樹·飯田将史·神保謙編著.『中国改革開放への転換-「一九七八年」を越えて』. 東京: 慶應義塾大学出版会.
川島真, 服部龍二. 2007.『東アジア國際政治史』. 名古屋: 名古屋大出版社.
川島真, 松田康博, 楊永明, 清水麗. 2009.『日台関係史 1945-2008』. 東京: 東京大学出版会.
川島真研究室. 2022. http://www.kawashimashin.com/.
浅野和生. 2012.『日台関係と日中関係-「日中国交正常化」を見直す!』. 東京: 展転社.
添谷芳秀. 1995.『日本外交と中國: 1945-1972』. 東京: 慶應通信.
添谷芳秀. 2003.「米中和解 日中國交正常化」. 石井明 外(編).『記録と考証-日中国交正常化, 日中平和友好条約締結交渉』. 東京: 岩波書店.
波多野勝, 清水麗. 2004.『友好の架け橋を夢見て: 日中議連による國交正常化への軌跡』. 東京: 學陽書房.
坂上康博, 高岡裕之. 2009.『幻の東京オリンピックとその時代: 戦時期のスポ―ツ, 都市, 身体』. 東京: 青弓社.
平川幸子. 2012.『「二つの中国」と日本方式』. 東京: 勁草書房.
浦辺登. 2013.『アジア独立と東京五輪:「ガネホ」とアジア主義』. 福岡: 弦書房.
河野利彦. 2020.『棄てられた皇軍兵士たち: 台湾人元日本兵の補償問題そして高砂義勇兵』. kindle edition.

중문 자료

顧維鈞. 中國社會科學院近代史研究所(譯). 1989.『顧維鈞回顧錄』第九卷. 北京: 中華書局.
古澤健一. 1988.『昭和秘史日中平和友好条約』. 北京: 講談社.
刘建平. 2010.『战后中日关系: '不正常'历史的过程与结构』. 北京: 社会科学文献出版社.
刘建平. 2013.「理解 '廖承志时代': 战后中日关系的传播政治学」.『现代传播: 中国传媒大学学报』34(10).

刘建平. 2014a.「东亚的‘脱战后’与中日交流的转型」.『日本学刊』3.
刘建平. 2014b.「战后东亚秩序的‘帝国’结构原理: 从‘阵营对抗’到‘正常化’」.『开放时代』6.
刘建平. 2015.「钓鱼岛问题的“战后处理论”话语建构」.『日本学刊』1.
林晓光. 2012.「中日邦交正常化过程中的日本公明党和‘竹入笔记’」.『当代中国史研究』5.
孙乃民. 2006.『中日関係史』第3卷. 北京: 社會科學文獻出版社.
新井雄. 2017.「日臺關係與台灣人原日本兵補償問題: 以有馬元治的活動為中心」.『大仁學報』51.
吳祖勝, 總策劃, 陳立文(編). 2013.『蔣中正與民國外交II』. 台灣: 國立中正紀念堂管理處.
林曉光. 2003.『日本政府開發援助與中日關係』. 北京: 世界知識出版社.
林曉光. 2008.「《中日和平友好条约》的签订」.『当代中国史研究』6.
田桓, 纪朝钦, 蒋立峰. 1997.『战后中日关系文献集1971-1995』. 北京: 中国社会科学出版社.
朱建荣. 2013.「辨析日本关于钓鱼岛主权主张的结构性缺陷」.『日本学刊』1.
朱建荣. 2014.「对日‘两分法’过时了吗?-历史沿革, 内涵变迁及其与时俱进之探讨」.『日本学刊』4.
陳鵬仁. 2002.『中日問題論文集』. 台灣: 水牛.
陳鈺琪. 2020.「王育德與臺灣人原日本兵補償問題思考會」. 國立臺灣師範大學文學院臺灣史研究所.
台灣教授協會. 2009.『台灣國家定位論壇』. 台灣: 前衛.
台灣教授協會. 2010.『中華民國流亡台灣60年暨戰後台灣國際處境』. 台灣: 前衛.
冯瑞云, 高秀清, 王升. 2006.『中日关系史』. 第三卷. 北京: 社会科学文献出版社.
何理(編). 1989.『中華人民共和國史』. 北京: 檔案出版社.

[부록 1] 중화인민공화국 외교관계 수립 현황

2023.3.2. 기준 181개국

대륙	국가	수교일
유럽	러시아	1949.10.2.
유럽	불가리아	1949.10.4.
유럽	루마니아	1949.10.5.
아시아	조선민주주의인민공화국	1949.10.6.
유럽	체코	1949.10.6.
유럽	헝가리	1949.10.6.
유럽	슬로바키아	1949.10.6.
유럽	폴란드	1949.10.7.
아시아	몽골	1949.10.16.
유럽	알바니아	1949.11.23.
아시아	베트남	1950.1.18.
아시아	인도	1950.4.1.
아시아	인도네시아	1950.4.13.
유럽	스웨덴	1950.5.9.
유럽	덴마크	1950.5.11.
아시아	미얀마	1950.6.8.
유럽	리히텐슈타인	1950.9.14.
유럽	스위스	1950.9.14.
유럽	핀란드	1950.10.28.
아시아	파키스탄	1951.5.21.
유럽	노르웨이	1954.10.5.
유럽	세르비아	1955.1.2. (전 유고슬라비아)
아시아	아프가니스탄	1955.1.20.
아시아	네팔	1955.8.1.
아프리카	이집트	1956.5.30.
아시아	시리아	1956.8.1.

[부록 1] 계속

대륙	국가	수교일
아시아	예멘	1956.9.24.
아시아	스리랑카	1957.2.7.
아시아	캄보디아	1958.7.19.
아시아	이라크	1958.8.25.
아프리카	모로코	1958.11.1.
아프리카	알제리	1958.12.20.
아프리카	수단	1959.2.4.
아프리카	기니	1959.10.4.
아프리카	가나	1960.7.5.
미주	쿠바	1960.9.28.
아프리카	말리	1960.10.25.
아프리카	소말리아	1960.12.14.
아프리카	콩고(킨샤사)	1961.2.20.
아시아	라오스	1961.4.25.
아프리카	우간다	1962.10.18.
아프리카	케냐	1963.12.14.
아프리카	부룬디	1963.12.21.
아프리카	튀니지	1964.1.10.
유럽	프랑스	1964.1.27.
아프리카	콩고(브라자빌)	1964.2.22.
아프리카	탄자니아	1964.4.26.
아프리카	중앙아프리카공화국	1964.9.29.
아프리카	잠비아	1964.10.29.
아프리카	베냉	1964.11.12.
아프리카	모리타니아	1965.7.19.
미주	캐나다	1970.10.13.
아프리카	적도기니	1970.10.15.
아프리카	에티오피아	1970.11.24.

[부록 1] 계속

대륙	국가	수교일
유럽	이탈리아	1970.11.6.
미주	칠레	1970.12.15.
아프리카	나이지리아	1971.2.10.
아시아	쿠웨이트	1971.3.22.
아프리카	카메룬	1971.3.26.
유럽	산마리노	1971.5.6.
유럽	오스트리아	1971.5.28.
아프리카	시에라리온	1971.7.29.
아시아	터키	1971.8.4.
아시아	이란	1971.8.16.
유럽	벨기에	1971.10.25.
미주	페루	1971.11.2.
아시아	레바논	1971.11.9.
아프리카	르완다	1971.11.12.
아프리카	세네갈	1971.12.7.
유럽	아이슬란드	1971.12.8.
유럽	키프로스	1971.12.14.
유럽	몰타	1972.1.31.
미주	멕시코	1972.2.14.
미주	아르헨티나	1972.2.19.
유럽	영국	1972.3.13. (1954년 대리파견)
아프리카	모리셔스	1972.4.15.
유럽	네덜란드	1972.5.18. (1954년 대리파견)
유럽	그리스	1972.6.5.
미주	가이아나	1972.6.27.
아프리카	토고	1972.9.19.

[부록 1] 계속

대륙	국가	수교일
아시아	일본	1972.9.29.
유럽	독일	1972.10.11.
아시아	몰디브	1972.10.14.
아프리카	마다가스카르	1972.11.6.
유럽	룩셈부르크	1972.11.16.
미주	자메이카	1972.11.21.
아프리카	차드	1972.11.28.
대양주	호주	1972.12.21.
대양주	뉴질랜드	1972.12.22.
유럽	스페인	1973.3.9.
아프리카	부르키나파소	1973.9.15.
아프리카	기니비사우	1974.3.15.
아프리카	가봉	1974.4.20.
아시아	말레이시아	1974.5.31.
미주	트리니다드-토바고	1974.6.20.
미주	베네수엘라	1974.6.28.
아프리카	니제르	1974.7.20.
미주	브라질	1974.8.15.
아프리카	감비아	1974.12.14.
아프리카	보츠와나	1975.1.6.
아시아	필리핀	1975.6.9.
아프리카	모잠비크	1975.6.25.
아시아	태국	1975.7.1.
아프리카	상투메 프린시페	1975.7.12.
아시아	방글라데시	1975.10.4.
대양주	피지	1975.11.5.
대양주	사모아	1975.11.6.
아프리카	코모로	1975.11.13.

[부록 1] 계속

대륙	국가	수교일
아프리카	카보베르데	1976.4.25.
미주	수리남	1976.5.28.
아프리카	세이셸	1976.6.30.
대양주	파푸아뉴기니	1976.10.12.
아프리카	라이베리아	1977.2.17.
아시아	요르단	1977.4.7.
미주	바베이도스	1977.5.30.
아시아	오만	1978.5.25.
아프리카	리비아	1978.8.9.
미주	미국	1979.1.1.
아프리카	지부티	1979.1.8.
유럽	포르투갈	1979.2.8.
유럽	아일랜드	1979.6.22.
미주	에콰도르	1980.1.2.
미주	콜롬비아	1980.2.7.
아프리카	짐바브웨	1980.4.18.
대양주	키리바시	1980.6.25.
		(복교: 2019.9.27.)
대양주	바누아투	1982.3.26.
미주	앤티가바부다	1983.1.1.
아프리카	앙골라	1983.1.12.
아프리카	코트디부아르	1983.3.2.
아프리카	레소토	1983.4.30.
아시아	아랍에미리트연합	1984.11.1.
미주	볼리비아	1985.7.9.
미주	그라나다	1985.10.1.
미주	니카라과	1985.12.7.
		(복교: 2021.12.10.)

[부록 1] 계속

대륙	국가	수교일
미주	우루과이	1988.2.3.
아시아	카타르	1988.7.9.
아시아	팔레스타인	1988.11.20.
아시아	바레인	1989.4.18.
대양주	미크로네시아	1989.9.11.
아프리카	나미비아	1990.3.22.
아시아	사우디아라비아	1990.7.21.
아시아	싱가포르	1990.10.3.
유럽	에스토니아	1991.9.11.
유럽	라트비아	1991.9.12.
유럽	리투아니아	1991.9.14.
아시아	브루나이	1991.9.30.
아시아	우즈베키스탄	1992.1.2.
아시아	카자흐스탄	1992.1.3.
아시아	타지키스탄	1992.1.4.
유럽	우크라이나	1992.1.4.
아시아	키르기스스탄	1992.1.5.
아시아	투르크메니스탄	1992.1.6.
유럽	벨라루스	1992.1.20.
아시아	이스라엘	1992.1.24.
유럽	몰도바	1992.1.30.
아시아	아제르바이잔	1992.4.2.
아시아	아르메니아	1992.4.6.
유럽	슬로베니아	1992.5.12.
유럽	크로아티아	1992.5.13.
아시아	그루지야	1992.6.9.
아시아	한국	1992.8.24.
아프리카	에리트레아	1993.5.24.

[부록 1] 계속

대륙	국가	수교일
유럽	북마케도니아	1993.10.12.
유럽	안도라	1994.6.29.
유럽	모나코	1995.1.16.
유럽	보스니아헤르체고비나	1995.4.3.
미주	바하마	1997.5.23.
대양주	쿡제도	1997.7.25.
아프리카	남아프리카공화국	1998.1.1.
대양주	통가	1998.11.2.
아시아	동티모르	2002.5.20.
미주	도미니크	2004.3.23.
유럽	몬테네그로	2006.7.6.
미주	코스타리카	2007.6.1.
대양주	니우에	2007.12.12.
아프리카	말라위	2007.12.28.
아프리카	남수단	2011.7.9.
미주	파나마	2017.6.13.
미주	도미니카공화국	2018.5.1.
미주	엘살바도르	2018.8.21.
대양주	솔로몬제도	2019.9.21.

*출처: 中华人民共和国外交部, 2023.

[부록 2] 중화민국 외교관계 수립 현황

2023.3.2. 기준 14개국

지역	국가
동아시아 및 태평양 (4개국)	나우루
	마셜제도
	팔라우
	투발루
아프리카 (1개국)	에스와티니
유럽 (1개국)	바티칸시국
아메리카대륙 (8개국)	벨리즈
	과테말라
	아이티
	온두라스
	파라과이
	세인트키츠네비스
	세인트루시아
	세인트빈센트 그레나딘

* 출처: 中華民國外交部, 2023.

찾아보기

ㄱ

ㄹ

ㅁ

ㅂ

ㅇ

ㅈ

ㅊ

발간사

다가오는 미래가 아시아의 시대가 될 것이라는 인식은 이제 우리에게 그리 새롭지는 않습니다. 그렇다면 우리에게 주어진 과제는 한국인과 한국사회는 어떤 존재로서 아시아의 시대를 살아가고자 하는가 하는 질문을 통해 우리와 남의 모습을 상상하고, 우리와 남의 관계에 대한 그림을 그리고, 그것들을 실천하는 일일 것입니다.

그러나 아시아의 시대가 온다고 해서 아시아 사람들이 저절로 잘 살게 되는 것도, 아시아가 저절로 평화롭고 정이 넘치는 공동체가 되는 것도 아닐 것입니다. 그러므로 우리는 아시아 지역을 살아가는 사람들이 어떤 공동체를 만들어 가고 싶은가, 아시아 공동체가 잘되면 인류에게 무슨 도움이 되는 것인가 하는 질문을 해야 하지 않을까 싶습니다. 오히려 아시아의 시대가 왔다고 생각하기 시작한 지난 20여 년간 아시아 내부의 갈등과 적대, 민족주의와 인종차별 등은 더 심해지고 있다는 착각이 듭니다. 그것을 착각이라고 생각하는 까닭은 외양으로 보면 그렇게 보이지만, 실제 내부에서 일어나는 현상을 찬찬히 살펴보면 아시아 내부의 상호이해와 교류가 느리지만 거대한 규모로 일어나고 있다고 믿기 때문입니다. 지표면에서 보면 날씨 변화도 심하고 지진도 자주 일어나지만, 땅속 깊은 곳에서 아시아의 시대를 만들어 가는 지하수의 물줄기가 형성되고 있는 것이 아닌가 싶습니다.

20세기 유럽과 미국이 축적한 자연과학과 인문·사회과학 등 근대의 학문적 지식은 인류 문명의 새로운 길을 열었고, 인류의 행복과 안정에 커다란 기여를 했습니다. 물론 제국주의 지배와 전쟁, 차별과 빈곤을 동시에 가져다주기도 했습니다. 아시아의 세기는 서양의 근대를 넘어서서 새로운 '근대 이후'를 만들어 나가는 일이어야 합니다.

지식의 생산과 공유, 인재 양성을 책임지고 있는 대학이라는 공간에서 아시아에 대한 어떤 지식을 생산하고, 아시아에 대해 무엇을 어떻게 가르칠 것인가 하는 문제의식이야말로 서울대학교 아시아연구소에 주어진 책무일 것입니다. 서울대학교 아시아연구소는 2009년 9월 출범한 이래 지역과 주제의 결합에 기초한 아시아 연구의 세계적 허브 구축을 목표로 아시아 연구 기반 구축과 우수 연구활동 지원 등의 다양한 학술 활동을 진행해 왔습니다. 특별히 아시아에 대한 지식 생산의 기반을 다지는 작업으로서, 우수한 기초 연구 활성화를 위해 노력해 왔습니다.

서울대학교 아시아연구소총서는 바로 이러한 학문적 노력의 결실입니다. 앞으로도 서울대학교 아시아연구소는 국내외 연구자들의 우수한 연구를 지원하여 그 결과물을 지속적으로 발간해 나갈 것입니다. 이러한 아시아연구소총서가 아시아의 시대를 열어 가는 데 필요한 기반을 만드는 중요한 지적 자산이 되기를 기대합니다. 이를 바탕으로 아시아 시대를 만들어 가는 지하수를 실증적으로 드러내고, 아시아 내부의 상호 이해와 교류를 넓혀 갈 수 있길 바랍니다.

서울대학교 아시아연구소